档案管理与实务分析

黄 河 叶淑仪 傅爱娟 著

北京工业大学出版社

图书在版编目（CIP）数据

档案管理与实务分析 / 黄河，叶淑仪，傅爱娟著
. — 北京 ： 北京工业大学出版社，2021.4
ISBN 978-7-5639-7901-1

Ⅰ.①档… Ⅱ.①黄… ②叶… ③傅… Ⅲ.①档案管理 Ⅳ.① G271

中国版本图书馆 CIP 数据核字（2021）第 081795 号

档案管理与实务分析
DANGAN GUANLI YU SHIWU FENXI

著　　者：黄　河　叶淑仪　傅爱娟
责任编辑：刘　蕊
封面设计：知更壹点
出版发行：北京工业大学出版社
　　　　　（北京市朝阳区平乐园 100 号　邮编：100124）
　　　　　010-67391722（传真）　bgdcbs@sina.com
经销单位：全国各地新华书店
承印单位：天津和萱印刷有限公司
开　　本：710 毫米 ×1000 毫米　1/16
印　　张：14
字　　数：280 千字
版　　次：2022 年 4 月第 1 版
印　　次：2022 年 4 月第 1 次印刷
标准书号：ISBN 978-7-5639-7901-1
定　　价：84.00 元

前　言

　　档案管理亦称档案工作，是档案馆（室）直接对档案实体和档案信息进行管理并提供利用服务的各项业务工作的总称，也是国家档案事业最基本的组成部分。档案管理系统是整个国家文献信息系统的组成部分之一，在构成整个社会的科学能力中占有重要地位，是社会信息系统的基石。档案管理不仅对局部单位的工作和生产具有重要意义，对整个社会也具有重要意义，不仅具有当前的、现实的意义，还具有长远的、历史的意义。

　　传统档案管理主要靠人工劳动，工作重心是对档案实体的整理和保管，在提供利用上以档案信息供给为导向，实质上是人对物的管理。新时期的档案信息资源管理则体现出人对档案管理认识的深化，将注意力从档案实体管理转向了档案内容的开发与利用。对档案信息资源加以管理是传统档案管理的必然进步，是档案工作的发展趋势，需要从技术、管理、服务等角度对档案信息资源进行科学规划、整合和控制，确保对档案信息资源的开发与利用能有效满足社会对档案信息的需求。

　　总的来说，本书主要通过言简意赅的语言、丰富全面的知识点以及清晰系统的结构，对新时期档案的管理工作进行了全面且深入的分析与研究，充分体现了科学性、发展性、实用性、针对性等特点，希望其能够成为一本为相关研究提供参考和借鉴的专业学术著作，供人们阅读。

　　本书由广东医科大学黄河、东莞市工业和信息化局叶淑仪、广东省东莞市大朗镇投资促进中心傅爱娟三人共同撰写完成，主要分工如下：第一章、第二章、第三章、第八章共计 10 余万字由黄河撰写；第四章、第五章、第九章共计 9.5余万字由叶淑仪撰写；第六章、第七章共计 9 万字由傅爱娟撰写。

　　由于作者水平和能力有限，书中难免存在不足之处，请广大读者批评指正。

目　录

第一章　现代档案管理工作的基础理论

第一节　档案的形成、分类和作用

一、档案的形成

中华人民共和国档案行业标准《档案工作基本术语》（DA/T 1—2000）对档案的定义："国家机构、社会组织或个人在社会活动中直接形成的有价值的各种形式的历史记录。"这是公认的较为客观、权威的对档案的定义。

通过定义可知：

第一，档案是国家机构、社会组织或个人在其特定的社会活动中连续积累而形成的。

第二，档案是保存备查的历史文件，今天的档案就是昨天的文件，今天的某些文件将是明天的档案。

第三，档案的形式和载体是丰富多样的。档案的形式，在古代有诏、诰、奏折等，近现代有条例、决定、通知、会议纪要、会计凭证等。档案的载体，在古代有陶文档案、甲骨档案、简策档案等，近现代有纸张档案、胶片档案、磁带档案、光盘档案、磁盘档案等。

第四，档案是原始的历史记录，具有原始性和记录性的特点。

随着现代信息技术的发展和传媒的丰富，档案也产生了新的形式，其外延也在不断发展，如"口述档案""民生档案""诚信档案"等新名词不断涌现，让人们对档案的本质内涵有了新的思考。人们将这种扩大档案内涵的现象称为"泛档案"现象，也称为档案的"泛化"现象。这种现象的产生体现了档案文化的发展，反映了与公众利益密切相关的、合乎人们口味的大众文化，同时通过电视媒体的传播，深化了大众档案意识，使得社会对档案的关注度大大提高。

二、档案的属性

档案既有它的本质属性，也有它的一般属性。知识属性和信息属性，是档案的两个属性。知识和信息是档案的内容，载体是档案的形式，二者共同构成了档案这一事物。

（一）档案的知识属性

知识，是人类的认识成果，它来源于人们的社会实践，是人的主观世界对于客观世界的概括和反映。档案是人类认识和改造世界的记录，是知识的一种载体。

档案是人们社会实践活动的历史记录。它反映了人类社会各个历史时期，在政治、经济、军事、外交、科学技术、文化艺术、教育和卫生等方面的实践经验，是古往今来人们积累起来的知识宝库。

知识是有继承性的，前人的知识需要后人继承。档案是人类知识的结晶，是后人学习和借鉴前人知识的重要工具。人类以前人的终点为起点，才能不断地进步和发展，档案可以充当人类社会向前发展的起点线。档案是人类积累知识的一种手段，它对人类社会活动的记录，是日积月累、年复一年、始终不断地进行着的。档案的这种形成特点和存在特点，决定了它有积累、存储知识的职能和传授知识的职能。档案是人们获得知识的重要途径之一，也是人们进行知识再生产的一种重要资源。

（二）档案的信息属性

第一，档案信息的原生性，这是档案信息的产生特征。信息，按其形成特征可分为原生性信息和派生性信息。档案是人们社会活动形成的"第一手材料"，是事物发生、发展、变化的原始记录，它是没有经过处理的原始信息。它可以作为其他信息进行再加工的原材料，而产生出情报、图书、资料等派生性信息。档案信息的原生性，决定了档案信息与其他信息的不同地位。

第二，档案信息的真实性，这是档案信息的价值特征。档案是历史真迹，记载了当事人的印章、签字、笔迹等。它最原始、最真实、最具体地反映了事物的本来面貌，是令人折服的真凭实据。档案信息的真实性决定了档案信息的特殊价值——凭证作用。

第三，档案信息的广泛性，这是档案信息的来源特征。人类的社会实践历史悠久，丰富多彩，多种多样。作为历史真实记录的档案，具有从古至今、门类众多、内容广泛、形式多样、数量庞大的特点。人类的社会实践持续不断，无穷无尽，又使档案信息具有取之不尽、用之不竭的特点。档案信息来源的广泛性，使档案信息在社会活动的各个领域、各个方面发挥广泛的作用。

三、档案的分类

（一）按照档案的形成时间分类

按照形成的历史时期划分，我国的档案可分为中华人民共和国时期的档案和中华人民共和国成立前的档案两大部分。中华人民共和国成立前的档案统称为历史档案，中华人民共和国时期的档案称为现代档案。

（二）按照档案的来源分类

按照来源划分，档案可以分为国家机构档案、党派团体档案、企业单位档案、事业单位档案、名人档案等。每类社会组织档案中，又划分为具体的社会组织档案。

（三）按照档案的内容性质分类

根据内容性质划分，档案可以分为立法档案、行政档案、军事档案、外交档案、经济档案、科学技术档案、艺术档案、宗教档案等。每种档案，又可具体细分。

（四）按照档案的载体形式分类

根据载体形式，档案可分为石刻档案、泥板档案、甲骨档案、金文档案、简牍档案、纸质档案、纸草档案、羊皮档案、蜡版档案、桦树皮档案、胶片档案、磁带档案等。

（五）按照档案的信息记录方式分类

根据信息记录方式，档案可分为文字档案、图形档案、声像档案。声像档案又分为照片、录音、录像、影片档案。

（六）按照档案的所有权分类

根据所有权，档案可分为国家所有档案、集体所有档案和个人所有档案。

在外国，档案通常分为公共档案和私人档案。对不同所有权的档案，要按照档案法规的规定，分别采取不同的收集和管理办法。属于国家所有的档案，要按规定向国家档案馆移交。属于集体或个人所有的档案，其所有权的转让，一般要在自愿、合法基础上进行，档案所有者可向国家档案馆捐赠、出售或寄存。

四、档案的作用

档案的作用是指档案对人们的社会实践活动所产生的积极影响；同时，档案作用的发挥具有一定的规律性。了解这方面的知识对于我们做好档案工作具有重要的意义。

（一）档案的基本作用

1. 机关工作的查考凭据

档案记录了各种机关、单位过去活动的情况，其中包括行使行政职权的法律依据，处理行政事务的过程与结果以及管理活动的经验，它是任何一个政府、任何一个机关单位连续工作必须查考的凭据。

2. 生产建设的参考依据

档案中记载了各种生产活动的情况、成果、经验和教训，从自然资源、生产手段到生产过程以及计划管理和生产技术等方面的信息，可以作为工农业生产和经济管理的科学依据和参考材料。当今日益增多的科学技术档案，更是进行现代化生产管理和科学技术管理的重要参考依据。无论是普通档案，还是科学技术等专门档案，总的来说，都在不同程度上和不同的方面反映了经济活动的情况，都能为以经济建设为中心的现代化建设提供咨询研究、统计监督的情报信息，对于制订经济计划，检查和总结生产情况，推广先进生产技术和管理经验以及预防灾害等，都是重要的参考材料。

例如，有的地方为了切实规划和组织农业生产，查阅了近几十年作物种植面积、单产、总产、水利设施、生产建设、气象雨量、管理措施、灾情等记录，综合分析研究，制订了适合地区特点、扬长避短、发挥地区优势的生产计划，促进了大幅度的增产。有些地方，查阅历年档案，汇总分析，找出了本地区发生水旱冰雹灾害的规律和防止经验，据此采取相应措施，防止或减轻了灾害，从而促进了生产，获得了丰收。与此相反，有些地方因为没有档案可考，或"有案不查"，以致生产计划不当、管理混乱、重复劳动、返工浪费，甚至发生事故，给国家和人民造成很多损失。大量实践证明，充分利用相关档案，对加强经济管理，促进生产力发展，提高经济效益，具有直接的作用。

3. 政治斗争的必要工具

档案中记载了社会、阶级、经济、政治、法律等方面的状况，这些原始材料，历来是阶级统治和进行各种政治斗争的工具。在奴隶制和封建社会中，统治阶级把档案看作"插入鞘中的剑"和君主的"护卫"。民国时期的档案学著作中，也载有档案乃"政治之工具"方面的论述。我国现存的大量档案，记有国内外敌对势力在中国所进行的许多罪恶活动以及中国人民进行革命斗争的情况和有关的历史事实。

4. 科学研究的可靠资料

无论是自然科学，还是社会科学、思维科学的研究，都必须有充足的材料，才能据以潜心钻研，探索事物发展的规律。档案可以从两方面为科学研究提供丰富的历史资料：一方面，专门进行科学研究的原始记录，可供现实的研究工作直接借鉴；另一方面，从记录的广泛事实和经验中，为各项研究活动提供大量的实验、观察和理论概括的基础材料。所以，档案是进行科学研究的必要条件。

5. 宣传教育的生动素材

档案之所以能成为宣传教育的生动素材，是因为它以历史性、直观性和原始性等而见长。档案详细地记录了人们创造历史的进程，既展现了人类和大自然以及邪恶势力斗争的胜利，又展现了国家和民族不屈的精神。档案的教育作用一般通过展览的形式发挥出来，利用档案办展览教育活动，可以扩大受众面，让更多的人了解真相，接受历史教育。

6. 维护国家、集体和个人权益的法律书证

档案能够以其内容、含义和外形特征如实地说明历史上的某些事件，作为证实国家、集体和个人正当利益的书面文件。因为档案在反映社会各种具体活动的同时，也反映了当事者应有的合法权益，其中包括立法性质的文件、证明文件和相互交往的各种材料。如法律、法规、协议、合同、名单、记录、报告与批件、书信、账本、单据、存根等，这些原始材料有的规定了各种社会关系、经济关系和政治关系的组成，有的记载了有关事件的过程，各方面承担的权利和义务以及当事人具有的资历、待遇和荣誉。在这些方面产生疑问、发生争执或纠纷时，档案最能有力地说明权益的归属，成为权威性的法律证书，并有一定的物证作用。

长期以来，为了证实国家、机关单位和个人的合法权益，档案发挥了广泛的作用。许多单位和个人以档案为证据，解决了债务、产权和著作权等各种纠纷，证实了个人的学历、经历以及工资、福利待遇方面的诸多情况。

（二）档案发挥作用的规律

档案的作用是客观存在的，但是其实现的方向、程度和方式却因时空环境的不同而有所不同，并表现出一定的规律性。

1. 档案的作用从形成单位向社会扩展

档案对其形成单位和对社会的作用具有双重性和过渡性。档案对于形成单位的作用被称为"第一价值"，对于社会的作用被称为"第二价值"。在实践中，出于多种原因，档案的"第一价值"和"第二价值"往往不是在同一时间和空间范围内实现的，而是由实现"第一价值"过渡到实现"第二价值"。

（1）档案"第一价值"的实现

在档案形成以后的相当长的时期内，本单位需要较为频繁地查阅和利用档案，为解决工作问题服务。这时档案发挥作用的主要场所是单位的档案室。档案对形成单位的作用，是促使形成单位积累档案的动力。档案对其形成单位的作用发挥得越充分，形成单位积累档案的积极性就越高。

（2）档案"第二价值"的实现

档案的"第一价值"实现到一定的阶段，单位对于形成时间较长档案的现实利用需求逐渐减少，利用率降低甚至消失。这时，档案应该从"第一价值"向"第二价值"过渡，发挥其社会作用。档案在实现"第二价值"的时候，它的保管地点需要从形成单位的档案部门向国家设立的各级各类档案馆转移。

2. 档案作用方向的多元化趋势

文件转化为档案以后，不仅从主要发挥现行效用转变为主要发挥历史查考作用，而且发挥作用的方向也会发生一些变化。原始文件的形成往往出于行政或业务的单一目的或用途，例如，一个单位的员工名册是出于员工管理的需要形成的；一套修筑铁路工程的设计图纸是出于工程的需要形成的。但当它们成为档案后，发挥作用的方向则可能超越其形成的工作目的或用途，扩展到其他领域。例如，员工名册、账册、房地产契据可以作为研究社会或经济问题的资料；修筑铁路的技术图纸可以作为边界谈判时维护国家领土完整的证据；领导讲话等文件可以成为宣传教育的素材等。

3. 档案的机密性逐渐弱化

众所周知，一些现行文件具有机密性。当文件转化为档案之后，为了维护国家、单位及个人的政治、经济利益，对具有机密性的档案仍需采取保密措施加以管理。所谓保密就是指档案准许利用的范围和利用程度，在这方面我们应该按照国家的有关规定执行。

同时，我们又应该看到，随着时间的推移和条件的变化，档案的机密性也会发生变化。一般来说，档案机密性的逐渐弱化是一个总的趋势，表现为档案机密性的强弱与档案保管时间的长短成反比。档案管理考应该善于利用档案机密程度递减的规律，依法逐渐扩大档案的开放范围，广泛实现档案的价值。

4. 档案作用的发挥取决于一定的条件

（1）社会环境

社会环境包括社会制度、国家的方针政策、社会的经济发展水平等，它们对于信息公开的程度，档案作用发挥的程度、方向等都有直接的影响。良好的社会环境能够使档案的作用得到充分的发挥。

（2）人们的档案意识

档案意识是指人们对档案的认知水平。人们如果具有较强的档案意识，就会引发利用档案的需求，从而使档案作用得以发挥；档案意识淡薄甚至没有档案意识，即使有利用档案的需求，也难以转换为利用档案的现实行为。

（3）档案的管理水平

档案要依靠管理工作才能发挥作用。档案管理体系健全，方法科学，管理手段现代化程度高，工作质量优良，就能够使利用者方便、快捷、准确地获得所需要的档案或档案信息，从而使档案作用得以发挥。因此，提高档案管理水平，实现档案管理的现代化，提供优质高效的档案利用服务，是促进档案作用充分发挥的重要条件。

第二节　档案管理工作的内容和原则

一、档案管理工作的内容

档案管理工作就是用科学的原则和方法管理档案，为党和国家各项工作服务的工作。它的工作内容从广义上说，是指档案事业所包括的档案馆工作、档案室工作、档案事业管理工作、档案教育、档案科学研究、档案的宣传及出版等工作。

（一）档案收集工作

这是档案室（馆）依法接收单位的归档文件、现行机关档案、撤销机关档案，以及征集历史档案的活动。其目的是积累丰富、合理的馆藏档案资源。

（二）档案整理工作

档案室（馆）根据档案的形成规律，对其进行分类、立卷、编制目录的过程，就是档案的整理工作。其目的是建立有序化的档案实体保管系统，便于档案的日常维护、调阅和归卷。

（三）档案鉴定工作

档案鉴定工作分为归档鉴定工作和复审鉴定工作，是档案室（馆）判定档案存毁和划定保管期限的活动。其目的是优化馆藏，提高档案管理和利用的效率。

（四）档案保管工作

这项工作的主要内容是对库房内的档案进行有序管理，控制危害档案物质载体和书写材料的各种因素。其目的是延长档案的寿命，维护档案的安全。

（五）档案检索工作

档案检索工作是档案室（馆）编制档案检索工具，建立手工和计算机档案检索体系的活动。其目的是方便利用者查阅档案。

（六）档案编研工作

这是指档案室（馆）根据单位或社会的需要，利用馆藏档案编辑档案文献汇编、档案参考资料、历史研究作品等出版物的活动。它具有信息开发工作的性质。

（七）档案提供利用工作

这是指档案室（馆）通过阅览、借阅、复制、展览、网站等途径将档案原件、复制件、档案信息直接提供给利用者的活动，它直接体现了档案工作的服务功能。

（八）档案统计工作

这项工作包括档案室（馆）内部的登记和统计工作以及按时填报国家统计文件的工作。其目的是及时掌握档案管理工作的状况，不断调整和完善档案工作。档案收集、整理、鉴定、保管、检索、编研属于档案资源体系建设的范畴，档案提供利用属于档案利用体系建设的范畴，档案安全体系建设贯穿于档案管理工作的全过程，而档案统计工作则是对整个档案工作的状态进行记录和反馈的环节。

二、档案管理工作的基本原则

（一）集中统一地管理国家全部档案

这是我国档案工作的组织原则和管理体制。我国档案实行集中统一管理，是社会主义社会制度的必然产物。国家性质和社会制度，决定了国家全部档案是属于国家的历史财富，这就为档案的集中统一管理创造了前提。同时，社会主义事业又需要充分利用档案，只有实行档案的集中统一管理，才能克服分散保存和各自为政的局限性，最大限度地发挥档案的作用，以发展社会主义事业。

在我国，档案管理工作的集中统一原则的内容，可概括为以下三点：

1. 国家全部档案由各级档案机构分别集中管理

各机关内行政、党组织、工会、团组织的档案，均由机关档案室集中统一管理，不得由承办单位和个人分散保存；各机关档案中需要长远保存的，一律由各级档案馆集中保存；一切档案非依规定和批准手续，不得任意转移、分散和销毁。

2. 全国档案工作由各级档案事业管理机构统一地、分层负责地进行指导和监督

一方面，全国各机关档案工作和各级各类档案馆工作，均由各级档案事业管理机构进行统一的指导、监督和检查；另一方面，各机关档案工作机构和各级各类档案馆，必须按照统一的原则、方针和基本规章制度开展档案工作，不得各行其是。

3. 实行党、政档案统一管理和党、政档案工作的统一管理

这是我国档案工作的特点。一个机关里行政和党组织的档案，属于一个档案全宗，统一集中在机关档案室保存，档案馆也统一建立，凡需要长远保存的党、政机关的档案，由统一的档案馆保管；全国党、政系统的档案工作，由统一的档案事业管理机构进行集中统一管理。

（二）维护档案的完整与安全

这是档案管理工作的基本要求。只有保证档案的完整与安全，才能为档案管理工作提供必要的物质基础。

维护档案的完整，有两方面的含义：一方面，从数量上保证档案的齐全，保证档案不残缺短少；另一方面，从质量上维护档案的有机联系和历史真迹，不能割裂分散，零乱堆放，也不能涂抹勾画，使档案失真。

维护档案的安全，一方面，从物质上力求档案本身不受损坏，尽量延长档案的寿命；另一方面，要保证档案的政治安全，档案机密不被盗窃、不失密。

（三）便于党和国家各项工作的利用

这是检验档案管理工作好坏的主要标准，也是档案管理工作的根本目的。全部档案管理工作，最终都是为了提供档案为社会主义事业各项工作所利用。因此，便于党和国家各项工作的利用，便成为档案管理工作的出发点，支配着档案管理工作的全过程。从这个意义上说，便于党和国家各项工作的利用，是档案管理工作基本原则的一个重要方面。

上述三个方面的内容是一个辩证统一的有机整体，实行档案的集中统一管理，维护档案的完整和安全都是为了便于党和国家各项工作的利用。要做到便于利用，就必须实行集中统一管理和保证档案的完整和安全。从这个意义上说，前二者是手段，后者是目的。没有集中统一管理和档案的完整与安全，就没有便于利用的组织保证和物质基础；离开了便于利用，前二者就失去了意义和方向。档案工作者应该全面地理解和贯彻执行我国档案管理工作的基本原则。

第三节　现代档案的人文管理

一、档案工作人员层面的管理内涵

档案工作人员是知识的载体，是档案部门信息库的建造者、维护者和发掘者，是信息资源与利用者之间的桥梁和纽带，是档案部门内在发展的动力。因此，档案部门在自我管理中首先要重视对馆员的人文管理，具体表现为以下几点。

（一）重视不同层次档案工作人员的不同需求

利用个体差异，因势利导，充分发挥每个人的潜力。美国心理学家马斯洛把人的需求按其重要性和发生的前后顺序分成五个层次：生理上的需要、安全上的需要、情感和归宿上的需要、地位和受人尊重的需要、自我实现的需要。档案部门在自我管理中要全面了解档案工作人员的不同需求层次和愿望的满足程度。

（二）充分信任并尊重档案工作人员

尊重档案工作人员的劳动，避免由于人为因素而导致的重复劳动。为他们在岗位上提供充分发挥才干的空间，相信他们的人品、人格，相信他们对工作的责任心和工作能力。规章制度的制定要人性化，体现人文管理精神。

（三）激发档案工作人员的主人翁意识

在了解、信任和尊重的基础上，根据档案工作人员的不同需求，适当地给予激励和引导，促使档案工作人员的需求向更高层次发展。要做到奖惩分明，使政策上的激励和思想上的引导相结合，强化档案工作人员的主人翁意识。

二、利用者层面的管理内涵

档案部门应当在规章制度、服务方式、借阅利用的氛围等方面融入人文关怀理念，具体表现为以下几点。

（一）树立"利用者第一"的观念

现代档案利用者始终处于中心地位，利用者的需求是档案部门组织一切工作的源头，档案部门能否吸引利用者是衡量其工作优劣的主要标准。因此，档案部门要在人员管理中弘扬甘为人梯、默默奉献的精神，要增强档案工作人员的紧迫感和竞争意识，要在利用者面前树立良好的形象，千方百计提高利用者对档案馆的好感，使利用者愿意选择档案部门的信息服务。

要采取各种措施加强档案馆与利用者之间的联系和沟通，建立管理人员与各部门之间的联系，让利用者参与档案馆的管理。要练好内功、自加压力，接受利用者的监督。利用者对档案部门的满意度，包括对档案部门的管理方式、馆藏结构、服务质量三个方面的满意度。这就要求档案部门能为利用者提供优雅、洁净的借阅环境，高质量的馆藏，齐全的服务项目，热情主动的服务态度，精湛的服务技艺，以提高利用者的满意度。

（二）发扬人文精神，提倡人文管理

社会的现代化以人的现代化为首要条件，社会进步应以提高人的认识和实践能力为目标，人的发展是社会向现代化发展的基本动力和根本目的。因此，在为人服务的同时，人文管理尤其重要。应当意识到，在发扬人文精神，为人服务的同时，人的自身价值也会得到更多的体现。档案工作人员为利用者提供的服务技术含量越高，质量越好，就越能受到利用者的尊重和关注，这正体现了人文管理的双重性。

人文管理是实现现代档案部门自身价值的需要。长期以来档案部门担负着保护人类社会实践所产生的一切有价值的文件、材料，开展社会教育、传递科

学信息，发挥凭证作用等主要社会职能，但随着社会的发展变化，教育职能和信息咨询服务的职能进一步强化，新的职能把利用者能否得到全面的个性服务摆到更重要的位置，同时也对档案工作人员的整体素质和职业道德提出了更高的要求。档案部门从提倡人文精神，开展人文关怀到实现人文管理是信息时代档案馆管理工作的进一步发展。档案部门把人类根本价值的实现作为自身价值的源泉，无论档案部门的管理方式和技术手段发展到多么先进的程度，它的价值观始终不变，它的以人为本的管理模式也不会改变。

第二章 档案的收集

第一节 档案收集工作概述

一、档案收集工作的内容

档案收集是接收、征集档案和有关文献的活动。具体来讲，就是依据党和国家的规定，按照例行的接收制度和专门的征集办法，将分散在各机关、组织、个人手中和散失在社会其他地方的档案，有组织、有计划地分别集中到各有关机关档案室和各级各类档案馆，实现档案的统一领导和分级管理。

档案收集工作的内容主要包括以下三个方面：

第一，机关、企业、事业单位档案室对本单位需要归档档案的接收。

第二，档案馆对所辖区域内现行机关、企业、事业单位和撤销单位的具有永久、长期保存价值档案的接收。

第三，对中华人民共和国成立以前各个历史时期形成的档案的接收和征集。

档案收集工作不是一项简单的事务性工作，而是一项政策性、业务性很强的工作。这是因为：一方面，档案收集工作具有明显的选择性。文件转化为档案是有条件的，在档案收集工作中必须严格把握这些条件，在归档和接收过程中认真筛选。档案选择是按照档案馆（室）藏范围的设计合理并全面进行的。另一方面，档案收集工作受档案形成者档案意识水平、价值观以及档案馆（室）保管条件等多种因素的制约，需要综合研究、统筹规划，提高档案收集工作的质量。

二、档案收集工作的意义

档案收集工作是档案业务管理工作的第一个工作环节，是档案馆（室）工作的起点，是档案馆（室）取得和积累档案的一种手段，在档案管理工作中处于特殊的地位。做好收集工作对整个档案工作有着重要的意义。

（一）开展收集工作是维护党和国家历史真实面貌的必要手段

档案馆（室）的收藏是一定地区、部门在政治、经济、科学和文化教育等方面情况的综合反映。收集工作使得档案齐全完整，内容丰富，将应该补充进馆的档案及时接收进馆，并把散存在机关、组织、个人手中以及散失在各地的档案材料收集补充到档案馆（室）。档案是维护历史真实面貌的重要凭证，是贯彻执行党的路线、方针、政策的重要工具，因而收集工作的作用是十分明显的。

（二）开展收集工作是储存档案信息资源的重要途径

档案是重要的信息资源，它记录着人类社会实践过程中无数有用的事实、数据、理论方法、科学构思，记录着成功和失败的经验与教训，人们可以从档案信息中探索未来，继承过去的科技成果，发展现代科学技术，档案信息可以开拓人们的思路，帮助人们解决各种疑难问题。

随着科学技术和经济建设的发展，社会对信息的需求量越来越大，对信息质量的要求也越来越高。作为知识载体的档案，负有重要的提供信息的使命。收集工作把大量的、丰富的信息资源储存起来，为现代化建设提供了重要的信息基地。

（三）收集工作为开展档案馆（室）各项工作，加强档案馆（室）建设奠定物质基础

档案馆（室）要开展利用工作，没有一定数量的档案是无法进行的，而馆（室）藏不丰富、门类不全，就很难满足社会上各条战线、各种工作、各类人员对档案利用提出的各种要求。编研工作更需要有丰富的档案作为后盾，档案馆（室）其他日常工作，也必须在馆（室）藏丰富的基础上才能做得更好。档案的整理，只有从众多的档案材料中才能清楚、准确地把握档案内在的有机历史联系，才能在丰富的材料基础上综观全局、全面考察、权衡利弊，提高工作效率，加快整理工作进度，为档案提供利用等工作创造条件。

总之，只有做好收集工作，才能使馆（室）藏丰富，材料齐全，为档案馆（室）各项业务发展，为提高档案工作科学水平提供必要的物质条件。

（四）收集工作促进档案学理论的发展

档案馆（室）作为党和国家保存档案的重要基地，馆（室）藏丰富是发展档案学理论的重要源泉。

假若档案馆（室）藏不丰富，档案馆（室）各项工作开展不充分，就不可能为档案学理论的突破和发展提供充足的实践依据。馆（室）藏越丰富，各项工作实践也就越丰富多彩，必然提出许多新问题、新要求，提供很多新情况，为档案学理论的发展打下坚实基础，从而推动档案学理论的发展。

丰富的馆（室）藏也是实现档案工作现代化的推动力量。要实现档案工作现代化，最基本的是要有丰富的馆（室）藏和对现代化的迫切需要。馆（室）藏丰富，利用者便如鱼得水，这无疑会对实现档案工作现代化产生重要的推动作用。

三、档案收集工作的基本要求

（一）及时、全面地把档案收集进馆（室）

档案馆（室）的收藏是否丰富，档案是否完整，是衡量档案馆（室）工作做得好坏的一个重要标准。档案馆（室）藏越丰富、越珍贵，它越能为社会做出贡献，越能受到社会的重视，所以《中华人民共和国档案法》明确规定："应当立卷的材料，按照国家有关规定定期向本单位档案机构或者档案工作人员移交，集中管理，任何个人不得拒绝归档或者据为己有。'"机关、团体、企业事业单位和其他组织应当按照国家有关规定，定期向档案馆移交档案，档案馆不得拒绝接收。"档案工作人员应根据《中华人民共和国档案法》的上述规定，及时、全面地将属于收集范围的档案收集到档案馆（室）之中，杜绝档案的私人占有和分散保存，应该实现归档、接收工作制度化。

丰富馆（室）藏的标准如下：数量充足、质量优化、成分充实、结构合理。为了使档案馆（室）成为机关工作的必要条件，把档案馆（室）建成永久保存档案的基地和研究利用档案的中心，必须收藏足够数量的档案和资料。档案收藏的丰富性，包括数量与质量的统一要求，只顾大量收罗，而不求质量，材料再多，也谈不上真正的丰富。在强调丰富馆（室）藏的同时，必须强调优选，馆（室）藏处理不当，也会发生档案膨胀现象。所以，在强调丰富馆（室）藏的同时，既要考虑到档案的数量，又要考虑到档案的质量。

（二）加强馆（室）档案来源的调查研究与指导工作

档案的来源与形成渠道是比较分散的，而档案的提供利用则要求档案集中管理。档案收集工作主要是解决分散与集中的矛盾。档案工作长期实践的经验表明，及时掌握档案分散、流动、保管和使用的情况，处理好局部和整体、当前和长远需要之间的关系，是做好档案收集工作的关键。

档案收集工作中的调查研究、统筹兼顾，还包括研究和掌握档案形成规律和档案发挥作用的规律，不能把档案形成单位尚在经常使用期间的档案，过早地集中起来，也不能忽视整体的需要，把需要集中的档案长期不向档案馆移交而"据为己有"，或者有的档案馆（室）对移交来的档案"拒之门外"不愿接收，任其分散或遭受损失。在接收前，对确定进馆档案的单位，各级档案馆应协同档案行政部门制定相应的规定与办法，对有关单位的档案工作进行监督、指导与控制，切实帮助这些单位进一步建立与健全归档制度，提高组卷与初步鉴定的质量，做好归档与进馆的各项准备工作。同时，档案收集工作应处理好从文件形成到归档、从档案室到档案馆的档案流程周期中的各种关系，既要防止为了丰富馆藏，过早接收仍经常使用的档案，又要防止把档案当作某单位的私有财产而不愿移交，使档案长期分散保存，甚至遭受损坏。

（三）推行入馆（室）档案的标准化

档案管理的现代化是提高档案工作水平的有效途径，而档案工作的标准化，是档案管理现代化的基础。档案工作标准化，不仅为实行电子计算机管理创造了条件，而且有助于提高手工管理的水平。档案工作标准化，应该从档案收集工作开始推行。

在收集工作中推行档案工作标准化，我国尚处于摸索阶段，国家档案局制定了《机关档案工作业务建设规范》并就案卷封面、卷皮格式、档案装具的尺寸规定了专业标准，有的省、市统一规定了案卷验收的质量标准等。诸如此类的做法，逐渐扩展为较多的项目和较大的范围，以至全国逐步统一起来，按照标准化要求去工作，档案管理水平将会大有提高。基于文件与档案的转化关系，档案工作标准化必须从文件形成阶段开始同步推行，今后，应当在档案入馆以前，从机关文件形成阶段，对文件结构、文件用纸、开本尺寸、书写材料的质量和书写规则以及区分全宗、分类、立卷、编目等一系列工作，都实行标准化，这将大大提高归档和入馆档案的质量。

（四）保持全宗的不可分散性和全宗群的相对完整性

全宗是一个立档单位档案的有机整体，保持全宗的不可分散性，是档案管理的一条基本原则，应贯穿档案管理的全过程。因此，在档案收集工作中，必须把一个立档单位的档案作为一个全宗集中在一个档案室或一个档案馆中，不允许把一个全宗的档案人为地加以分割，如果确实需要从一个全宗中抽出部分档案另行集中应以复制件代替，原件仍应归回原全宗集中管理。接收档案时，一个机关的档案，应集中保存在一个机关档案室。一个全宗的档案不宜分散保管，不同全宗的档案也不能混杂。一个机关档案全宗中的具有国家和社会历史研究价值的全部档案，最终应集中收藏在同一个档案馆中。在档案收集活动中，对于那些在同一时间、地点和社会历史条件下保存的，既有严密分工又密切协作、相互依存的若干立档单位形成的档案全宗，档案馆应当注意维护它们之间的相互联系，并将它们集中收藏在同一个档案馆里，以保持全宗群档案的历史有机联系性。

四、档案收集工作的特点

（一）预见性与计划性

档案文件作为人类各种社会活动的伴生物，其产生和形成具有明显的分散性特点，所以必须在调查研究的基础上，科学地分析和预测其形成、使用、管理的规律和特点，才能做好档案的收集工作。此外，档案收藏部门还应坚持历史方法原则，全面地了解和掌握本档案馆（室）主要档案用户的利用动向、特点和规律，使收集的档案文献符合档案用户当前的和长远的利用需要。因此，档案收集工作要有计划地、主动地进行。

（二）针对性与及时性

档案收集工作，必须根据各级各类档案馆（室）收集档案的范围来进行，不能违反国家规定擅自收集不属于本馆（室）收集工作范围的档案，以保证收集工作能够有目的、有重点地进行。档案收集工作还具有及时性的特点，要求档案工作人员必须具有明确的时间意识，将应当接收或征集的档案及时收集进馆（室）。档案部门应当尽最大的努力，避免拖延退误，在掌握有关信息线索的前提下，采取相应的方式，尽快将档案收集起来。

（三）系统性与完整性

档案收集工作的系统性，从横向来讲，就是收集来的档案在种类、内容方面应当齐全完整，同一项社会活动的档案应当是一个有机的整体。从纵向来说，就是要保证收集来的档案能够反映出一个地区、一个部门、一个系统、一个专业、一个单位的历史脉络。此外，在收集档案时，应充分考虑到档案的科学文化价值及其在当前的工作、生产、科研活动中所能起到的积极作用。这样才能使档案室真正成为机关、单位的参谋与咨询部门，使档案馆成为社会各方面开发利用档案史料的中心。

第二节　档案馆（室）藏建设

一、丰富馆（室）藏的重要性

我国的现代化建设蓬勃发展，各部门、各单位要求档案馆（室）提供大量、系统、广泛的档案信息。但是，目前档案馆（室）藏内容单一，数量不多，种类不齐全，时间跨度短，难以适应新形势、新任务的要求。因此，丰富馆（室）藏是档案馆（室）工作的一项重要任务。

造成馆（室）藏不丰富的原因，主要是长期以来对于档案馆（室）的性质、任务和职能缺乏全面、正确的认识，致使一些档案馆（室）单纯注意为政治工作服务，忽视了为经济建设、科学研究及其他各项工作服务；仅仅注意为党、政领导机关服务，忽视了为业务部门和基层单位服务。凡此种种，造成收集档案范围的狭窄：注意收集党、政、群团领导机关的档案，而放松所属单位的档案收集；注意收集撤销机关单位的档案，而放松现行机关的档案收集；注意文书档案的收集，而放松对科技档案、专门档案的收集；注意收集纸质档案，而放松对其他载体档案的收集；注意接收移交来的档案，而放松征集档案；注意档案材料的收集，而放松与档案有关的家谱、史志、内部资料的收集。

档案馆（室）要适应社会发展需要，就必须扩大接收范围，改善馆（室）藏结构，丰富馆（室）藏。只有把各级各类部门的各种类型、各个历史时期的档案都收集进馆，实行科学管理，才能把档案馆（室）建成永久保存档案的基地。只有积累丰富的档案资料，档案馆（室）才具备为社会服务的物质基础，真正成为科学研究和各方面利用档案史料的中心，担负起维护历史真实面貌的重任，从而在社会主义现代化建设中发挥出巨大作用。

二、优化档案馆（室）藏的意义

（一）优化馆（室）藏是完善馆（室）藏建设的一个重要方面

当馆（室）藏达到一定的规模时，馆（室）藏建设的主要问题已不再是馆（室）藏的贫乏，而是如何提高馆（室）藏质量。国内外的档案工作实践证明，在馆（室）藏建设方面，档案文件的数量与质量之间的矛盾始终存在。在馆（室）藏建设初期，库藏贫乏，所以急需补充大量的档案文件，数量成为矛盾的主要方面；但是，当库藏档案文件的数量增长到一定程度时，入藏档案文件的质量就会转化为矛盾的主要方面。

（二）优化馆（室）藏是解决目前档案收集工作中存在的问题的一项重要措施

目前，有些档案馆（室）为了增加库藏量，盲目地接收一些利用价值较小的基层单位的档案文件；有的档案馆（室）将机关单位形成的不足五年保管期的档案接收入库；有的档案馆（室）还将大量的重份档案接收入库。这些问题的存在，都严重影响了馆（室）藏建设工作的科学进行，也给机关的档案利用工作和档案馆（室）本身的业务建设带来了不便。因此，只有加强优化馆（室）藏工作，做好入馆（室）档案的筛选和质量控制工作，才能有效地解决上述客观存在的问题。

（三）优化馆（室）藏是提高案卷质量的一种必要手段

据调查，档案馆（室）接收的案卷中，仍有一部分存在组卷不合理、案卷题名不确切、无卷内文件目录、不填写卷末文件备考表、不该归档的文件归档、保管期限划分不准等质量问题。因此，必须重视入馆（室）案卷质量的检查，加强业务指导和监督，对不符合质量标准要求的案卷，必须要求有关单位或人员按标准或规范重新予以整理。

（四）优化馆藏可以使库藏的结构具有一定的层次性，全面反映社会生活各个方面的情况

优质的馆藏使库藏的档案文件内容具有较为明显的特色，可以系统地反映出一个地区、一个机关、一个专业系统的经济、政治、文化等方面的历史情况。它还可以使各类档案馆之间科学地分工协作，减少馆际，特别是同一个档案馆库藏档案文件的重复现象。

三、优化档案馆（室）藏的主要原则

（一）完整性原则

档案馆（室）的库藏档案文件是否齐全完整，是检验和衡量馆（室）藏优化程度的一项基本标准。库藏档案文件的完整性，主要表现在以下几方面。

1. 档案文件个体的完整

档案文件个体的完整即不缺张少页。档案文件个体是库藏的细胞，只有先实现单份档案文件的完整，才能为馆（室）藏优化奠定良好的基础。

2. 同案档案文件的齐全完整

同案档案文件的齐全完整，即一项工作、一起事件、一次会议、一个工程项目、一种产品等档案文件要齐全完整。

3. 档案全宗的文件齐全完整

档案全宗的文件齐全完整，即每个立档单位形成的、具有一定保存价值的文件，均应收集齐全，全面地反映各立档单位的历史真实面貌。

4. 档案馆（室）接收范围内档案文件的齐全完整

各级各类档案收藏单位，均应严格遵循国家有关文件与法规的规定，积极主动地组织接收和管理属于自身管辖范围内的档案与资料，并保证所接收和征集档案文件的齐全完整。

（二）系统性原则

系统性原则要求馆（室）藏档案应当成为一个由各个全宗与档案综合体构成的档案文件有机体系。馆（室）藏档案的系统性主要表现在以下几方面。

1. 保管单位内文件的系统性

同一保管单位内的一组档案文件，不能是杂乱无章的文件堆砌物，而应是一组具有密切历史联系和逻辑联系的档案文件有机体。

2. 全宗内档案文件的系统性

全宗内的档案文件必须经过科学的分类，必须是一个便于保管和查找利用的档案文件体系。

3. 使库藏档案的系统性与社会利用需求之间的系统性基本一致

档案馆（室）应当注意分析和研究主要的、经常性的档案用户需求的构成、发展趋向，以便使入库的档案文件能够基本上满足档案用户当前与长远的利用需求。

（三）实践性原则

这是指馆（室）藏必须符合档案利用实践的客观需要和历史需要，要求档案馆（室）在选择接收和整理库藏档案文件时，要从社会的档案利用实际出发，使馆（室）藏建设工作减少主观性与盲目性，并具有坚实的实践基础。档案馆或档案室的库藏档案满足档案用户利用需要的程度，是衡量档案收藏单位工作质量的一个重要标准。在馆（室）藏建设方面，坚持实践性原则，有助于转变传统的"重藏轻用"观念，提高库藏档案的整体质量，充分发挥档案文件的积极作用。

（四）价值性原则

档案馆（室）应当充分利用社会所能提供的人、财、物条件，将具有保存价值的档案文件收集入库。档案收藏单位在接收或征集档案时，应认真地开展档案保存价值的鉴定分析工作和档案质量的鉴别核查工作，以保证入藏档案文件的质量。对已进馆（室）的档案文件，也要定期进行鉴定或鉴别活动，"去粗取精"，及时剔除失去保存价值的文件，使库藏的档案文件保持最佳的价值形态。

（五）特色性原则

这是指每个档案馆的库藏档案与资料，均应具有相应的地方特色、文化特色、人物特色、历史事件特色、时代特色、民族特色等。因此，各种专门档案馆和部门档案馆，应当将有关专业活动或本专业、本部门形成的档案，及时接收入馆，使库藏档案具有较明显的专业（专门）性特点。各级综合性档案馆，应结合本地区的历史、自然风貌、物产、著名的事件和人物、民俗、宗教信仰、名胜古迹、民间艺术、名特优新产品等方面的情况，积极收集相关的档案与资料。只有这样，才能使入藏的档案与资料具有浓郁的地方特色。特色性原则是档案馆藏建设必须坚持的一项原则。

四、优化档案馆（室）藏的标准

（一）内容标准

内容是检验馆（室）藏质量的最基本的标准。馆（室）藏档案内容贫乏，不能给档案用户提供充分的档案信息服务，这样的档案馆（室）藏就谈不上"优化"。就综合性档案馆而言，它的库藏档案内容，从宏观上讲，应当为研究有关地区的社会政治、经济、文化等各个领域的活动，提供较全面的史料；从微观上讲，应当为档案用户提供有关历史事件、历史过程、历史人物的翔实材料。一个档案馆只有馆藏内容丰富，才能为档案用户提供其所需的档案信息，才能使库藏的档案与资料在功能方面互相补充，发挥更大的作用，创造更多的经济效益和社会效益。

（二）结构标准

所谓馆藏结构，是指组成库藏的各种档案及资料之间的相互搭配和排列。优化馆藏的目的之一，就是使库藏的各种档案、资料之间保持合理比例关系，使馆藏的档案资料成为一个有机整体。结构合理的馆藏一般具有如下特征。

1. 拥有各种门类与载体的档案文件

库藏档案在数量上应保持一定的比例关系，就综合性档案馆而言，目前应注重对数额较少（甚至过少）的科技档案、专门档案及非纸质档案进行收藏，以改变馆藏结构单一的状况。机关档案室也应注意加强对上述档案文件的接收和积累工作，为档案馆档案的补充创造良好的基础条件。

2. 档案与资料之间的比例合理

档案馆作为国家永久保存档案史料的基地，应当确立"档案为主、资料为辅"的馆藏建设政策。库藏档案是馆藏结构的主体成分，资料则是作为档案文件的必要补充物存在的辅助成分，这种"主从"关系是不能颠倒的。

3. 馆藏档案有一定的时间跨度

受历史原因的影响，许多档案馆的库藏历史档案数量过少，所以必须大力收集有关的档案及资料。值得注意的是，对那些中华人民共和国成立后形成的、结构不够完整合理的档案全宗，也应注意补充收集，以便进一步优化档案结构。

（三）层次标准

馆藏档案应当具有一定的层次与顺序，这也是馆藏优化的一个重要标准。以综合性档案馆为例，其库藏档案要在立档单位的级别、所属历史时期、内容属性等方面，呈现出层次多维的特点。库藏档案，就其立档单位而言，应当既有本级机关、组织等一级单位的档案，又有各主管机关所属的分管某方面工作的二级单位的档案，还要有代表性的、典型的基层单位的档案。库藏档案，就其所属历史时期而言，应当包括所能接收与征集到的本级各立档单位及其所属机构、基层单位的，具有长远保存价值的，各个历史时期的档案文件。库藏档案，就其内容属性而言，也应具有一定的层次性，不仅要收集宏观内容的档案，而且要注意收集反映社会微观活动内容的档案。

（四）类型标准

优化的馆藏，其库藏档案的类型应当具有多样性的特征，以综合性档案馆为例，其收藏档案的门类、形成单位、载体形态等，均应具有多样性。就库藏档案的门类而言，应当包括文书档案、科技档案、专业（专门）档案，以及照片档案、影片档案、录音档案、录像档案、机读档案等多种类型的档案文件。就库藏档案的形成单位而言，应当包括机关、组织、团体、企事业单位的档案和有关著名人物的档案等。就库藏档案的载体形态而言，应当包括纸质档案，胶质档案（如胶片、照片、胶卷等），磁介质档案及光介质档案（如光盘档案等）。

五、优化档案馆（室）藏的指导思想

（一）反映和维护一定范围内的历史真实面貌

按照国家规定，全国每一个档案馆（室）都保管特定范围的档案，一般来说，相互之间不允许有交叉和大量的重复，这就要求每一个档案馆（室）必须以自身的馆（室）藏档案来反映和维护这个范围的历史真实面貌。如果没有达到这一要求，一般无法从其他馆（室）藏档案中得到弥补，例如，综合性档案馆是按照分级管理的原则建立的，一定级别、一定地区范围内只有一个综合性档案馆。机关档案室也是如此，一个机关档案室只负责保存反映本机关活动的档案，这样该机关的历史面貌则必须依赖于该机关档案室的室藏档案给予反映。一个档案馆（室）只保存特定范围的档案，或者说，一定范围的档案只归属于唯一的档案馆（室），所以，反映和维护特定范围的历史面貌便成了每一个档案馆（室）责无旁贷的历史使命，应成为馆（室）藏建设中最重要的指导思想。

（二）适应利用需求

档案馆（室）保管档案的目的是满足社会（机关）的利用需求，因此，在馆（室）藏建设中必须充分考虑利用需求这一因素，利用者需要哪些档案，档案馆（室）就应该对其加以保存。利用者的需求内容和方式是多种多样的：有的需要现实性较强的材料，有的则需要历史材料；有的需要宏观概括性的材料，有的则需要微观的具体材料；有的需要政治方面的材料，有的则需要经济、文化、科学、技术方面的材料……因此，档案工作者应加强调查研究，掌握利用规律，使馆（室）藏档案尽可能与利用者的需求相一致。

（三）力求质量与数量的统一

在馆（室）藏建设中，处理好质量和数量的关系是十分重要的，科学、合理的馆（室）藏体系应该是二者的统一。

1. 一定数量的档案是决定馆（室）藏质量的基本条件

和其他事物一样，没有数量就无所谓质量。在一定条件下，馆（室）藏档案的数量与质量具有一致性，一定的数量就构成了一定的质量。例如，历史久远的档案留存于世的数量很少，无论什么内容的档案都能反映当时一个方面的历史事实，尽管每一份档案所记载的只是一块历史碎片，但这些碎片多一块，对于我们掌握历史事实就多了一份素材。因此，有些珍贵历史档案的数量对于其质量的构成具有重要意义。

2. 馆（室）藏档案质量与数量的统一

馆（室）藏档案质量与数量的统一是有条件的、相对的，在这对矛盾中，档案质量是矛盾的主要方面，这就是说，档案的质量是构造一个好的馆藏体系的关键。一个档案馆（室）所保存的档案能否全面地反映历史真实面貌，能否满足社会各方面的利用需求，是评价馆（室）藏质量优劣的根本标准。如果馆（室）被大量价值较低或内容重复的档案所充塞，那么无论其数量多寡，都不能说这个馆（室）藏的质量是好的。因此，我们在重视馆（室）藏档案数量的同时，必须强调档案的质量。

六、正确处理改善馆藏结构的各种关系

（一）档案馆与档案室在馆藏建设方面的衔接与互利关系

在丰富和优化馆藏的实践中，经常出现馆、室间的衔接与互利问题。那种违背档案发挥作用的规律，片面强调丰富馆藏，将机关档案过早接收入馆的做法，不但会给机关工作或生产的查考利用带来困难，还会增加档案馆的工作负担，影响档案馆其他业务工作的正常进行。机关档案室收藏的档案，是档案馆档案的主要补充源。所以，要想发展档案馆事业，就必须先把机关档案室工作做好。档案馆应协助档案行政机关，做好对列入本馆接收范围的各机关、组织的档案室的业务指导、监督和检查工作。只有这样，才能保证列入进馆全宗名册的各机关或组织的档案齐全完整，使馆藏档案的文件源得到优化，提高入馆

档案的质量。可见，在馆藏与室藏的建设活动中，两者必须加强衔接，防止脱节，保证档案文件的定向积累和顺利交接。同时也应充分考虑档案发挥作用的规律与特点，科学地确定机关向档案馆移交档案的时间，做到互利互惠。

（二）处理好综合与特色的关系，地方档案馆应突出地方的特色

我国档案馆网的设置以中央，省（自治区、直辖市），市（地、州、盟），县（区、旗、县级市）级综合档案馆为骨干，其中省、市、县等各级地方档案馆是综合性的，保存着本地区各机关单位、各种类型、各种载体的档案材料，档案内容能反映本地区的政治、经济、科学、文化、宗教、民族等方面的历史面貌。地方档案馆要具有地方特色，每个地区都有自己的地域沿革、地貌、物产、重大的历史事件和著名人物，有传统的经济产品、名胜古迹、典籍掌故和旅游资源，有民族和宗教特色以及风土人情。重视对反映本地历史面貌档案的收集，形成地方特色，使人一看便知是本地区的相关档案，有利于档案信息的开发利用。

（三）处理好广度与深度的关系

1. 广度

广度是指档案接收的范围要广，要扩大接收范围。在档案来源上，既要有党政领导机关及一级主管机关、二级党政与企事业单位和部分具有典型意义的三级单位的档案，又要按照国家规定收集、征购、代管某些集体所有、个人所有以及散失在民间的档案，使馆藏档案的门类和载体丰富多彩。

2. 深度

深度是指接收档案的内容要深化，除接收内容上具有综合性、指导性、政策性等能反映国家或地区概貌的档案外，还应特别重视收集一些典型性、经验性、地方性的能具体说明在党的领导下社会性质发生的深刻变革和人民群众生产、工作和生活发生根本变化的档案材料，以及一些反映重要活动、重大事件来龙去脉的档案材料。

（四）处理好档案与资料的关系，收集、保存和档案有关的资料

档案馆的主要任务是保管好档案，同时也应保存一定数量的资料，辅助档案提供利用。由于多种原因，有些档案的残缺现象比较严重，而提供利用工作，尤其是开展编史修志工作，仅仅依靠档案还不能充分满足要求和圆满完成任务，因此收集与保存和档案有关的资料，可以弥补档案不全和档案内容记载不详的缺陷，深受利用者的欢迎。资料的收集范围，包括各种文件汇集、资料汇编、

统计资料、大事记、组织机构沿革、传记、回忆录、报纸、刊物、图片、年鉴、史志、家谱、族谱和反映本地区、本民族的民间习俗、风土人情、宗教信仰、文物古迹等方面的资料。同时与档案关系十分密切的有关实物（如一些标本、印章、奖品等）也可一并接收。

第三节　档案室的收集工作

一、建立归档制度的必要性

归档是办理完毕的文件经系统整理归档案室保存的过程。在我国，"归档"已成为党和国家明文规定的一项制度。

文书立卷归档是文书部门的任务，它是文书工作的终结，也是档案工作的起点。实践经验证明，没有归档制度，或者归档制度不健全，就没有完整的档案，也就没有健全的档案工作，因为档案是由各种文件材料转化来的，而文件材料转化为档案一般又是通过"归档"来实现的。所以，建立和健全归档制度是非常重要的，它不仅能够确保档案室有连续不断的档案来源，为开展各项业务工作提供条件，而且是为国家积累档案财富的重要保证。档案室要做好档案收集工作，首先应该以主要力量做好机关内文件材料的归档。

二、建立机关文件归档制度的一般要求

（一）归档制度的制定必须符合国家有关文件的规定要求

各机关、企业、事业单位，必须根据《中华人民共和国档案法》和《机关档案工作条例》等文件的要求，建立起本单位的归档制度。在具体确定归档制度的各项内容之前，必须深入学习和研究国家有关文件（如《机关文件材料归档和不归档的范围》等），领会其精神内容，并以此为指南，来制定本单位的归档制度，切忌与国家的有关规定相抵触、矛盾。

（二）归档制度的制定必须符合本机关工作、生产、科研活动的实际，体现本机关文件材料的形成特点和规律

制定归档制度前，有关人员必须先了解和掌握本机关、单位的活动性质、职能分工，以及文件材料的产生、运转过程，文件的种类、内容、形成特点和规律，并据此将国家的有关文件归档的规定具体化。这样才能使所制定的归档制度具有实践性，便于执行，保证归档文件的质量。

（三）制定的归档制度应与本机关的其他相关制度保持内容方面的统一性

例如，在党政机关或单位，应当使归档制度与行政管理制度、文书工作制度相衔接，将归档制度纳入上述工作管理制度，以保证其顺利施行。此外，还可以将归档制度与机关的科研管理制度、计划管理制度、生产管理制度、标准化管理制度、岗位责任制联系起来，保证其顺利执行。

（四）完善归档制度的内容

制定的归档制度应当内容明确、表达准确、规定具体而详尽，便于在实际工作中执行。同时，机关档案部门还应当广泛地征求有关文书工作人员、业务人员及机关领导的意见，及时补充、修订归档制度，使之更加完善。

三、归档制度的内容

归档制度主要包括归档范围、归档时间、归档文件的质量要求、归档手续等内容。

（一）归档范围

归档范围是指办理完毕的文件材料是否应当归档的范围。哪些文件应该归档，哪些文件不应该归档，主要取决于这些文件本身的保存价值。一般而言，凡是反映本机关工作生产活动，具有查考利用价值的文件材料，均在归档范围内。国家档案局发布的《机关文件材料归档和不归档的范围》规定，一个机关应该归档的文件材料，应包括以下四部分。

1. 上级机关的文件材料

这部分文件材料主要有上级机关颁发的属于本机关主管业务并要执行的文件；普发的、非本机关主管业务但需贯彻执行的法规性文件；上级召开的需要贯彻执行的会议的主要文件；上级机关转发本机关的文件（包括报纸、刊物转载）；代上级机关草拟并被采用的文件的最后草稿和印本；党和国家领导人、人民代表、上级机关领导等视察、检查本地区本机关工作时的重要指示、讲话、题词、照片和有特殊保存价值的声像文件材料等。

2. 本机关的文件材料

这部分文件材料主要有本机关负责召开的代表大会、代表会议、工作会议、专业会议、机关党组及行政领导会议的文件；本机关颁发的各种正式文件（签发稿、印制稿及重要文件的修改稿）；本机关与上下级机关之间的请示、批复文件；本机关及内部职能部门形成的工作计划、总结、报告；反映本机关业务及科技管理活动的专业文件；本机关领导人在公务活动中形成的重要信件、电报、电话记录，以及其从外机关带回的与本机关有关的重要文件；本机关的统计报表、财务文件、人事文件、会计文件、规章制度文件；反映本机关成立、合并、人员编制、历史沿革、合同、协定、财产、物资、档案等方面的文件；重要的人民来信、来访材料以及其他需要保存的文件材料等。

3. 同级机关和非隶属机关的文件

这部分文件材料主要有同级机关和非隶属机关颁发的非本机关主管业务但需要执行的法规性文件，或与本机关联系、协商工作的重要来往文件；有关业务机关对本机关工作检查形成的重要文件。

4. 下级机关的文件材料

这部分文件材料主要有下级机关报送的重要的工作计划、报告、总结、典型材料、统计报表、财务预算及决算文件；直属单位报送的重要的科技文件及下级机关报送的法规性备案文件等。

不属于归档范围的文件材料，主要包括：重份文件，如机关印发和收到的文件，本单位内凡有重份的，均由主管单位负责归档，其余都不必归档；一般事务性的无查考、保存价值的文件；未成文的草稿及一般性文件的历次修改稿；未经会议讨论，未经领导审阅、签发的未生效文件；与本机关主管业务无关的文件和非隶属机关送来参考的文件；本机关领导兼任其他机关职务形成的文件；一般的人民来信等。此外，国家规定的不得归档的有关文件材料，禁止归档。

总之，确定归档范围的一般原则是，归档文件必须具有一定的保存价值，必须符合各机关文件材料的实际状况。各机关和单位应根据国家的统一规定和要求，确定本机关归档和不归档文件材料的范围。

（二）归档时间

归档时间，是指文书（文件）处理部门或有关业务部门将需要归档的文件向档案室移交的时间。《机关档案工作条例》规定，机关文书部门或业务部门一般应在第二年上半年向档案部门移交档案，交接双方根据移交目录清点核对。对于那些专业性文件、特殊载体的文件、机密性强的文件、驻地分散的机关文件及形成规律较为特殊的文件，为了便于实际工作的查考利用，也可以适当地延长归档时间。

某些小机关的内部机构简单或不设内部机构，工作人员数量少，文书（文件）处理集中，文书处理和档案工作由一人兼管，可不专门规定归档时间。有关人员只要将办理完毕的文件归入卷夹，组成案卷（保管单位），编制出案卷目录，就算完成了归档任务。

（三）归档文件的质量要求

根据有关文件的规定，机关档案室一般情况下不接收未经系统整理的零散文件材料。归档案卷的质量要求是遵循文件的形成规律和特点，保持文件之间的有机联系，区分不同价值，便于保管和利用。

应归档的文件要做到种类齐全、份数完整，每份文件不缺张少页，并组成保管单位。立卷时，应按要求将文件的正件与附件、印件与定稿、请示与批复、转发文件与原件分门别类，多种文字形成的同一内容的文件，分别组合在一个案卷内，不得分散。在对文书档案进行文件组卷时，一般应将文件按年度分开，不同年度形成的文件一般不可放在一起组卷。但是，跨年度的请示与批复，应放在批复年立卷，没有批复的，放在请示年立卷；跨年度的计划或规划，应放在文件内容所针对的第一个年度立卷；跨年度的总结，应放在文件内容针对的最后一年立卷；跨年度的会议文件，应放在会议开幕年立卷；非诉讼案件的文件，应放在结案年度立卷；文件与电报一般应按其内容联系统一立卷；绝密文件和绝密电报应该单独立卷（少量普通文电如与绝密文电有密切联系，也随同绝密文电一起立卷）；录音带、录像带、影片、照片等特殊载体的文件，应与纸质文件进行统一整理、编目，但要分别存放，在案卷目录上要注明互见号，以保持文件间的历史联系，便于查找利用。此外，对于不同保存价值的文件，应当分开组卷，以便日后向档案馆移交，防止拆卷重组问题的产生。

保管单位内的文件排列应条理清楚，使之成为一个互有联系的有机整体。卷内文件一般按重要程度或时间顺序依次排列；具有密切联系的文件应依一定的次序排列在一起，即批复在前，请示在后，印件在前，定稿在后，正件在前，附件在后；重要法规性文件的历次稿本可依次排列在定稿之后；非诉讼案件卷的结论、决定、判决性文件在前，依据性文件在后等。保管单位内的文件，依次排列后应编定页号或件号，逐件登录在卷内文件目录上。音像文件，应用文字标出它们的对象、时间、地点、内容和责任者等事项，以便于保存和利用。

保管单位（案卷）的封面，应按规定逐项填写清楚。案卷的题名应简洁明了，并能准确地揭示和反映卷内文件的基本内容和成分。案卷题名一般应将卷内文件的责任者、内容、主要文件名称反映出来。还应根据机关档案保管期限表，注明每个案卷的保管期限。

向机关档案室归档的案卷，都应按照一定的次序进行排列。排列案卷可根据案卷产生和形成的实际情况，选择按责任者、按问题、按时间、按地区（域）或重要程度等排列，要注意保持卷与卷之间的历史联系、逻辑联系，并编定案卷号。最后，还应编制案卷目录一式数份。

（四）归档手续

文书处理部门或业务部门向档案部门移交档案时，交接双方应根据案卷目录详细清点，经过认真核对后，交接双方如确认无误，即可签字，并将案卷目录中的一份交由档案部门签字后，交还移交单位妥善保存。必要时，移交单位须编写归档文件简要说明，交接双方还应填写交接清单或移交清单。

在档案工作和文书工作由一个人兼管的小机关，不需要办理上述归档手续。但是，在档案人员调动工作时，应参照上述办法办理交接手续，即"明立案验，依例交割"。

四、档案室在形成文件与组织归档工作中的作用

档案室的基本任务之一，就是对本机关文书部门或业务部门文件的归档工作进行指导与监督。因此，充分发挥档案室在形成文件与组织归档工作中的作用，是做好档案室收集工作的一个重要组成部分。

（一）机关档案室对形成文件的作用

为了保证归档文件的完整齐全，便于保存和利用，机关档案工作者不仅要通过归档工作力求把已形成的文件收集齐全，而且应关注文件的形成和办理活动中的相关情况。在工作或生产活动中，机关往往有一些工作已经做了，或者曾经历一些重要的活动与重要历史事件，但由于种种原因，没有形成原始记录（如电话请示与答复没有记录，主要领导人现场办公处理的重要事件没有记录，召开会议没有记录等），或记录不全（如有的文件只记录了有关工作的内容而没有责任者、日期，或文件办完没有注明办理情况等），类似情况，都会影响机关档案文件的齐全完整积累。为此，机关档案工作者有责任对文书处理工作制度、文件的行文格式、书写材料等方面存在的问题，向有关部门或领导反映和提出意见，力求完善文件的形成渠道。必要时，机关档案部门也可以采取一

定的补救措施和办法，对一些较重要的事件、活动等进行补充记录、拍摄工作，以保证机关档案文件的齐全。

（二）指导和督促文书部门或业务部门做好归档组织工作

文件立卷及归档工作是机关文件管理工作和档案工作的"交汇处"，是这两种工作活动交接的一个环节。我国自 20 世纪 50 年代开始，就一贯推行文书部门（或业务部门）立卷的制度，即机关的文件立卷和归档工作主要由机关的文书处理部门、业务部门及有关的文书工作人员承担。在此项活动中，机关档案部门一般只负责指导和协助性的组织工作。

推行文书部门立卷和归档制度，经过几十年的实践，主要具有以下优点：

第一，由文件的承办和处理部门立卷，有利于加强对文件的平时形成、积累、整理的控制，便于机关的领导人、业务人员、秘书人员及其他人员在近期就近使用，便于全面、系统地研究和处理问题。

第二，由文件的承办和处理部门立卷，可以充分发挥文件的承办和处理者熟悉业务和文件产生与办理情况的优势，从而更有效地保证归档案卷的质量，为档案管理打下良好的基础。

（三）开展非常规性和随机性的文件收集工作

由于种种原因，机关经常有一些文件不能按规定及时归档，散失在机关业务部门或个人手中。在已建立归档制度的机关，那些未经收发登记的文件和内部文件，也容易散失。在归档制度不健全的机关，文件散失和不及时归档的问题就更加突出。因此，机关档案室除了指导和协助做好正常的归档工作外，还应积极地开展散失文件的收集工作。一般而言，散失文件收集的重点对象，主要有机关召开的比较重要的会议的文件（如会议记录等）；机关领导或其他工作人员外出开会带回来的、需要贯彻执行的文件；本机关的内部工作计划、总结、报表、规章制度等方面的文件；较重要的人事、保卫、财会工作文件；本机关编印的大事记、历史沿革等参考材料的底稿和印本；本机关的调查报告、合同契约、访问记录；本机关参与外事活动形成的文件；重要文件的附件；本机关形成的其他专业性文件以及照片、录音带、录像带等。此外，各机关还应结合本单位的保密检查、节假日文件清理等工作程序或在人员与机构变动时，及时发现问题，并把散失的文件及时收集起来，以弥补归档制度的不足，做好补充收集工作。

（四）对散失文件的补充收集

一个机关即使建立、健全了归档制度，也会有些文件不能按规定及时归档，特别是未经收发登记的文件和机关本身形成的内部文件，往往分散在个人手中。再加上机构调整、干部变动、环境变化等各种因素，都可能使归档文件不齐全、不完整。因此，在正常的归档工作以外，档案室还需要采取某些补救措施，开展对散失文件的补充收集。收集散失文件时要把重点放在"账外"文件上。所谓"账外"文件是指未经登记的文件，如机关内部文件、机关领导人或工作人员外出开会带回的文件。此外，机关之间签订的合同、协议等也常常不做登记，这些文件如果保留在机关业务部门或个人手中，往往不易被发现，因而有时不能按正常手续立卷归档。

（五）对档案收集工作的宣传

为了使档案室在档案收集过程中发挥更大的作用，推动归档制度的顺利实施，应该有的放矢地做好宣传教育工作，增强机关领导和工作人员的档案意识，消除各种思想顾虑，以取得他们的支持与配合。宣传内容包括：讲明档案是党和国家宝贵的历史财富，不是私人的财产，应当由档案部门集中管理；档案在档案室保管，一般均有专门人员管理，有较好的保管条件和科学的管理方法，使用起来还是方便的；同时，这也是一种良性循环：做好归档后文件的整理、保管和积极开展利用服务，使业务部门和工作人员尝到档案集中管理的甜头，反过来又会促进文件收集工作的开展。

（六）开展文件的平时收集工作

建立和健全归档制度是开展档案室收集工作的一项重要措施，而加强对平时文件的收集，是保证归档制度落实、档案齐全完整的有效办法。

平时收集工作包括：

1. 零散文件的收集

在建立归档制度以前，有些单位的档案分散保存在内部机构和个人手中，这些档案仅仅依靠归档制度是不能收集起来的，必须加强平时的收集。

2. "账外"文件的收集

有些文件未经过收发登记，不易控制，难以收集齐全。对会议记录、规章制度、基本统计报表等材料，也要通过平时的收集工作，集中到档案室统一管理。

3. 专门文件的收集

专门文件是指特殊载体、特殊规格的文件材料。档案室保存的文件门类不齐全，会直接影响档案馆馆藏的结构。所以在收集工作中，不能忽视对专门业务文件的收集。平时的收集工作要落实到人，建立岗位责任制，充分发挥档案室的主观能动作用，开辟多条渠道，广开门路，将专门文件收集齐全。

第四节　档案馆的收集工作

一、馆藏档案的补充源

档案馆的馆藏档案主要有以下四个档案源：

（一）现行机关档案源

这种档案源就是指现在正在进行工作活动的机关、企业、事业单位及其他社会组织。这种档案源的特点是，产生和形成的档案文件数量多、完整、系统，并且具有连续性。根据国家有关文件的规定，各现行机关应将具有长远保存价值的档案，通过一定的移交方式，交给各有关档案馆集中保存。所以，现行机关是各级各类档案馆馆藏档案的主要补充源。

（二）撤销机关档案源

撤销机关是指中华人民共和国成立前后，由于政权变更、体制改革、行政区划调整等而被撤销合并的机关、团体、企业、事业单位及其他社会组织。档案馆按国家规定接收这类机关、团体、组织的档案，这也是馆藏档案的重要补充源之一。

（三）组织和个人保存的散失档案

这种档案源即收藏有革命政权档案、历代王朝和民国档案的机关、组织或个人。这也是馆藏档案的一个重要补充源。档案馆应通过各种有效的方式、措施，将这些散存于社会的历史档案征集入馆，以丰富馆藏。

（四）档案馆之间交接的档案

一方面，受行政区划变更和档案馆布局的变化等因素的影响，有关档案馆的档案收藏范围发生变化，因而产生了某档案馆接收其他档案馆的档案的情况。另一方面，由于各国文化交流活动的开展，我们通过交换或购买等方式，将一些收藏在外国档案馆中的我国历史档案（包括其复制品）收集起来，丰富有关档案馆的馆藏。上述两种情况，都是从有关档案馆收集档案，实现补充馆藏的。

二、接收档案的范围

按照《档案馆工作通则》和《各级各类档案馆收集档案范围的规定》的文件精神，档案馆接收的范围如下：

第一，本级各机关、团体及其所属单位具有永久保存价值的档案，省辖市（州、盟）和县级档案馆同时接收长期保存的档案。

第二，属于本馆应接收的撤销机关、团体的档案。

第三，属于本馆应接收的中华人民共和国成立以前的各种档案。

对于第一条所列"本级各机关、团体及其所属单位"中的"所属单位"，在具体接收时要明确规定接收到哪一级所属单位。目前一般只接收到二级单位，档案馆各方面条件具备也可以接收到所属的基层单位。例如，省、市档案馆，按规定应接收省（市）直属机关、团体、企业、事业单位的档案，如果接收到二级单位，就可以接收省直机关所属的公司（如百货公司、五金交电公司、服务公司、食品公司等）的档案。如果接收到所有的隶属单位，就要接收各公司所属的工厂、商店的档案。

党的组织关系在地方，属于地方和上级主管部门双重领导的单位形成的、以反映地方某项事业或建设活动为主的档案，经有关方面协商，也可以属于第第一条范围内。

另外，集体所有制单位和典型私营企业形成的有进馆价值的档案和著名人物档案，经协商同意，也属于档案馆的第一条的接收范围。

三、档案馆对现行机关档案的接收

按照《档案馆工作通则》等文件的规定，现行机关档案中具有长远保管意义的部分，需要定期向档案馆移交。接收现行机关档案室移交的档案，是各级档案馆的日常任务。

（一）接收档案的要求

档案被接收进馆时，应该有一些基本的要求，以确保进馆档案的质量。这些要求主要包括：

1. 完整性

按规定向档案馆移交的档案,应该收集齐全,将全宗作为一个整体归入档案馆,不得随意分散。档案馆应该关注文书立卷和机关档案室的工作,加强指导,堵塞漏洞,尽量使应该立卷归档的文件收集齐全,为后代积累完整的档案史料。与档案有关的资料、立档单位的组织沿革、全宗指南及有关的目录、索引等检索工具,随同档案一并接收。案卷目录编制一式三份,其中一份由档案馆签收后退回移交机关。

2. 真实性

进馆的档案必须具有真实性,凡有疑点的档案,都要尽可能加以考证,如果一时难辨清楚,也要存疑,予以证明。存疑或解疑工作应由文书立卷部门去做,档案部门负责检查与补缺的工作。

3. 地方性

馆藏档案内容除具有普遍性特点以外,还必须反映本地区的特点,有独到的地方特色。国家级档案馆的馆藏内容,具有区别于其他国家的鲜明的中国特色;各省(市、自治区)档案馆的馆藏内容,具有区别于其他省(市、自治区)的鲜明地方色彩。要把带有地方特点的档案,作为接收的重点,以防止档案内容的大量重复。

4. 坚持质量验收

在接收档案的过程中,除了履行必要的交接手续以外,还应进行质量验收,把案卷中存在的问题在进馆之前解决。

档案馆在接收档案前应遵照各地档案管理部门制定的《案卷质量标准和验收办法》,逐年对进馆档案进行检查验收。

案卷质量检查可以按照自检、互检、检查小组检查接收三个步骤进行。

坚持进行案卷质量验收,会受到机关、单位领导和文书、档案工作人员的欢迎,可以引起领导者对档案工作的重视,增强文书、档案工作人员的责任心,提高案卷质量,促进档案业务学习,减少工作中的矛盾。

5. 清点核对

现行机关移交档案时,必须根据移交目录,与接收档案的有关档案馆一起清点核对,并在交接文据上签字盖章,以便明确交接双方的责任,保证进馆档案的完整齐全。

（二）接收档案的时间期限

根据档案发挥作用的特点，本着既便于档案形成机关工作查考，又便于党和国家各项工作利用的原则，现行机关形成的档案应该在本机关保存一段时间，供机关日常工作查考，然后再将需要长久保存的档案移交给档案馆保管。关于现行机关档案在本机关保管的期限，《机关档案工作条例》《档案馆工作通则》规定省级以上机关将永久保存的档案在本机关保存20年左右，省辖市（州、盟）和县级以下机关将永久、长期保存的档案在本机关保存10年左右向档案馆移交。

档案馆接收现行机关保管期满的档案时，有逐年接收和分段接收两种办法。逐年接收，就是每年对现行机关保管期满的档案接收一次；分段接收，就是隔一定时期（如3年、5年）对现行机关保管期满的档案接收一次。一般采用后一种办法。

（三）接收前的准备工作

准备工作的主要内容有两方面：一方面，确切掌握被接收档案的情况，档案馆应认真调查了解移交单位档案整理的原基础，鉴定的方法和质量，档案的数量与成分，需要进馆的档案有多少等确切情况，做到心中有数。为了保证进馆档案的质量，档案馆还应派人到移交单位检查准备移交档案的完整程度和整理质量，如发现问题及时解决。另一方面，档案馆要做好馆内的各项物质准备，安排人力、物力和时间，以确保接收工作的顺利进行。

四、档案馆对二、三级单位形成档案的接收

根据国家档案局发布的《各级各类档案馆收集档案范围的规定》的要求，下述两种类型单位的档案应向各有关档案馆移交：

第一种，各级人民政府的直属工作部门所属的独立分管某一方面工作或从事某项事业的行政管理机关和企事业单位。这些单位所形成的档案，往往能反映某方面工作或生产、教学、科研、工程建设、经营管理等的基本历史面貌，具有一定的社会经济、政治、科学文化或历史价值，是人们日后从事有关社会活动和科学研究的必要材料。例如，各部委、省（自治区、直辖市）直属的各企业、工厂和院、所、学校、医院等。

第二种，有代表性的第二、第三级单位形成的档案也应向有关档案馆移交。如工厂、学校、商店、居民委员会、村委会等职能、性质和任务相同或相似的单位之中具有代表性者，应将其所形成的档案中有长远保存价值的部分，移交

给有关档案馆。其他不具有代表性的第二和第三级单位所形成的档案，一般不需向档案馆移交，但是其中具有重大影响或重要凭证作用的档案，也应向有关档案馆移交。

在接收二、三级单位档案的工作中，各级档案馆应注意以下两点。

（一）避免不加选择，盲目接收

某些档案馆，为使馆藏数量增加，大量接收二、三级单位的档案，致使馆藏档案质量下降，数量"暴涨"，入馆的档案分类混乱，"玉石不分"、重复件增多（如统计报表、劳动及组织人事文件重复严重），给档案馆增加了人员、库房设备等方面的压力，给档案管理（如标准化工作）带来了沉重的负担。

（二）避免不分重点，普遍接收

对二、三级单位形成的档案，档案馆必须择其有代表性的、典型的单位档案予以接收，而不能一味追求数量，采取普遍接收的办法。我们之所以要有重点地接收一些二、三级单位的档案，就是要使未来的研究者弄清各级和各种类型机关、社会组织的职能活动的具体情况，洞悉其特点，从而较全面地揭示历史发展的全貌。接收二、三级单位的档案，档案馆应做好调查工作，将本级机关或组织的所有的二、三级单位一一列举出来。在此基础上，按一定条件进行筛选，最后确定入馆单位的名单。选择的条件一般为：历史较为悠久，室藏较为丰富的；在国民经济、社会发展中占有较重要地位的，具有一定社会影响（如生产名优产品的工厂等）的；在职能、规模、任务相同的单位中具有较强的代表性的，能够体现地方特色的单位等。

五、档案馆对撤销机关档案的接收

中华人民共和国成立以后，由于社会主义事业发展的需要以及各类组织的改组和体制的改革、行政区划的变动等，撤销了一些机关、企业、事业单位。这些单位撤销以后，档案馆应及时组织力量对全部档案进行收集、整理、鉴定，并认真接收进馆或责成接管机关代管各级档案馆应接收的撤销机关的档案，与接收现行机关保管期满的档案的办法与要求相同。

撤销机关档案，具有易分散、整理不系统、存在尚未办理完毕的文件等特征。因此，档案馆在接收撤销机关的档案时，除了应按接收现行机关档案的要求对所接收的档案进行检查外，还应注意以下问题：

第一，机关撤销、合并时，严禁把机关在历史活动中形成的档案分散、毁坏或丢弃。撤销机关应负责组织人力，将全部档案进行认真的清点和鉴定并保管好，按规定向各有关档案馆移交，或由其职能继任机关代管。

第二，机关撤销或合并时，如有尚未办理完毕的文件，应转给原机关的职能继任者或有关机关继续办理后整理保存。

第三，一个机关并入另一个机关或几个机关，几个机关合并为一个新的机关，其合并以前形成的档案，应按机关分别组成有机整体，向有关档案馆移交，而不能将这种档案与合并后形成的档案混在一起。如果接管撤销机关职能的有关机关，因工作方面的日常查考需要，要求保管撤销机关的档案，可在征得有关档案管理机关同意后，暂时代管。代管机关应保证撤销机关档案的完整与安全，绝对禁止将撤销机关的档案与本机关的档案混杂，并承担日后向档案馆移交撤销机关档案的义务。

第四，一个机关撤销后，业务分别划归几个机关时，它的档案不能分散，而应作为一个有机的整体，整理并保管好，由有关单位采取协商处理的办法，或交给某个接管机关代管，或向有关档案馆移交。

第五，一个机关的一部分业务或其中的一个部门划归给另一个机关时，原来该机关在从事此部分业务工作活动中形成的档案，应作为原机关档案的有机整体的一个组成部分，如果接收机关需要查考使用这部分档案，双方可通过协商等方式用借阅、复制等办法解决。

六、档案馆对历史档案的接收与征集

归档、接收档案，是丰富馆藏的重要途径之一。但是，受各种因素的影响，有些档案长期分散在各处，甚至个人手中。依靠正常途径的归档移交、接收等方式收集不到这些档案，必须广开门路，通过多条渠道进行收集，这种方式称为档案的征集。

档案的征集是一项社会性的工作，它要与社会各方面发生关系，社会是档案的发源地。档案部门靠守摊支撑门面，不主动从社会中挖掘档案，要想使馆藏丰富，显然是不现实的。社会上还藏有大量珍贵的档案，要靠档案部门去发现、去挖掘、去征集。

（一）接收与征集历史档案的意义

所谓历史档案，通常是指中华人民共和国成立以前形成的档案。这种称谓从术语学角度考查虽不够科学，但是考虑到人们的一般用语习惯，我们仍然采用这一概念。收集历史档案的主要意义如下：

1. 收集历史档案是保护祖国历史文化财富的一项重要措施

我国是一个拥有数千年文明史的古国，历史上的历代王朝衙署、组织及个人曾形成过大量的档案文件，但由于各种社会因素与自然因素的影响，绝大部分档案已遭毁灭，尤其是鸦片战争以来，帝国主义列强的侵略，又使幸存下来的档案一部分散失国外。民国时期的档案，虽然有许多被保存下来，但由于战争等因素的影响，也受到了不同程度的损害，许多民国档案失散于社会。中国共产党及其领导下的革命政权机构、军队、社会团体等形成的档案，尽管产生时间较近，但是，由于长期的地下斗争和武装斗争的社会环境的影响，保存下来的档案数量也较少，其中某些档案文件依然散存在民间。因此，必须抓紧时间，加强对幸存于世的历史档案的接收和征集工作，尽早将散失于社会各个角落以及国外的历史档案收集入馆，使祖国的历史文化财富得以长远留传。

2. 收集历史档案是档案开放利用工作的需要

历史档案记录和反映了我国各个历史时期的社会政治、经济、文化、科学技术、宗教等方面的情况，它是人们从事史学研究，科学研究（如地震、水文、天文、医学等方面的研究），总结历史经验等社会工作不可缺少的原始素材。为了适应历史档案开放和社会的利用需要，各档案馆必须努力收集历史档案，丰富馆藏，以便向社会提供更多的档案。

3. 收集历史档案是一项抢救历史文化遗产的艰巨性工作

历史档案由于长期在社会流散且年深日久，具有收藏对象复杂、收藏地点不明、来源分散等特点，而且许多历史档案正在遭受自然与人为的破坏，不少档案已经发霉变质，字迹模糊，彼此粘连或破烂不堪。因此，收集历史档案是一项抢救历史文化遗产的艰巨性工作。

4. 收集历史档案是发展我国档案馆事业的重要手段之一

一个档案馆收藏的历史档案的数量和质量，往往是社会和用户衡量与评价其工作水平的重要标准。一个档案馆收藏的历史档案量多质优，它就会具有较高的威望和社会地位，就会以其收藏档案的年代久远、门类多样、内容丰富、版本珍贵而享誉国内外。因此，档案馆应将收集历史档案视为一项重要的工作内容，为广大的专家、学者、实际工作者等档案用户提供更多更好的历史档案材料，从而促进我国档案馆事业的发展。

（二）收集历史档案的对象与途径

1. 收集散存于一些国家机关、社会组织中的历史档案

历史档案的收集，实际上在中华人民共和国成立时就已经开始了。随着各级各类国家档案馆的陆续成立，长期处于分散状态的历史档案，基本上得到了集中统一管理。然而由于某些历史原因，仍然有部分较重要的历史档案分散在一些机关和组织中。

随着改革开放的进行，我国的经济文化事业有了进一步发展，各方面都迫切需要利用历史档案，特别是开放档案的方针确定后，更进一步促进了社会各有关方面对历史档案信息利用需求的增加，如若继续放任历史档案分散保存状态的存在，必然会影响档案信息的综合开发利用，使许多历史档案错失发挥作用的时机。因此，必须按照国家规定，将明、清（包括明、清代以前）中央机关形成的档案集中于中国第一历史档案馆保存；将民国时期的中央机关形成的档案，集中移交给中国第二历史档案馆保存；将民国时期各地方机关的档案，移交各有关地方档案馆保存。

2. 征集收藏于个人手中的历史档案

从历史档案的征集实践经验来看，我国的历史档案，由于种种历史原因，有不少仍然掌握在个人手中。保存这些历史档案文件的有社会知名人士、革命老干部、专家学者、普通群众，也有当时的官员、职员、士绅、商人、古物收藏者及其亲属和后代。有的档案已被废品收购部或造纸厂等单位购买，正在面临灭顶之灾，需要及时抢救；有的档案被当事人埋藏起来，有待于了解线索，尽早进行发掘；有的档案被人放置在潮湿阴暗的处所，急需抢救。实践表明，只要措施得力，方法得当，坚持不懈，就可以将失散在个人手中的历史档案的原件或复制品收集入馆。

3. 征集少数民族地区的历史档案

我国的少数民族地区有着悠久的历史，保存着内容丰富的历史档案。这些档案，通常保存在土司、头人及其后裔和当地少数民族同胞手中。这部分档案中，有些时间久远，具有较高的史学及文物价值，是我国各民族的宝贵文化财富。将这些档案征集入馆，不仅可以使档案馆的收藏品具有较突出的地方特色，而且可以为研究各少数民族地区的历史和文化创造良好的条件。

4. 收集党史征集办公室、政协文史组织及其他学术历史研究部门的历史档案

档案馆应当加强与上述部门之间的工作业务联系，并在每一部史书、志书或其他学术著作编撰完成后，及时协商，将有关档案接收入馆，并为这些部门和单位的研究人员提供良好的服务。

（三）接收与征集历史档案的方法

收集历史档案是一项涉及面广、政策性强的工作，必须掌握一定的工作方法，才能做好此项工作。目前，档案部门采取的收集历史档案的方法主要有以下几种：

1. 发布通告

发布通告是一种典型的以走群众路线为特征的方法。它的宗旨是让整个社会了解收集历史档案的重要意义和收集档案的内容范围，取得广大群众的支持，从而掌握更多线索，以便于接收和征集历史档案。

2. 调查研究

通过深入细致的工作，调查了解本地区范围内，历史上曾经设置过什么机关、团体、组织，曾出现过什么著名人物，以及这些组织及个人的详细情况。在摸清情况的基础上，主动走访当事人及有关部门，有针对性地开展工作，对于所收集到的相关信息线索，应做好记录，建立调查信息档案。

3. 广泛宣传

充分利用各种现代传媒工具（如电台、电视台、报纸杂志等），播送或刊载征集广告及文件。其宣传内容既要包括收集历史档案的意义、历史档案的价值、收集范围及办法，又应包括向国家捐赠档案的个人先进事例等。

此外，档案部门还可以采用制定制度、下发通知、张贴布告、印发宣传品、举办展览会，以及利用有关会议等方式，开展收集历史档案的宣传工作。档案馆还应和古旧书店、文物单位、造纸厂、废品收购单位等建立联系，多加宣传，并签订合同，进行协作，使这些单位收购到的历史档案和资料，及时被收集入馆。

历史档案的收集是一项长期的、艰巨的工作任务，档案部门应以《中华人民共和国档案法》为依据，采用精神鼓励和物质奖励相结合的办法，对失散于社会的历史档案采取国家接收、个人捐献或购买等方法进行收集。档案部门应努力做到使历史档案的收藏者政治方面放心，精神方面光荣，经济方面有利，利用方面便利，这样才能保证历史档案的接收与征集工作顺利进行。

（四）在征集档案过程中，要正确处理好几种关系

1. 个人收藏与档案馆集中保管的关系

就某些个人收藏的历史档案来看，情况是很复杂的：有的是组织上委托保存的；有的是从故去的人那里继承下来的；有的是为了珍藏而收集来的。其中多数人是愿意献交的。即使少数人思想不通，也不能操之过急，经过细致耐心的工作这些人也是能够献交的。

2. 征集档案与利用档案的关系

通过上述渠道征集到的档案，一律要交给各级档案馆保存，不断丰富档案馆的馆藏。档案馆既要征集和收藏档案，又要发挥馆藏档案的作用。征集是为档案提供利用打基础，没有征集来的档案就谈不上利用，而档案的提供利用又能促进档案征集工作的开展，征集与提供利用是相辅相成的。提供利用工作做得越好，越有利于征集工作的开展。

3. 征集档案与留作纪念的关系

征集档案一般采取无偿征集和有偿征集两种方式。动员持有档案者将档案捐献给国家，对于捐赠者可给予一定的表扬与荣誉，赠送复制品，并在今后使用上给予方便。一般可以通过感谢信、奖状以及赠送装潢精美的纪念品的方式来表示。对于有些人上交收藏多年珍贵的档案，也可采用有偿购买方式，经双方协商付给原保存者一定的物质报酬，以资鼓励。

4. 征集原件与征集复制件的关系

一般说来，征集档案应尽可能征集原件，但在某种场合，如一时征集不到原件，也可采取征集复制件的方法，以此来丰富档案馆藏的内容。

第三章　档案保管

第一节　档案保管工作的任务、要求和条件

一、档案保管工作的任务和要求

（一）档案保管工作的任务

1. 建立和维护档案的存放秩序

为了使档案入库、移出、存放井然有序，能够迅速地查找档案，并随时掌握档案实体的状况，档案馆（室）要根据档案的来源、载体等特点，建立一套档案入库存放的规则和管理办法，使档案不管是在存放位置上还是被调阅移动都能够处于一种受控的状态。

2. 保持和维护档案实体良好的理化状态

档案实体是以物质的形态存在和运动的，而各种环境因素，如温湿度、光线、有害气体、灰尘、生物及微生物等，会对档案的载体、字迹材料等造成不良影响，不利于档案的长久保存。因此，在档案的保管工作中，就需要了解和掌握不利于档案长久保存的各种因素及规律，采取有效措施，最大限度地消除和降低它们对档案的损坏，使档案实体保持良好的理化状态，以延长档案的寿命。

（二）档案保管工作的要求

为了保持档案库房管理的稳定、有序，我们应注重建立健全管理规则和制度，加强日常管理。在库房管理中要做到：归档和接收的案卷及时入库；调阅完毕的案卷及时复位；定期进行案卷的清点和检查，发现问题及时处理。只有持之以恒地坚持严格的日常管理，才能保证库房内档案的良好状态。

1. 预防为主，防治结合

在档案保管工作中，保护档案文体安全的方法概括起来主要有两类：一是预防档案实体损坏的方法；二是当环境不符合档案保管要求时或当档案实体受到损坏后处置的方法。在归档或接收的档案中，实体处于"健康"状态的档案占绝大多数。因此，在档案保管工作中，积极"预防"档案受到各种不良因素的破坏是主动治本的方法。我们应该采取各种措施，确保这些档案的长期安全。同时，还应该通过加强日常管理和检查，及时发现档案实体出现的"病变"情况，以便迅速地采取各种治理措施，阻断或消除破坏档案的有害因素，修复被损害的档案，使其"恢复健康"。预防为主，防治结合，才能全面保证档案实体的安全。

2. 重点与一般兼顾

各种档案的价值不同，保管期限长短不一，所以，在管理过程中，我们应该掌握突出重点、兼顾一般的原则。对于单位的核心档案、重要立档单位的档案、需要长久保存的档案，应该进行重点保护，尽量延长档案的寿命。同时，对于一般性、短期保存的档案也要提供符合要求的保管条件，确保其在保管期限内的安全和便于利用。

二、档案保管的物质条件

档案保管的物质条件是档案库房管理所需一切物质装备的总称。档案的保管工作必须依托于一定的物质条件才能开展。

（一）档案库房

档案库房建筑是档案保管最基本的物质条件，是档案保管中长期起作用的因素，其质量直接影响档案保管中各项设备的采用与效果。因此，国家制定了《档案馆建筑设计规范》（JGJ 25 — 2010），作为档案管理机构建设档案库房的标准。

但是，在实际工作中，因受职能、规模、财力等因素的限制，各档案馆（室）在库房建筑配置上不可能完全一致，因此，应该分情况解决。档案馆应该按照《档案馆建筑设计规范》（JGJ 25 — 2010）的要求建造档案库房；档案室在档案库房的选址或建造上也应该尽量向《档案馆建筑设计规范》（JGJ 25 — 2010）的要求靠拢。在无法达到其要求的情况下，也必须注意：第一，档案库房要有足够的面积，开间大小要合适；第二，库房必须专用，不能与办公室合用，也不能同时存放其他物品；第三，档案库房必须是坚固的正规建筑物，临时性建筑不能作为档案库房；第四，档案库房应该远离火源、水源和污染源，符合防火、防水、防潮、防光、防尘、隔热等基本要求，全木质结构的房屋和一般的地下室均不宜作为档案库房使用；第五，档案库房的门窗应具有良好的封闭性。

（二）档案装具

档案装具是指用以存放档案的柜、架、箱，它们是档案馆（室）必需的基本设备。档案装具在制成材料、形式和规格上的种类有很多，其特点各不相同。一般来说，封闭式装具比敞开式装具更有利于对档案的保护；金属的装具比木质的更坚固，并有利于防火。

目前的档案装具中，活动式密集架在有效利用库房空间、坚固、密闭方面具有较好的性能。活动式密集架平时各架柜合为一体，调卷时可以手动或自动分开，可比常规固定架柜节省近2/3的库房面积。新建库房如果使用活动式密集架则可比使用常规固定架柜节省近1/3的建筑费用。但是，安装活动式密集架要求地面承重能力在每平方米2400千克以上，同时还必须考虑整个建筑物的坚固程度以及使用年限等相关因素。

（三）档案保管设备

档案保管设备是指在档案保管、保护工作中使用的机械、仪器、仪表、器具等技术设备，它们主要有：空调机、去湿机、加湿器、通风机、温湿度测量仪、防盗和防火报警器、灭火器、装订机、复印机、缩微拍照及缩微品阅读复制机、光盘刻录机、通信及闭路电视监控设备、消毒灭菌设备以及档案进出库的运送工具等。

（四）消耗品

消耗品是指用于档案保管工作的易耗低值物品，如防霉防虫药品、吸湿剂、各种表格及管理性的办公用品等。

档案库房、装具、设备、包装材料和消耗材料在档案保管工作中构成一个保护链条，共同发挥着为档案创造良好环境、保护档案免受侵害、维护档案完整和安全的作用。因此，档案馆（室）在开展档案保管工作时，应根据档案保管的整体要求和自身的情况，本着合理、有效、实用、节约的原则对这些物质条件进行配置。

第二节 建立库房管理秩序

一、档案保管模式

科技的进步、改革的深入促进了档案保管模式的多元化发展。下面分别介绍几种典型的档案保管模式，以供推广和借鉴。

（一）部门档案馆模式

随着政府机构职能转变、企业发展壮大以及档案门类和数量的增加，为了适应专业工作的需要，中央和地方的一些专业主管机构相继建立了一些部门的档案馆或专业档案馆，如建委系统建立的城建档案馆、省科委建立的科技成果档案馆、省气象局建立的气象档案馆、公安厅建立的公安厅档案馆等。同时，一些大型企业、事业单位，随着核算单位划分、下放，立档单位多起来，档案数量日益增多，从而出现了一些企业、事业单位的档案馆。

（二）联合档案室模式

联合档案室适用于地县以下小机关、小单位。地县以下级单位由于机关小，人员少，文件不多，建立档案工作机构或配备专职档案干部既不可能，也无必要，只能明确一名同志兼管兼做，因此，大多数基层单位的立卷工作，特别是档案工作，长期处于若有若无、名存实亡的境地。为了寻求一条出路，一些驻地相对集中的中小机关（有的同一个院，有的同一座楼）率先冲破封闭的樊篱，建立了联合档案室，参联机关只负责文书处理，立卷、档案工作由联合档案室负责，实现了档案干部专职化、库房设备集约化，有利于各项档案工作的开展和质量的提高，符合优化组合的原则，达到了精简和节约的目的。联合档案室的基本属性还是机关档案室性质，同时，也具有某种过渡性、中间性档案馆的性质，因为它管有几个、十几个现行机关全宗。不相隶属机关之间的联合可称之为横向联合档案室。以主管机关为主建立起来并统管其直属单位的档案的，可称之为纵向联合档案室。它可以解决许多小单位档案工作有名无实的问题，并有利于推动主管机关管好本系统的档案工作，其发展方向可能是档案、资料、情报一体化的信息中心。

（三）档案寄存中心模式

档案寄存中心，是在改革开放前沿阵地深圳出现的一种新的档案保管模式。该中心与档案馆、文件中心均有不同：该中心在性质上是有偿服务的机构，既不同于为具有社会和历史价值的各种档案提供无偿服务的综合档案馆，也不同于具有会员制性质，共筹资金，按所筹资金划分库房等的外国文件中心；在机构的设置上，该中心隶属深圳市档案局（馆）领导，并设于市档案馆内，既与综合档案馆由国家各级政府设立并领导不同，也与外国文件中心作为独立性的，为机关非现行文件提供保存服务的过渡性文件保管机构不同；在任务上，该中心主要为市内各类企业、社会团体及个人提供档案寄存服务，既与国家综合档案馆主要为具有社会和历史价值的各种档案提供保管服务不同，也与文件中心主要为各机关不经常使用，但还不能做最后处理的文件提供保管服务不同。档案寄存中心满足了小型企业和流动人口的需求，在深圳这块三资私营企业多、人口流动性大的土地上，大有市场。

（四）一体化信息管理中心模式

档案室兼做一定的图书、资料工作一直是有明文规定的，但主要强调管理内部资料，而且是限定在围绕档案而收集、配合档案而利用，即作为档案的一个补充性、从属性部分而存在。近些年，随着竞争观念、信息观念的增强，经济科技情报工作在许多单位迅速发展起来，于是档案、资料、情报工作一体化信息管理中心在一些单位应运而生了。

（五）文件中心模式

文件中心的性质是一种过渡性的半现行文件管理机构，它处于文件形成单位和档案馆的中间位置。文件中心负责统一收集、统一保管、统一鉴定、统一服务、统一销毁，定期向档案馆移交档案。各机关不设档案室，但要设分管领导，设兼职档案员，其职责是推行立卷改革，向文件中心移交档案。文件中心的职能是对各个单位的半现行文件进行管理，使文件资料的利用更有效、更科学，为档案管理部门提供完整的归档文件。文件中心的工作分为实体管理和信息处理两部分。

可以这样认为，文件中心同样适用于中国。首先，国外文件中心与中国档案室相比具有高效、经济、服务快捷、信息共享等鲜明特点，它既然能被许多国外先进国家所接受，同样中国也有学习和借鉴的必要。其次，随着改革的不断深入，中国单一的公有制形式已经改变，中国多种所有制成分并存，档案的所有权也随之多元化，因此，与之相适应的以公有制为基础的单一档案室形式也应改变，建立包括文件中心在内的多种档案管理机构。最后，中国加入世界贸易组织并融入一个充满变革和竞争的国际社会，这个国际社会受通讯、网络及电子化的影响已变成地球村，信息共享客观上要求我国适应新形势，与国际接轨，因此，建立文件中心已成为时代的要求。

二、档案库房编号

拥有多间或多个档案库房的档案馆（室），应对库房统一编号，以便于管理。档案库房编号有两种方法：一种是为所有的库房编统一的顺序号，这种方法适用于库房较少的档案馆（室）；另一种是根据库房的所在方位及库房建筑的特征进行编号，如"东一楼""红三楼"等。楼房内的库房自下而上分层编号，每层的房间从楼梯入口处自左至右顺序编号；平房应先分院或排，然后从左至右统一按顺序编号。

三、档案装具的排列和编号

库房中档案装具应排列有序，不同规格、不同样式的档案架、柜、箱应该分开排列，做到整齐划一。

如果是有窗库房，档案装具应与窗户呈垂直走向排列，以避免强烈光线直射；对于无窗库房，档案装具的排列也要注意有利于库房的通风。

档案装具的排放应注意最大限度地利用库房的空间，同时，也要宽度适宜，以便于档案的取放和搬运。一般情况下，档案装具之间的通道宽度应便于档案管理人员的工作与小型档案搬运工具的通行。在排放档案装具时应注意不要紧贴墙壁。

为了便于对库房内档案进行管理，所有档案装具应统一编号。一般的编号方法是，自库房门口起，从左至右、自上而下依次编档案装具的排号、柜架号、格层号（箱号），其号码采用阿拉伯数字。

四、档案的存放顺序和方式

在库房，档案是以全宗为单位进行排列的。所谓档案按照全宗进行排列，并不是说在任何情况下各种不同类型的档案都必须存放在一起，一些特殊类型的档案，如照片、影片、录音、录像档案，会计档案，以及科技档案等，应该分别保管。为了保持文件之间的历史联系，应该在案卷目录、全宗指南等检索工具中说明属于同一全宗、因类型不同而分别保存的档案的保管情况，并在全宗末尾放置全宗保管位置参见卡，指明存放地点。

入库全宗应按照档案进馆的先后顺序排列。全宗的位置确定后，就可以组织档案上架。档案上架的次序应按照档案架、柜、箱以及栏、格的编号顺序进行。

纸质档案在装具中的存放方式有竖放和平放两种。竖放时案卷的脊背朝外，管理人员可以直接看到卷脊上的档号，调卷方便。因此，目前较多的档案馆（室）采用竖放方式。平放比竖放有利于保护档案，其空间利用率也较高。但是，平放方式的缺点是不便于查看卷脊上的信息，存取也不太方便。因此，这种方式多用于保管珍贵档案，以及卷皮质地比较柔软、幅面过大、不宜竖放的档案。同时，采用平放方式应注意适当控制档案叠放的高度。

五、档案存放秩序的管理

在档案进入库房、排放于装具上之后，就开始了档案实体的保管阶段。在这个阶段，档案存放秩序的日常管理和维护是一项基础性工作，其使用的工具和方法主要有以下几个。

（一）档案存放位置索引

档案存放位置索引是以表册或卡片的形式，记录档案在库房及装具中存放位置的一种引导性管理工具，其作用是指引档案管理人员准确无误地调取、归还案卷，以及进行其他项目的管理工作。由于档案存放位置索引能够清晰地反映各个全宗、案卷的存址，因此，它在档案馆（室）档案的迁移中具有较为突出的引导和控制作用。

档案存放位置索引分为如下两种体例。

1. 指明档案存放处所的存放位置索引

这种索引是以全宗及各类档案为单位编制的，指明它们存放于哪些库房及装具中。

2. 指明各档案库房保管档案情况的存放位置索引

这种索引是以档案库房和架、柜、箱为单位编制的，指明在哪些库房和装具中存放了哪些档案。

档案存放位置索引还可以制作成大型图表，张贴于办公室或库房入口的醒目之处，以方便管理人员使用。

（二）装具所存档案标识牌

装具所存档案标识牌是在每一列，每一件，每一层（格、箱）装具表面醒目处设置的标牌，以标明每一个档案架、柜、箱中所存放档案的起止档号，以便检查和调还档案。

六、全宗卷

全宗卷是档案馆（室）在管理某一全宗的过程中形成的，记录和说明该全宗历史情况的专门案卷，它是一个全宗在形成和管理活动中形成的"档案"。我们在每一个全宗的管理中都应该建立全宗卷，全宗卷的形成过程和成分如下所述：

第一，在档案收集工作中形成的文件材料，如"档案移交目录"和"移交书"等。

第二，在档案整理工作中形成的文件材料，如"档案整理工作方案""分类方案""立档单位和全宗历史考证"等。

第三，在档案鉴定工作中形成的文件材料，如"档案鉴定材料分析报告""档案销毁清册"等。

第四，在档案保管、统计工作中形成的文件材料，如"档案受损与修复记录""档案安全检查记录""档案数量与状况统计"等。

第五，在档案提供利用工作中形成的文件材料，如"全宗指南""机关工作大事记""机关组织沿革"等。

全宗卷的建立是一个由少到多、不断积累的过程。全宗卷在管理上不宜装订，而应使用活页夹或档案袋（盒）进行保存，以便于材料的积累和整理。全宗卷内的材料积累到一定程度，应该进行清理。如果全宗卷内的文件数量较多，也可以分为若干卷。

全宗卷是围绕全宗的管理活动而形成，并以一个全宗为单位组合成的案卷。因此，全宗卷不属于全宗内的一个案卷，在管理上不能与全宗内的档案混合在一起，而应单独存放。其存放方式是，每个全宗的全宗卷，可以按照全宗号进行排列并放入专柜保管，也可以置于每个全宗排列的卷首。

第三节　档案流动过程中的维护和保护

一、档案在流动过程中的维护与保护制度

（一）档案使用的登记和交接制度

档案无论因何原因被使用，我们都必须对调卷、还卷及交接行为实行严格的登记和交接管理。例如，档案出入库时、与使用者交接档案时，其档案的数量必须准确，签收手续必须清楚、细致、严格。

（二）档案使用行为的管理与限制制度

档案使用行为的管理与限制制度的内容应包括档案使用行为的方式及所应防止的不良现象。

在使用档案时，对使用行为的规定包括：不允许使用档案的人员在使用档案时吸烟、喝水、吃食物；不允许在档案上勾画、涂抹；不允许有撕损、剪切等破坏档案的行为。档案在库房外未被使用时，不允许长时间将档案摊放在桌子上，而应及时放入专用的柜子里锁好；不允许擅自将档案带离规定的使用场所；档案利用者之间未经允许不得私自交换阅览其他人借阅的档案；未经允许，任何人不得擅自拍照、记录、复印档案；经过批准进行的拍照、复印等行为，应以不损坏档案的理化状态为前提；无论是档案管理人员还是档案利用者，每次使用档案的数量、使用的时间长短都应有一定的限制。同时，对于损毁档案的行为要有严格的惩罚规定。

二、档案在流动过程中的维护与保护方法

（一）数量与顺序的控制

无论是档案管理机构内部使用还是外部利用档案，当所需使用的档案数量较大时，我们应按制度规定分批定量提供，并且应该要求档案使用者在使用过程中和交还档案时保持其排列秩序，以免发生错乱。

（二）对档案利用行为的现场监督与检查

凡外部利用者利用档案，档案管理部门应在利用现场配备工作人员实行监

督，并随时检查利用者的利用行为，发现问题及时指出并予以纠正。有条件的档案馆（室），可配备闭路电视监控系统。

（三）档案利用方式及利用场所的限制

档案的利用以现场阅览为基本方式，经允许的拍照或复印行为原则上应由档案工作人员执行。档案利用场所应为集中式的大阅览室，一般不为利用者安排单独的阅读房间，以免发生意外。

（四）对重要档案的保护性措施

对于重要的珍贵档案，我们应实施重点保护，其保护措施有：严格限制利用；即使提供利用，一般也不提供原件，而是提供缩微品或复印件；利用中要特别注意监护，必要时可责成专人始终监护利用。此外，对重要档案的复制也应比一般档案有更为严格的限制和保护性措施。

第四节　档案实体的安全与防护

一、人员的进出库制度

档案库房是保存档案的重要场所，因此，必须对进出库房的人员及其进出方式、时间等进行必要的限制，并做出专门的规定。

一般情况下，档案库房只允许档案工作人员进入，非档案工作人员原则上不允许进入档案库房。如果工作确实需要非档案工作人员进入库房，如维修库房或设备等，则必须有档案工作人员始终陪同。

档案工作人员进出库房也必须有相应的限制性规定。例如，非工作时间一般不允许进入库房；在库房内不允许从事与库房管理工作无关的活动；不允许携带饮料、食物进入库房；不允许在库房内吸烟、喝水、吃东西；库房内无人时必须关灯、关窗、锁上库房门等。

二、库房温湿度的控制

档案库房内的温湿度是直接影响档案自然寿命的环境因素，适宜纸质档案保存的库房温度是 14℃ ～ 20℃，相对湿度应在 50% ～ 65%。为了准确掌握库房温湿度的情况，档案馆（室）应在库房内配置精确、可靠的温湿度测量仪器，随时测量并记录库房温湿度的具体指标状况。针对不同的库房条件，控制和调节温湿度的方法主要有下述两种。

（一）库房密闭

对档案库房进行严格密闭，能够较好地隔绝库房内外温湿度的相互交流，加之在库房内安装空调或恒温、恒湿设备，可以将库房内的温湿度人为地控制在适宜的指标范围内。但是，这种方法所需费用较高，并非所有的档案馆（室）都有能力做到。

（二）机械或自然的调控

有些难以做到密闭库房又无力承担配置空调或恒温、恒湿设备费用的档案馆（室），可以采用如下一些机械的或自然的措施对库房的温湿度进行人工调控：

第一，在档案库房的门窗上加密封条，可减少库房内外温湿度的相互交流，并有防尘作用。

第二，使用增温、增湿或降温、降湿等机械设备进行调控，改变不适宜的温湿度。这种方法需要将库房门窗关闭才能奏效。

第三，当库房外的温湿度适宜而库房内的温湿度较高时，我们可以利用库房内外温湿度的差别，采用打开门窗或排风扇、换气扇等方法进行自然通风，用库房外的自然温湿度来调节库房内的温湿度。采用这种方法，需要把握好库房内外温湿度的差异，以及通风的时机、具体时间、过程的长短和强度等。

第四，采用一些更为简便的人工方法调节库房的温湿度。例如，在库房地面洒水，放置水盆、湿草垫，挂置湿纱布、麻绳等，以适当增湿；在库房中或档案装具内放置木炭、生石灰、氯化钙、硅胶等物质，以适当降湿。但是，这些方法的效果只是局部的。

上述这些方法虽然达不到库房密闭的效果，但如果措施运用得当，也可以在一定程度上控制库房的温湿度。

三、库房的"八防"措施

档案保管中的"八防"通常是指防火、防水、防潮、防霉、防虫、防光、防尘、防盗，它们是库房管理工作中保证档案实体安全的重要内容。

（一）防火

我们在选择档案库房装具、照明灯具及其他电器时，要保证材质、性能上的安全；在各种器材的安装方面必须按照规范操作，保证线路的安全。档案库房中必须按照消防规定配备性能良好、数量足够的消防器材；在条件允许的情况下，应安装防火（烟雾）报警器和自动灭火装置。

（二）防水

档案库房不能设置在地势低洼之处；库房内及附近不能有水源；库房选址应远离易发洪水的地点，位于有利于防洪的地段。

（三）防潮

防潮与库房温湿度的控制特别是湿度的控制密切相关。库房防潮的措施有：采用密闭隔热技术，安装通风、降湿、空气调节设备，采取通风、换气、除湿和降湿措施等。

（四）防霉

防霉主要是指预防或抑制以霉菌为主的微生物在档案库房内的生长、发育和繁殖及其对档案实体的破坏。环境中微生物的数量与人和动物的密度、植物的种类和数量、馆舍的建筑材料、温湿度、日照、气流等因素有关。库房防霉的方法有：

第一，及时清扫库房、装具、设备、档案中的灰尘，定期清理库房内的垃圾，包括剔除待销毁的档案，维持库房内的清洁卫生。

第二，对库房的进出口、通风口等主要空气通道采用过滤措施，以净化入库空气。

第三，严格控制库房的温湿度。

第四，在档案实体和装具上放置低度、无色、高效、性能稳定的防霉药品，以抑制有害微生物的生长或蔓延。同时，定期对档案进行检查。

（五）防虫

预防档案害虫的关键是创造并维持一个不利于害虫生长又不损害档案的环境，具体措施有：

第一，档案库房在选址、建造时，应注意远离粮仓、货仓、食堂等场所；地基采用钢筋水泥或石质结构；增强门窗的封闭性；地板、墙面、屋顶等处不能有缝隙。

第二，做好库房内外的清洁工作；做好档案入库前的检疫工作，防止将档案害虫带入库房；一旦发现疫情，应立刻进行熏蒸消毒处理；定期对档案进行检查。

第三，在档案库房及各种档案装具内放置驱虫药物。

（六）防光

光线对档案实体有破坏作用，特别是紫外线，其破坏作用更大。因此，档案库房要注意防止和减少光线对档案的危害，重点是防紫外线，具体措施有：

第一，档案库房尽可能全封闭，即无窗；如果设置窗户也应尽量小一些。如果库房为有窗建筑，可以采用安装遮阳板、滤光玻璃或窗帘的方法，减少光线的透过量，降低紫外线的危害。

第二，档案库房内宜使用含紫外线少的人工光源。库内使用人工光源时，以白炽灯为好，不宜使用日光灯。档案在保管期间，除了整理、检查、提供利用外，应尽量做到避光保存。

第三，尽量减少和降低档案使用过程中受光照射的时间和光辐射的强度。在档案受潮、水浸、霉变、生虫的情况下，不要将档案放在阳光下直接曝晒，只能置于通风处晾干。

（七）防尘

灰尘会对档案造成各种污染，是危害档案的隐性因素。预防灰尘的具体措施有：

第一，库房的选址应尽量避开工业区或人口稠密的地区；提高库房的密闭程度；库房建筑要选择坚硬、光滑、易于清洗的材料作为墙面、地面，防止库房内表面起尘；采用空气净化装置，过滤和净化空气等。

第二，档案入库之前要进行除尘处理；日常管理工作中要注重档案库房、装具和档案本身的除尘。

（八）防盗

档案库房要做到门窗坚固，进出库房要随时锁门，并尽可能安装防盗报警装置。

四、定期检查、清点工作

定期检查、清点是档案库房管理的一项制度化措施。定期检查的重点在于档案实体的理化状态，以查看档案是否有霉变、虫蛀等迹象，库房中是否存在危害档案的潜在隐患，档案的调出和归还是否严格履行了手续，档案实体存放秩序是否出现了错乱，是否存在长期使用尚未归还的案卷等为具体内容。其目的是及时发现并消除档案库房管理中的漏洞，保证档案实体的安全和严整有序。尤其在档案馆（室）搬迁或大规模地提供利用工作之后，清点工作更为必要。

一般情况下，档案馆（室）以月、季度、节假日为周期进行定期检查；定期清点的周期可以比定期检查的长一些，但在档案发生大规模变化的情况下，应及时清点。

五、档案应急抢救措施

档案应急抢救措施是单位为了保证档案在突发人为或自然灾害事故发生时获得及时救护，最大限度避免损失而编制的预案及所做的准备工作。尽管现在许多单位已经具备了现代化的档案管理条件，但是仍然需要在强化安全意识和管理措施的前提下，做好应急准备，确保各类档案，特别是重要档案的安全。档案应急抢救措施主要包括以下内容：

（一）编制档案应急抢救预案

各单位应针对可能发生的灾害，如水灾、火险、塌方、盗窃等编制突发事件应急处置预案，其中应对档案进行抢救分级，以便在非常紧急的情况下保证单位永久保存档案的完整安全。《档案工作突发事件应急处置管理办法》提出预案的主要内容如下：

第一，编制和实施预案的有关危机情况和背景。

第二，应急处置工作的目标、要求和具体措施。

第三，应急指挥机构的建立及其人员组成，应急处置工作队伍的数量、分工、联络方式、职能及调用方案。

第四，有关协调机构、咨询机构及能够提供援助的机构、人员及其联系方式。

第五，抢救档案的顺序及其具体位置，库房常用及备用钥匙、重要检索工具的位置和管理人员。

第六，档案库房所在建筑供水、供电开关及档案库区、重点部位的位置等。

第七，向当地党委和政府、有关主管机关和上级档案行政管理部门报告的联系方式。

第八，其他预防突发事件、救灾应注意事项。

（二）落实档案应急抢救预案的各项要求

各单位应在组织、人员、设备、环境等方面提供切实的保障落实预案的各项措施，从而在突发灾害性事件发生时，有效地发挥阻挡灾害蔓延，保护档案安全的作用。同时，必须通过宣传、培训、模拟演习等方式，强化人员的安全防范意识，并使相关人员学会紧急情况发生时的应对方法，保证预案的可行性和有效性。

第四章　档案信息资源建设

第一节　档案信息的数字化

档案信息化处理的对象是数字档案信息，而传统档案都是模拟档案信息，因此，数字化是档案信息化的基础和前提。

一、纸质档案的数字化

纸质档案数字化适应了信息时代的大趋势，能够降低管理的成本，增强对档案原件的保护，节约存储空间，优化馆藏结构，有利于档案信息资源的有效利用与共享。

（一）纸质档案数字化加工方式

纸质档案的数字化加工方式主要有直接扫描法和缩微转化法两种。

1. 直接扫描法

所谓直接扫描法，是利用扫描仪对纸质档案原件进行光学扫描，将图像信息传送到光电转换器中变为模拟电信号，又将模拟电信号转变为数字电信号，再通过计算机接口传输至计算机存储器中。

直接扫描分为两种方式：

第一，扫描纸质档案后再运用字符识别（OCR）软件进行识别，最终生成文本文件。这种数字化文件的优点是占据的空间小，便于计算机全文检索，便于档案利用时进行摘录和编辑。其缺点是不能保持档案原件的排版格式以及签名、印章等原始信息；有时 OCR 字符识别的准确率较低，核对修改较为困难，数字化效率很低，而且实际上已经破坏了档案原稿的真实性。

第二，扫描纸质档案后形成数字图像文件。这种图像文件的优点是能保持档案内容和排版的原貌，数字化速度快。其缺点是不能进行全文检索，不能编辑文字内容，且占据的存储空间较大。

以上两种方法的优缺点正好互补，现在有一种方法能将二者的优点融合在一个档案中，即制作双层 PDF。其制作方法是，将纸质档案原件扫描成数字化图像文件后再转换成文本文件，然后将这两个内容一样的文件置入同一个 PDF 文件，将图像文件置于文本文件的上层，图像文件下隐藏文本文件。查询该文件时，我们既能看到上层保持原貌的图像文件，同时也能对隐藏的文本文件进行全文检索。

2. 缩微转换法

所谓缩微转换法，是针对已经缩微复制的档案，采用专用扫描设备（即缩微胶片扫描仪）将缩微胶片上的模拟影像转换成数字影像的方法。

与直接扫描法相比，缩微转换法更经济、简便、高效。然而这种方法必须建立在已经对纸质档案进行缩微加工的基础上。

值得注意的是，在对缩微胶片进行扫描加工后，原缩微胶片应与纸质档案一并保存，不能擅自销毁。由此，该档案形成"三套制"保存状态。虽然缩微胶片不如数字化档案容易保存、复制、查询、传播，但是作为模拟信息，缩微档案具有人工可读、稳定性好等数字化档案不具备的优势，又具有体积小等纸质档案不具备的优势，应当成为档案信息资源的重要补充形式。

（二）纸质档案数字化工作流程

纸质档案数字化是一个较为复杂的过程，其基本环节主要包括：档案整理、档案扫描、图像处理、图像存储、目录建库、数据挂接、数据验收、数据备份、成果管理等。

1. 档案整理

在对纸质档案进行扫描之前，根据档案管理情况，按下述步骤对档案进行适当整理，并视需要做出标识，确保档案数字化质量。

（1）档案出库

一般来说，大批量纸质档案数字化，应先将待数字化档案从档案库房搬移至临时周转库房；然后，数字化加工人员从周转库房领取档案进行数字化。无论前者还是后者，数字化加工人员都须按照预定计划，提出申请，经过审批，由交接双方清点档案，实行登记，完成档案的交接手续。

（2）目录数据准备

建库可利用原有纸质档案的编目基础，原纸质档案目录如有错误或不规范的案卷题名、文件名、责任者、起止页号和页数等，应进行修改。如纸质档案未建立机读目录数据库，则应当按照档案著录规则重新录入。

（3）拆除装订

对于不去除装订物会影响扫描工作的档案，应拆除装订物。拆除装订物时，应注意保护档案不受损害。拆除装订物之后要将档案原件排好顺序，并用夹子夹起防止散乱。对于年代久远、纸质条件较差、不便于拆卷的，可利用零边距扫描仪扫描。

档案在拆除装订前可逐卷加贴条形码，以便在随后流程中通过识别条形码对扫描档案进行准确、高效的控制。该条形码还可为之后的档案借阅利用管理提供便利。

然后，工作人员逐卷、逐页检查档案。对内容缺失、目录漏写、页码颠倒，以及珍贵、破损的案卷进行登记，并提请档案保管机构妥善处理。

（4）区分扫描件和非扫描件

按要求把同一案卷中的扫描件和非扫描件区分开，剔除无关和重复文件。

（5）页面修整

纸张的质量关系到扫描仪的选择和扫描效果，因此，须对严重破损、褶皱不平、字迹模糊的档案做好登记，分别处理。例如，对褶皱的档案，可进行熨烫；对被污染的纸张，可在通风环境中用软毛刷轻轻刷去浮尘、泥垢或霉菌；对破损残缺的文件，须进行修补。

（6）档案整理登记

将经过整理的档案原件交给扫描工作人员，制作并填写纸质档案数字化加工过程交接登记表，详细记录档案整理后每份文件的起始页号和页数。

（7）装订、还原、归还

扫描工作完成后，拆除过装订物的档案应按档案保管的要求重新装订。恢复装订时，应注意保持档案的排列顺序不变，做到安全、准确、无遗漏。对严重破损的卷皮、卷盒，重新更换。装订人员将装订完成的档案，贴上专用封条并加盖数字化专用章。档案数字化加工完毕并重新装订完成后，要对其进行清点。清点无误后交还给档案管理部门，并办理档案归还手续。

2. 档案扫描

（1）扫描设备选择

根据档案幅面的大小（A4、A3、A0等）选择相应规格的扫描仪。大幅面档案可采用宽幅扫描仪，还可采用缩微拍摄后的胶片数字化转换设备进行扫描，也可以采用小幅面扫描后的图像拼接方式处理纸张状况较差、过薄、过软或超厚的档案以及页面为多色文字的档案，可采用普通平板扫描仪扫描。纸质条件好的 A4、A3 档案，可采用高速扫描仪扫描，以提高工作效率。不宜拆卷的档案，可采用零边距扫描仪扫描。

（2）扫描色彩模式选择

扫描色彩模式一般有以下两种：

一是扫描形成黑白二值图像。这种图像只有黑白两级，没有过渡灰度。其特点是黑白分明、字迹清晰、文件容量较小，适用于扫描字迹、线条清晰的文字或图纸档案。

二是扫描形成连续色调静态图像。这种图像分灰度图像和彩色图像两种。灰度图像由最暗黑色到最亮白色的不同灰度组成。灰度级表示图像从亮部到暗部间的层次，也称色阶。灰度级越高，层次越丰富，文件所占容量也越大。灰度模式适用于扫描黑白照片、图像档案，色阶的选择要适度，只要不影响图像质量即可。彩色模式中的色彩数表示颜色的范围，色彩数越多，图像越鲜艳真实，文件所占容量也越大。同样，色彩数选择也要适度，不是越多越好。彩色模式适合扫描页面中有红头、红印章的档案或彩色照片档案。需永久或长期保存，或向国家档案馆移交的档案，一般应采用彩色模式扫描。

（3）扫描分辨率参数选择

扫描分辨率参数的选择，原则上以扫描后的图像清晰、完整、不影响图像的利用效果为准。采用黑白二值、灰度、彩色几种模式对档案进行扫描时，其分辨率一般均建议选择大于或等于 200 DPI。特殊情况下，如文字偏小、密集、清晰度较差等，可适当提高分辨率。需要进行 OCR 汉字识别的档案，扫描分辨率建议选择 300 DPI。

（4）OCR 处理

目前，OCR 技术已经相当成熟，一般扫描仪都自带 OCR 软件，使用也很方便。然而 OCR 的识别准确率往往不尽如人意，由此影响检索效果。而依靠人工纠正文稿中的错字又非常麻烦，因此，提高 OCR 识别率是档案数字化中比较重要的问题。其实，只要注意以下几点，就可以明显提高 OCR 识别率。

一是选择适当的扫描分辨率。太低的扫描分辨率往往会造成 OCR 识别率的下降，太高的分辨率会使图像文件过大，且降低识别的速度。在实际操作中，操作人员可通过查看 OCR 识别后生成文本中的红色错字数量（如小于 3%），判断其可接受程度，确定是否采用该分辨率扫描并进行 OCR 识别。

二是尽量采用黑白二值模式进行扫描。用扫描仪扫描文件时，通常 OCR 识别接受灰度或黑白二值模式，不接受彩色模式。如果文稿印刷质量好，可采用灰度模式，否则，宜采用黑白二值模式。扫描时可手工调节黑白阈值的大小，如黑白二值图像上文字轮廓残缺，则适当增加阈值；若文字轮廓线太粗，则表示信息冗余较多，可适当减少阈值。这样调节后形成的黑白二值扫描图像，可以达到较好的 OCR 识别效果。

三是在进行 OCR 识别时注意文字的倾斜校正。OCR 识别允许文稿有细微的倾斜，但是过度倾斜会影响识别率。校正方法是，点击扫描软件上的倾斜校正按钮，识别软件会自动将图像校正，再进行 OCR 识别。

四是对稿件进行识别前的预处理。去除文稿上的杂点和图片，因为杂点会干扰文字识别，而图片是不能被识别的，且会影响 OCR 的文字切分。针对文稿中出现分栏的情况，建议手动设定各栏区域，即用多个框分别选中要识别的文字，然后进行 OCR 识别。

五是采用适当的识别方式。简体和繁体混排、中英文混排的文稿往往识别率较低。如果文稿中简繁体、中英文是分块状分布的，可以用图像处理软件，将不同的文字块剪辑成同类文字块合并的文件，然后分别对不同文字进行 OCR 识别。

（5）扫描登记

认真填写纸质档案数字化转换过程交接登记表，登记扫描的页数，核对每份文件的实际扫描页数与档案整理时填写的文件页数是否一致，不一致时应注明具体原因和处理方法。

3. 图像处理

扫描完成后，必须按照要求将所得图像进行技术处理，纠正档案扫描件和原件的偏差，使扫描后的档案图文更加清晰、规范。图像处理大致包括以下内容：

（1）图像数据质量检查

对图像偏斜度、清晰度、失真度等进行检查。发现不符合质量要求时，应重新对图像进行处理。由于操作不当，造成扫描的图像文件不完整或无法清晰识别时，应重新扫描；发现文件漏扫时，应及时补扫并正确插入图像；发现扫描图像的排列顺序与档案原件不一致时，应及时调整。认真填写相关表单，记录质检结果和处理意见。

（2）纠偏

对出现偏斜的图像应进行纠偏处理，以达到视觉上基本不感觉偏斜为准。

对方向不正确的图像应进行旋转还原，以符合阅读习惯。

（3）去污

对图像页面中出现的影响图像质量的杂质，如黑点、黑线、黑框、黑边等应进行去污处理。处理过程中应注意不要破坏档案的原始信息。

（4）图像拼接

对大幅面档案进行分区扫描形成的多幅图像，应进行拼接处理，合并为一个完整的图像，以保证档案数字化图像的完整。

（5）裁边

采用彩色模式扫描的图像应进行裁边处理，去除多余的白边，以有效缩小图像文件的容量，节省存储空间。

以上纠偏、去污、裁边等处理，可以根据肉眼判断，由人工操作完成，也可以用专门设计的软件，预先进行某些设定，然后由计算机自动处理。计算机处理当然效率高，但是没有人工处理灵活。例如，一旦将污点的大小尺寸设计得过小，计算机会将某些标点符号当作污点而自动去除。因此，扫描图像的处理还需采用人工和自动处理相结合的方式。

4. 图像存储

（1）存储格式

采用黑白二值模式扫描的图像文件，一般采用 TIFF（G4）格式存储；采用灰度模式和彩色模式扫描的图像文件，一般采用 JPEG 格式存储。存储时压缩率的选择，应在保证扫描的图像清晰可读的前提下，以尽量减小存储容量为准则。提供网络查询的扫描图像，也可存储为 CEB、PDF 或其他版式文件格式。

（2）图像文件的命名

应该用档号或唯一标识符为数字档案资源命名。用档号为数字档案资源命名的，若以卷为单位整理，按《档号编制规则》（DA/T 13 — 1994）编制档号，建议增设档案门类代码作为类别号的子项；若以件为单位整理，档号可采用"全宗号 – 档案门类代码 – 年度 – 保管期限 – 机构（问题）代码 – 件号 – 子件号"的结构。

5. 目录建库

（1）数据格式选择

目录建库应选择通用的数据格式，建立该数据库可以通过专用的档案管理系统或扫描加工管理软件录入，也可以先在 Excel 专门设计的档案目录表格中录入，然后将数据导入档案管理系统。

（2）档案著录

按照《档案著录规则》（DA/T 18 — 1999）的要求进行著录，建立档案目录数据库，并录入档案目录数据。

（3）目录数据质量检查

为了确保数据的准确性，可采用"单机录入—人工校对"或"双机录入—计算机自动校对"的方法。不管是人工校对还是计算机校对，都要核对著录项目是否完整，著录内容是否规范、准确，发现不合格的数据应进行修改或重录。

6. 数据挂接

（1）汇总挂接

档案数字化转换过程中形成的目录数据库与图像文件，通过质检环节确认合格后，通过网络及时加载到数据服务器端汇总。目录数据库与图像文件应避免采用既慢又容易出错的人工挂接，尽量采用计算机批量自动挂接。只要扫描制作的数字化文件是按纸质档案的档号命名的，就可以通过编制挂接程序或借助相应软件，实现目录数据对相关联的数字图像的自动搜索，加入对应的电子地址信息等，就可实现批量、快速挂接。

（2）数据关联

以纸质档案目录数据库为依据，将每一份纸质档案文件扫描所得的一个或多个图像存储为一份图像文件。将图像文件存储到相应文件夹时，要认真核查每一份图像文件的名称与档案目录数据库中该份文件的档号是否相同，图像文件的页数与档案目录数据库中该份文件的页数是否一致，图像文件的总数与档案目录数据库中文件的总数是否相同等。利用每一份图像文件的文件名与档案目录数据库中该份文件的档号，建立起一一对应的关联关系，为实现档案目录数据库与图像文件的自动批量挂接提供条件。

（3）交接登记

认真填写纸质档案数字化转换过程交接登记表，记录数据关联后的页数，核对每一份文件关联后的页数与档案整理、扫描时填写的页数是否一致，不一致时应注明具体原因和处理办法。

7. 数据验收

以抽检的方式检查已完成数字化转换的所有数据，包括目录数据库、图像文件及数据挂接的总体质量。目录数据库与图像文件挂接错误或目录数据库、图像文件之一出现不完整、不清晰、有错误等质量问题时，抽检标记为"不合格"。一个全宗的档案，数字化转换质量抽检的合格率在95%以上（含95%）时，予以验收"通过"。

合格率＝抽检合格的文件数／抽检文件总数 ×100%。

认真填写纸质档案数字化验收登记表单。验收"通过"的结论，经审核、签署后才有效。

8. 数据备份

经验收合格的完整数据应及时进行备份。为保证数据安全，备份载体的选择应多样化，可采用在线、离线相结合的方式实现多套备份，并注意异地保存。备份数据也应进行检验，备份数据的检验内容主要包括备份数据能否打开、数据信息是否完整、文件数量是否准确等。数据备份后应在相应的备份介质上做好标签，以便查找和管理。填写纸质档案数字化备份管理登记表单。

9. 成果管理

应加强对纸质档案数字化成果的管理，确保其安全、完整和长期可用。纸质档案数字化成果提供网上检索利用时，应有制作单位的电子标识，并根据具体情况分别采用可下载或不可下载的数据格式。

二、照片档案的数字化

与文字档案相比，照片档案能更加生动、直观、真实地还原历史场景和人物特征，是重要的影像记忆和特色鲜明的档案资源。目前，有些老照片已经褪色、发黄、破损，亟待采用数字化手段对其图像信息进行抢救和保护。

从工作原理上说，照片档案数字化与纸质档案数字化的操作过程和要求大体相似，但也存在不同。

（一）照片档案数字化的对象

照片档案数字化的对象分底片和照片两种。在有底片的情况下，应优先选择底片。因为底片扫描具有以下优越性：一是传统的照相过程是先形成底片（负片），再用底片冲印成照片（正片），因此底片较照片具有更好的原始性和价值性。二是对底片直接进行数字化，相较于将底片冲印成纸质照片，再对照片进行数字化的处理，工序更简单，操作更简便，有利于降低数字化成本，提高工作效率。三是传统摄影具有色彩还原、真实自然、层次丰富的特点，较数码摄影仍有一定的优势，因此底片扫描可以显著提高扫描图像的质量。四是许多具有档案价值的老照片都以底片方式保存，随着时光的流逝或因保管不善很容易褪色、霉变，底片扫描有利于及时抢救这些珍贵的老照片。五是有些行业会形成大量底片档案，如医院的 X 光片，将其扫描成数字图像，有利于对底片档案进行计算机存储、处理和传输。

（二）照片档案数字化的方式

扫描仪扫描输入和数码相机翻拍录入是照片档案数字化所采取的两种主要方式。

1. 扫描仪扫描输入

扫描仪扫描输入是照片档案数字化最常用的方式，可以采用普通的平板扫描仪，也可以用专用的照片扫描仪。与数码相机翻拍录入相比，扫描仪扫描照片操作简单，适用于各类照片档案的数字化处理。

2. 数码相机翻拍录入

数码相机翻拍虽然比较快捷，但要配置辅助照明设施，拍摄过程中对变焦、曝光等的调控要求较高，拍摄难度比想象中的大。由于普通数码相机在光学成像过程中会产生像差，因此需要使用中高档数码相机。中高档数码相机一般都配有较大值光圈、变焦镜头、高分辨率 CCD 等，可以保证高质量的拍摄效果。数码照片翻拍最好使用数码翻拍仪，用手持数码相机拍摄图像，曝光难以掌握，图像也容易变形。如果翻拍的照片变形，可用 Photoshop 等软件进行纠正。

（三）位深对数字图像阶调的影响

位图图像中的像素可以代表黑、白、灰色或彩色信息。计算机记录每个像素的光亮信息多少是用比特(bit)位数来衡量的。如果使用一位来记录像素信息，其像素只能是白色或黑色的；使用二位描述像素信息，有四种灰度；使用八位有 256 级的灰度；使用二十四位能够提供 1.6 千万个可能的颜色。位数称为图像的位深，使用位深越高，描述的灰度级越多，它是数字图像反映颜色精度的重要指标。

（四）照片档案的储存格式

数字化的照片档案存储格式比较多，如 BMP、JPEG 格式等。一般情况下，档案部门可选择 JPEG 格式来存储照片档案，但是这种格式会损失图像信息。所以，对于那些比较重要的、要求高保真度的照片档案就要选择无损方式储存的 TIFF 格式，这种格式结构灵活且包容性大，易于转换为其他格式。

三、录音档案的数字化

录音档案是以声音为信息表达方式的档案材料，包括纯录音档案和含录音档案。在传统档案中，唱片、录音带为纯录音档案，电影胶片、录像带则为含录音档案。录音档案数字化的现实需求强，投入较低，技术实现相对简单，实际效果明显，因此，录音档案数字化应当受到档案部门的高度重视。

（一）录音档案数字化的前期准备

在录音档案数字化前期，首先要制定录音档案数字化方案：选择和配置适用的软硬件系统，确定录音档案数字化输入的格式、载体；确定录音档案数字化的范围，明确数字化的先后顺序。录音档案能够顺利播放是数字化的前提，因此数字化前期还必须检查录音档案的质量及其完整性。旧磁带可能存在不同程度的粘连、信号强度减弱、磁粉脱落等问题，因此数字化前必须对其进行清洁、修复，以确保数字化的质量。

（二）录音档案数字化的流程

1. 音频采集

第一，用连接线将放音机与计算机相连接。第二，根据声音的质量选择参数，采样频率可选 44.1KHz 或更低；声音样本的大小可选用 16 位或更低的；根据原录音带选择声道数，如果是 DVD 中的声音则选 48KHz；此外，还要设定录音质量、时间长度。第三，在放音机放音的同时启动音频制作软件的录音按钮，并通过音频制作软件调节音量大小等参数。

2. 音频编辑

在音频采集之后，可使用音频制作软件对音频文件进行编辑处理，以使其符合数字化的要求，主要包括音量调节、音调调整和噪音处理。

3. 音频存储

处理完成之后，选好存储地址，输入文件名，选择文件类型，将其保存。数字音频文件的保存类型和格式有很多，如 WAV 格式、MP3 格式等。

（三）录音档案数字化的后期工作

数字音频文件形成之后，还必须将录音档案对应的声音内容以文本方式保存在计算机内，以便对其进行全文检索。每份录音档案原则上对应一份文本文件，该文本文件与录音档案拥有相同的文件名，但扩展名不同。

数字化后的音频文件及其对应的文本文件必须通过建立规范化的录音档案目录数据库或专题目录库来实现有效利用。录音档案数据库除包括一般档案数据库设定的著录项外，还要包括音频文件存储路径、其对应文本文件的存储路径（或文本文件名）、录音地点、声音来源、原录日期、数字化日期、数字化责任人等内容，并通过数据库的地址链接方式将数字化音频文件与其对应的文本文件联系起来。

（四）录音档案数字化的文件格式

目前流行的音频文件格式主要有以下几种：

1.WAV 格式

WAV 格式是微软公司的声音文件格式，被 Windows 平台及其应用程序广泛支持。该格式支持多种音频数字取样频率和声道，标准格式化的 WAV 文件和 CD 格式一样，也是 44.1KHz 的采样频率，16 位量化数字，因此声音文件质量和 CD 相似。其优点是编、解码简单，支持无损耗存储；主要缺点是需要较大的音频存储空间。

2.MP3 格式

MP3 是一种音频压缩技术，可大幅度地减少音频数据量。它利用 MPEG Audio Layer3 的技术，将音乐以 1：10 甚至 1：12 的压缩率，压缩成容量较小的文件，而音频质量没有明显的下降。

3.WMA 格式

WMA 是微软公司的一种音频格式。WMA 格式以减少数据流量但保持音质的方法达到获得更高的压缩率的目的，生成的文件大小只有 MP3 文件的一半。与 MP3 相同，WMA 也是有损数据压缩的格式，因此在一定程度上会影响声音质量。

4.AAC 格式（MP4 格式）

AAC 所采用的运算法则与 MP3 的运算法则有所不同，AAC 是通过结合其他的功能来提高编码效率的。相较于 MP3 格式，AAC 格式音质更佳、文件更小。但是，AAC 属于有损压缩的格式，相对于 APE 和 FLAC 等时下流行的无损格式，音色"饱满度"差距比较大。

5.CD 格式

CD 是最传统的非压缩数字音频格式，与标准格式的 WAV 文件一样，均采用 44.1KHz 的采样频率和 16 位采样精度。由于未压缩，它的音频具有高保真性。但是这种格式仅用于光盘存储，占用空间较大。

6.DVD-Audio 格式

DVD-Audio（DVD-A）是一个 DVD 碟片上的数字音频存储格式，采用与 CD 一样的非压缩方式，并且充分利用 DVD 碟片记录容量大的特点提高了对音频信号的采样频率和采样精度，其保真度超过 CD。该格式可附带文字说明或静止画面。

　　档案部门选择以上格式时应考虑：一是音频的保真度，尽量选用无损压缩的格式；二是支持附带文字说明（如 DVD-Audio 格式），以便于将档案的著录信息直接嵌入音频文件，用于计算机检索。

四、录像档案的数字化

　　传统的录像档案是以模拟图像和声音符号记录的，集视听于一体的特殊载体档案。该档案容易因磁介质退变、老化造成信号衰减、损失，或因播放设备的淘汰而无法播放。因此，将录像档案由模拟信号转化为数字信号已经成为抢救录像档案的当务之急。

（一）录像档案数字化的硬件配置

1. 放像设备

　　要按照录像档案载体选择不同的放像设备。受数字设备的冲击，许多传统的放像设备已经退出市场。曾经流行的模拟像带及其播放设备按照制式来分主要有 VHS 和 8mm 等类型。模拟录像机不仅有制式的不同，而且按照其信号记录方式及保真度的不同可分为不同的技术质量等级。不同制式、不同等级、不同品牌的录放设备及其录像带的性能不同，相互之间并不兼容，因此，必须针对所用录像带的类型准备相应的放像设备。

2. 视频采集计算机

　　计算机配置视频卡才能实现录像档案数字化。视频卡的功能是将录像带保存的模拟信号转换为数字信号，并保存在计算机中。视频卡的质量决定着录像档案数字化工作的质量。目前市场上的视频卡有很多，档次不一，应根据需要合理选用 MPEG-1 或 MPEG-2 卡。由于数字录像档案的数据量很大，对计算机的速度要求很高，电脑 CPU 最好有 3GHz 主频。采集 DV 视频信号数据量大，传输速度要求高，不能用普通 USB2.0 接口传输，建议使用 IEEE1394（又称火线）接口，即视频采集计算机必须带有 IEEE1394 接口，才能有足够的速度将 DV 拍摄的模拟信号无损伤地采集到计算机系统中去。

3. 存储介质

　　数字录像档案的存储介质与数字录音档案一样，主要有 DVD-R、DVD-

RW、磁带、硬盘等。考虑到通用性、容量等因素，建议用 DVD-R 或移动硬盘作为数字录像档案的脱机存储介质。

（二）录像档案数字化的软件配置

各种视频编辑软件，如 Adobe Premiere Video Studio 以及 Windows 系统自带视频编辑软件 Windows Movie Maker 等都提供屏幕捕捉功能，能将 DV 录像信号转换成数字信号输入计算机系统。因此，视频采集前须安装某种视频编辑软件。

（三）录像档案数字化的工作流程

录像档案采集完成输入计算机时，模拟图像信号和模拟音频信号是分离的，各自输入计算机的视频采集部件和音频采集部件，在视频采集软件的统一控制下，由视频采集软件同步采集视频、音频信号，从而获得包含音频的数字视频数据。录像档案数字化工作流程与录音档案数字化工作流程有相似之处，可分为如下阶段：

1. 数字化前期准备

首先，根据各单位录像档案的实际情况制定录像档案数字化方案，确定录像档案数字化的范围，合理安排数字化工作的先后次序；其次，将录像档案从库房中取出，检查录像档案的质量和完整性，并做记录，修复受损的录像档案，以满足数字化工作的需求。

2. 数字化阶段

（1）视频采集

准备好数字化工作所需的软硬件设备，将放像设备与视频采集设备相连接。打开视频编辑软件，设置各种参数，监控计算机上播放的视频质量；预先设定所需生成的视频文件的格式，设置视频文件的各项参数；参数设置后预览视频信号，若不符合要求则进行适当调整，以使视频质量达到最优。此后，便可正式进行视频采集。视频采集不能快进，即如果 DV 录像是 60 分钟，则采集时间也是 60 分钟。

（2）视频编辑

视频采集完成后，要用视频编辑软件对其进行剪辑、编排，并调整视频效果，以使其满足需求。

（3）视频存储

采集完成后形成的视频文件应当按规范命名，形成电子档案管理要求的规范格式，一般采用 AVI 或 MPEG-2 格式，也可采用 WMV、MP4、MOV 等流行格式存储一套复制件。MPEG-1 是曾经流行的视频格式，该格式图像质量差，已经过时，现在一般不采用。视频文件可采用移动硬盘、DVD-R 等脱机载体存储，如果要提供共享查询，则需要将其上传到网络服务器中保存。

3. 数字化后期工作

为了方便用户查找利用数字录像档案，档案部门需建立数据库。数据库包括两部分，一是数字录像档案目录，二是数字录像档案文件，两部分内容之间须建立链接，让用户可以方便地在数据库中查找所需数字录像档案文件。

（四）录像档案数字化的文件格式

1.AVI 格式

AVI（Audio Video Interleaved，EP 音频视频交错格式），它采用了有损压缩方式，支持 256 色和 RLE 压缩，压缩率比较高，因此画面质量不太好，但其应用范围非常广泛。AVI 信息主要应用在多媒体光盘上，用来保存电视、电影等各种影像信息。AVI 是我国电子文件管理国家标准认可的视频文件归档格式之一。

2.MPEG 格式

MPEG（Moving Picture Experts Group，动态图像专家组格式）是运动图像压缩算法的国际标准，它采用有损压缩，同时保证图像的显示质量。MPEG 标准主要有 MPEG-1、MPEG-2、MPEG-4 等。

3.MOV 格式

MOV 即 Quick Time 影片格式，它是 Apple 公司开发的一种音频、视频文件格式。MOV 格式的文件通常用 Quick Time 作为播放器，具有较高的压缩比和完美的视频清晰度，其压缩方式和 AVI 类似，但其画面质量高于 AVI，几乎支持所有主流 PC 机操作系统。

4.WMV 格式

WMV（Windows Media Video）是微软推出的一种流媒体格式，由 ASF（Advanced Streaming Format）格式升级延伸得来。在同等视频质量下，WMV 格式的文件可以边下载边播放，因此很适合在网上播放和传输。

在选取数字视频文件的格式时，要综合考虑其通用性、保真性和方便性。就综合而言，MPEG-2 压缩标准的视频格式在各个方面都优于其他格式。因为

MPEG-2 是一个国际化的系列标准，具有良好的兼容性和通用性，能够比其他压缩算法提供更好的压缩比，并且已经成为市场的主流。

五、数字化成果的存储格式选择

对于各类档案数字化后形成的数字化成果，需要正确选择其存储格式，这关系到数字化成果的质量、管理成本、查询利用效率。由于数字化技术的迅速发展，现有格式不断升级，新的格式不断出现，数字化成果的存储格式也不会一成不变。一般在选择长期保存的格式时应综合考虑以下因素：

一是兼容性强，可以在不同的计算机平台上显示和运行。

二是保真度高，能在不同的技术环境下保持纸质档案的原始质量和版面。

三是压缩比高，高效的数据无损压缩，可保证档案数字化成果存储占据容量小，便于高效率地移植、传播和显示。

四是字体独立，可自带文字、字形、格式、颜色，以及独立于设备和分辨率的图形图像，可在各种环境下被准确还原。

五是可自带元数据，准确记录档案数字化成果的形成、变化过程，以证明档案文件的真实、完整和有效性。

六是支持多媒体信息，不仅可以包含文字、图形和图像等静态页面信息，还可以包含音频、视频和超文本等动态信息。

六、档案数字化成果的格式转换

在档案数字化成果的管理中，为了维护数字化成果的长期有效性，经常需要将非通用格式转换成相对通用的推荐格式，或为了满足不同播放器播放、不同软件编辑的需要，需进行档案文件的格式转换。目前，许多软件都可以对打开的文件用另存方法实现格式转换。但是这种方法只能对文件逐件地转换，效率低，且转换的格式种类比较有限。如何对档案数字化成果进行批量、高效率的格式转换，这是多媒体电子文件管理、编辑中经常需要做的"功课"。当前能批量转换格式的软件比较多，这里推荐一款多功能的电子文件格式转换软件《格式工厂》（*Format Factory*）。该软件可从网上免费下载，尤其适用于 Windows 操作系统。它具有以下强大的功能：一是支持几乎所有类型的视频、音频、图像、文字类档案文件，包括当前流行的 iPhone/iPod/PSP 等媒体定制格式的转换，可谓文件格式万能转换器；二是转换时可以设置文件输出位置、方式、大小等，还可以修复某些损坏的视频文件；三是转换图片文件时支持文件缩放、旋转、水印等功能；四是能对电子文件进行批量转换，转换速度快；五是具有 DVD 视频抓取功能，能轻松地将 DVD 备份到本地硬盘；六是支持 60 种国家语言。用户只要在界面左侧选择需要转换的文件格式，屏幕会立即弹出选择文件的界面，然后用户可批量选择需要转换的档案文件，该软件就可根据预先设置的各种参数，自动批量进行转换，效率颇高，使用也十分简便。

第二节　电子文件归档与电子档案移交

一、电子文件的特性

顾名思义，电子文件就是"电子"加"文件"。"文件"是电子文件的功能属性，是共性；"电子"是电子文件的技术属性，是特性。了解电子文件的特性对于管理电子文件非常重要。

（一）信息的非人工识读性

信息的非人工识读性表现在两个方面：一是电子文件使用了人们不可直接识读的记录符号——数字式代码，即将输入计算机的任何种类的信息都转换成二进制代码。对于这种经过复杂编码的二进制代码，人工无法直接破译它的含义，只有通过计算机特定的程序解码，使之还原为输入前的状态，才能被人识读。所以，电子文件在给人类带来极大方便的同时，也使其内部实现机制变得越来越复杂。二是电子文件存储在载体上，人们无法直接通过载体阅读，必须通过计算机等设备显现出来才能识读。

（二）系统的依赖性

电子文件对系统的依赖性包含两个方面：一是电子文件的形成、流转、归档等管理活动都必须借助于计算机系统才能完成。离开计算机系统，人就无法识读和管理电子文件。二是生成文件的软硬件系统一旦更新换代，会造成电子文件的失真、失效，无法还原。

（三）信息与特定记录载体之间的可分离性

电子文件中的信息不再具有固定的物理位置，也不再对特定记录载体"从一而终"，可以根据需要随时改变其存储空间，也可以改变其在硬盘上的存储地址，或在不同存储介质之间转换。信息与载体之间的可分离性使电子文件不再具有物理意义上的"实体"状态, 成为人们所形象指称的"非实体文件"或"虚拟文件"。

（四）信息的可变性

形成电子文件信息可变性的情况有很多。首先, 计算机系统中信息的相对独立性使得对信息的增删更改十分容易, 而且修改之后看不出任何改动过的痕迹; 其次, 电子文件在形成、归档、管理和利用过程中会形成大量的动态文档, 而动态文档中的数据不断地被更新或补充, 以反映最新情况; 最后, 存储载体和信息技术的不稳定性, 新的信息编码方案、存储格式、系统软件不断出现, 对电子文件的稳定性产生了巨大的冲击, 新的系统要求将电子文件转换成某种标准格式或新的文件格式, 往往会造成电子文件信息的损失、变异。

（五）信息存储的高密度性

电子文件的存储密度大大高于以往各种人工可直接识读的信息存储介质。一张 4.75 英寸 CD 光盘（650～750MB）可存储 3 亿个至 4 亿个汉字或 A4 幅面的文稿图像数千页, DVD 光盘单面单层容量可达 4.7GB, 单面单层蓝光盘的存储容量可达 25GB, 而各种类型的存储卡的存储密度更高, 计算机存储载体的海量化呈现出加速发展态势。

（六）多种媒体信息的集成性

电子文件可以将文字、图形、图像、影像、声音等信息形式加以有机组合, 形成"多媒体文件"。这种文件将文字、图像、声音等表现媒体融为一体, 图文声像并茂地展示, 能够更加真实地再现记录的场景, 从而强化了档案对社会活动的过程记忆和生动再现功能。

（七）信息的可操作性

电子文件中的信息可以随时根据人们的需要, 便捷、灵活地加以编辑、复制、删除, 或进行多媒体合成, 或按照特定的需要排列组合, 或进行压缩和解压, 或进行格式和数据结构的转换, 或通过各种传播媒体传递给远程用户, 显著提高了人对信息资源的管控能力和利用能力。

以上每一个电子文件的特点既是它的优点, 也是它的缺点。管理电子文件的基本思路是, 扬长避短、趋利避害, 用新的管理理念、管理方法和管理技术, 将其优势放大再放大, 将其劣势缩小再缩小。

二、电子文件归档的含义和特点

电子文件归档是将应归档的电子文件进行整理，确定其档案属性后，从计算机存储器或其网络存储器上复制、刻录到可脱机保存的存储载体上向档案部门移交，或通过网络将电子文件转移存储到由档案部门控制的计算机系统中，以便长期保存的工作过程。归档是文件生命周期中的一个重要环节，是文件和档案的分界线，标志着电子文件管理责任由文件形成部门向档案部门的正式转移。电子文件归档是我国归档制度中的一个重要方面，它除了要遵守传统文件归档的要求外，还要考虑到电子文件的特点。

（一）归档时间前置

纸质文件一般在文件处理完毕之后的第二年完成归档。电子文件因具有信息和载体的可分离性，随时面临着被篡改、破坏的风险，因此在归档过程中必须贯彻前端控制和全程管理的原则。电子文件办结后就要及时归档。在设计电子文件管理系统时，就要考虑到归档要素和电子文件的真实性、完整性、有效性和安全性保障措施。

（二）归档形式多元互补

电子文件的归档形式分为在线归档和离线归档两种。电子文件的归档按照鉴定标识进行，各单位可以通过计算机网络进行在线归档，也可以将电子文件存储在脱机载体上进行离线归档。网络条件不符合国家和本地有关保密法律法规规定的单位，其涉密电子文件不能在线归档，只能离线归档。

（三）归档范围扩大

电子文件的特殊性决定了电子文件归档的范围有所扩大。纸质文件的内容、结构、背景信息是固化在纸张上的，而电子文件的三要素有可能是分离的，要保证电子文件的真实性和完整性，必须及时获取电子文件的结构和背景信息，因此，电子文件的结构和背景信息必须被纳入归档范围，形成电子文件的支持和辅助性文件，计算机、操作系统和应用软件的说明性文件也必须列入归档范围之中。此外，归档电子文件不仅局限于文字类文件，还应当包括图像、声音、视频及超媒体文件。

（四）归档实体移交与权责移交的分离

在线归档的出现使电子文件实体移交与权责移交出现了分离。在传统文件管理中，文件的管理权是随着文件的归档由文书部门而转移到档案部门的，是实体保管者与信息管理者的统一。而电子文件的实体与其信息的管理权责是可以分离的。电子文件的在线归档，使档案部门并不一定拥有电子文件实体，但仍可以实现对电子文件的掌控，这从侧面反映了电子环境中档案管理的工作重点由实体管理向信息管理的转移。

（五）电子文件归档份数较多

离线归档的电子文件，至少一式三套：一套封存保管（一般称为 A 套）；一套提供利用（一般称为 B 套）；必要时，复制第三套，异地保存（一般称为 C 套）。电子文件在长期保存过程中可能会受到不可抗因素的影响导致信息变异或失真，出现读取错误，而多套同时出错的概率较低，所以多套保存可以大大提高电子文件的安全性和可靠性。

三、电子文件归档的范围

电子文件的归档范围参照国家关于纸质文件材料归档的有关规定执行，并应包括相应的背景信息和元数据。具体来说，电子文件的归档范围主要有：

第一，在本机构行使职能活动、业务管理及行政管理活动过程中形成的，有纸质文件对应的电子文件，参照国家有关归档范围和保管期限规定归档。对于需要保存草稿及过程稿的电子文件，需要按照版本管理的要求添加版本号，并和正本一并归档。

第二，在行使和拓展本机关职能活动过程中，利用信息系统产生的无纸化新型电子文件，如网站、电子邮件、微博、微信等电子文件，也要列入归档范围。

第三，各种数据文件，如数据库、图形库和方法库等。由于数据库是动态的，对于这种数据文件应定期复制，作为一个数据集归档。

第四，为保证电子文件的长期可读性，其支持软件，包括操作系统、应用软件及相关代码库、参数设置等也需要归档。

第五，有助于确保电子文件真实、完整、有效、安全的有关元数据、说明性材料也要归档。

第六，对于必须实行"双套制"保存的电子档案，应归档相同内容的纸质文件，并在有关目录中建立电子文件和纸质文件之间的关联关系。

四、电子文件归档的方式

（一）按照归档电子文件的实际存储位置，可分为物理归档和逻辑归档

1. 物理归档

物理归档是指把电子文件集中下载到可脱机保存的载体上，向档案部门移交的过程。物理归档类似于纸质文件的实体归档，这种方式将电子文件直接交给档案部门统一存储保管，该保管系统由档案部门统一维护，因此安全性比较高。

2. 逻辑归档

逻辑归档是指在计算机网络上进行，不改变原存储方式和位置而实现的将电子文件的管理权限向档案部门移交的过程。这种方法将电子文件仍然存储在形成文件的业务系统中，但是归档文件的著录信息、存储地址及元数据应自动保存到档案部门的数据库中，以便档案部门对其进行控制。逻辑归档虽然不妨碍电子文件的共享利用，但是分散存储会给电子文件带来一定的安全风险，需要档案部门加强安全检查。

（二）按照归档电子文件的移交方式，可分为在线归档和离线归档

1. 在线归档

在线归档是指通过计算机网络，将电子文件及其元数据向档案部门移交的过程。在线归档必须在建立网络的条件下进行，网络的带宽、速度会影响在线归档的实行。一般来说，文本类电子文件的在线归档没有问题，但是多媒体电子文件的在线归档就要考虑网络带宽是否能承受多媒体文件的容量，或采取避开网络使用高峰时间的方式进行在线归档，否则会严重影响网络信息共享利用。

2. 离线归档

离线归档是指将电子文件及其元数据存储到可脱机存储的载体上向档案部门移交的过程。当电子文件的形成系统没有在线归档功能，或当电子文件形成与归档管理机构没有电子文件和档案管理系统时，可采取离线归档方式。如工程建设的施工单位、建设单位与档案部门没有在线归档的条件，可在工程项目结束后将电子文件拷贝到光盘或硬盘上向档案部门归档移交。

五、电子文件归档的要求

电子文件的归档应以国家和本市有关规定和标准为依据，做到真实、完整和有效，实现档案的价值，便于社会各方利用。除此之外，还应针对电子文件的特性，满足以下要求。

（一）归档范围和保管期限要求

电子文件应准确划分归档范围和保管期限，具有保存价值的照片、音视频文件和公务电子邮件等电子文件也应当列入归档范围；电子文件的正本、定稿、签发稿、处理单，重要电子文件的修改稿和留痕信息应当完整归档。

（二）双套制归档要求

具有永久保存价值或者其他重要价值的电子文件，应当转换为纸质文件或缩微品同时归档。定期保存的电子文件，由电子文件的形成单位根据实际需要决定是否采用异质双套归档。法律法规中规定不适用电子签名的电子文件，归档时应附加有法律效力的纸质签署文件。

（三）载体要求

把带有归档标识的电子文件集中，制成归档数据集，存储至耐久性的载体上。电子文件归档推荐使用的载体，按优先顺序依次为：只读光盘、一次写光盘、磁带、可擦写光盘、硬磁盘等。

（四）归档载体标签要求

存储电子文件的载体或装具上应贴有标签，标签上应注明载体序号、全宗号、类别号、密级、保管期限、存入日期等，归档后电子文件的载体应设置成禁止写入状态。用作电子文件归档或电子档案保存的光盘不能贴标签，该标签必须用特制的光盘标签打印机打印在特制的光盘空白背面上。因为对于高速旋转的光盘来说，贴上标签会造成光盘高速旋转时重力不均和抖动，损坏光盘或光盘驱动器。没有光盘标签打印机的，可用光盘标签专用笔在光盘标签面上手工书写编号。

（五）真实性要求

电子文件形成部门须对归档电子文件内容的可靠性、稿本的准确性以及双套文件的一致性加以确认。

（六）完整性要求

确保归档电子文件和相关文件及元数据齐全，且关联有效。为了保证电子文件的真实、完整、有效，可以将电子文件的办文单打印成纸质文件与电子文件一并归档。

将相应的电子文件机读目录、相关软件、其他说明等一同归档，并附"归档电子文件登记表"。归档电子文件登记表可以制成电子表格，由系统根据归档电子文件的机读目录或著录、标引信息自动填写。归档时应将电子文件及其机读目录、登记表同时移交给档案部门，归档电子文件登记表如果是数字形式的，还应附有纸质打印件。

归档完毕，电子文件形成部门应将存有归档前电子文件的载体至少保存一年。

六、电子文件的组盘

常用的电子文件存储载体是磁盘、磁带、光盘。其中光盘具有存储容量大、运行速度快、存储稳定性较好、只读光盘能防删改等优点。因此，光盘是目前存储电子文件的较好载体。为了方便管理和查找利用，对于脱机保存的电子文件需要按一定的规则组合到同一张光盘中，简称"组盘"。由于 DVD 光盘容量大且技术和标准日趋成熟，因此，电子文件的脱机保存应当采用只读的 DVD 光盘，即 DVD-R。

虽然组盘和传统的纸质文件组卷在概念和方法上有很大的区别，但是也应当从保持文件的自然联系和方便管理利用出发，遵循一些基本规则：一是将同一保管期限的文件组合，以便于按不同期限定期拷贝光盘，以延长电子文件的保管寿命。二是将同一密级的文件组合，以便于保密和安全管理。三是将同一部门的文件组合，以便于查找利用和复制。四是将同一档案类别、同一工程项目、同一设备项目的文件尽量存储在同一光盘上，以方便利用。五是按规范著录规则建立盘内文件目录，并将电子文件与相关条目建立链接关系，以便查找目录时立即能调阅相应的电子文件。六是如果盘内有非通用格式的电子文件，应当将相应的运行软件一并存入该盘内，以便于电子文件的打开和阅读。

盘内文件的组合也应当采用文件夹管理方式，文件夹的设置规范可根据以上组盘原则由各单位自行设定。现以基建工程档案为例，推荐以下组盘方法。

（一）从工程类电子文件的特点出发将存储标准规定为三种格式

A 类：采用形成时的原始文件格式，以保留所有形成信息，满足档案原始性要求，并便于技术改造中图纸的修改，规定为 DWG、RTF、XLS 格式。

B 类：采用转换格式，用于查询浏览和打印输出，确保能被准确地还原成纸质文件，并便于在线检索，规定为 PDF、TIFF 格式。

C 类：将非常用软硬件环境下形成的文件转换成中间文件格式，当需要时可将其转换成各种需要的文件格式，规定为 DXF、TXT 格式。

为了满足不同的需要，归档时一般同时采用两种格式，即 B 类 +A 类文件或 B 类 +C 类文件。

（二）每张光盘内文件夹的存储方法

第一，在根目录下存储一个说明文件，如起名为 README.TXT，用于说明该光盘的基本信息，如光盘编号、工程名称、制作单位、归档部门、制作时间等。

第二，在根目录下存储一个辅读信息文件，如起名为 ASSIST.TXT，用于列出读取光盘内各种格式电子文件的环境信息，如光盘使用的硬件型号、软件名称、版本等。

第三，在根目录下存储一个目录文件，如起名为 CATALOG.XLS，用于存储光盘内电子文件目录信息，该目录须采用档案著录规则，其中的每个条目最好都与盘内相关的文件建立链接关系。由于该目录采用 Excel 制作，因此用该目录就能独立实现盘内文件的查找。

第四，设置"数据 1"子目录，用于存储与上述目录相对应的 B 类文件。

第五，设置"数据 2"子目录，用于存储与上述目录相对应的 A 类和 C 类文件。

第六，设置"其他"子目录，用于存储相关字库、符号库、数据字典、系统运行软件等能保证盘内电子文件准确还原的各种辅助文件或说明文件。

（三）制定电子文件归档和电子档案管理的制度规范

首先，要求电子文件形成机构保证移交的电子文件是完整的、真实的、有效的；保证两种格式电子文件与相应纸质文件内容、版式是一致的；档案部门接收后保证在保管期间不失真等。其次，由于只读光盘具有不可更改、不可重写和不可擦除的特性，因此选用只读光盘作为电子文件交换的载体，要求形成机构将两种格式的电子文件刻录到只读光盘上移交给档案部门，光盘背面特制清晰的、不易被擦除的光盘标记及责任人手写签名。形成机构还须打印归档电子文件清单，由交接双方验收签字后各持一份作为归档电子文件的交接凭证。

七、电子文件的规范命名

电子文件制作完毕后需要对保存的稿本命名，以便今后查询利用。电子文件名通常由"主名"+".扩展名"组成。其中扩展名代表了电子文件的类型，通常由计算机自动产生。规范电子文件的主名是规范电子文件管理的重要基础工作，随意命名会给管理造成麻烦甚至混乱。

（一）规范命名的要求

一是唯一。如果有两个电子文件重名，在数据库调用该文件时就会发生混乱。因此，在同一文件夹中的电子文件不允许重名。如果重名，则后存盘的电子文件会将前存盘的电子文件覆盖。

二是直观。直观的命名能够简要地概括文件的内容，是查找文件的重要线索，也便于利用，电子文件命名应当实行"实名制"，即将文件的重要著录项直接录入主名中。

三是简洁。命名要简洁明了，不宜过长，过长难以辨认，且计算机软件会自动拒绝。

四是参照。采用"双套制"归档模式的，电子文件命名要便于与同样内容的纸质文件建立相互参照关系。

（二）规范命名的方法

根据以上原则，介绍几种常用的命名方法：

一是归档前可用"文号+稿本号+文件标题+.扩展名"命名，各要素之间用符号（如"-"）进行分割，如"XX〔2019〕1号－稿3-关于加强档案信息资源开发利用工作的通知.PDF"。这种命名还可以加上"形成者""形成时间"等文件要素，其最大优点是直观，能通过命名知道文件的大概内容，便于通过Windows资源管理器、Excel等流行的工具直接检索。目前计算机允许电子文件的命名长度达247个汉字，足以支持该命名方式。该方法适用于在办公自动化管理中形成的电子文件，可由业务部门的文件管理人员在文件形成后按规范直接命名。

二是归档后采用"全宗号+档案门类代码+年度+保管期限代码+机构（问题）代码+件号+子件号+.扩展名"命名，如"X043-WS.2019-Y-BGS-0026.001.

jpg"。该方法的优点是，由于档号唯一，所以能避免重名；由于档号中一般有分类号，所以便于识别内容；由于采用纸质档案的档号，所以便于与纸质档案相互参照。这种方法一般适用于"双套制"归档的电子文件、纸质档案扫描件或需要长期保存的电子档案。

三是采用"随机号＋.扩展名"命名，随机号一般是计算机自动生成的32位代码。该随机号唯一的优点是不会重名，缺点是很不直观，也无法与纸质档案参照，必须完全依靠目录数据库才能对电子文件进行管理和查询。使用本方法一般要安装专用的电子文件归档和电子档案管理系统。因此，使用本命名方法有一定的风险，如当支持其运行的应用软件发生故障或瘫痪时，文件就无法查询利用。

有些单位在电子文件归档时将第三种方法命名的电子文件转换为第一或第二种命名方式，或者组合运用前两种命名方式，其转换一般须借助计算机系统自动完成。

此外，对于基建或设备类电子文件也可以采用"项目编号＋子件号＋.扩展名""项目编号＋阶段号＋子件号＋.扩展名"或"图号＋子件号＋.扩展名"等方法命名。这些方法也都符合上述电子文件命名的四项基本要求。

八、电子档案的移交

归档后，电子文件按有关规定移交至档案室等档案保管部门，作为电子档案进行集中保管，这是归档的最后实施环节。

（一）移交时间

电子文件的在线归档和离线归档，一般是在年度或文件所针对的任务完成后，或一个阶段之后的一段时间内进行归档移交，具体可视情况而言。如管理性文件可按照内容特点确定一个移交期限；技术文件、科研项目文件等则可在项目完成后归档移交。因涉及电子文件的技术环境条件、存储载体质量、寿命等问题，一般以不超过3个月为宜。

（二）移交的基本要求

第一，元数据应当与电子档案一起移交，一般采用基于 XML 的封装方式组织归档数据结构。

第二，电子档案的移交格式按照国家有关规定执行。

第三，电子档案有相应纸质、缩微制品等载体的，应当在元数据中著录相关信息。

第四，采用技术手段加密的电子档案应当解密后移交；压缩的电子档案应当解压后移交；特殊格式的电子档案应当与其读取平台一起移交。

（三）移交检验

在接收电子档案之前，均应对电子档案及其技术环境进行检验，合格率达到 100% 时方可进行交接。

检验项目主要有以下内容：

第一，载体有无划痕，是否清洁。

第二，有无病毒。

第三，核实电子档案的真实性、完整性、有效性及审核手续。

第四，核实登记表、软件、说明材料等是否齐全。

第五，对特殊格式的电子档案，应核实其相关的软件、版本、操作手册等是否可用和完整。

检验结果分别由移交单位、接收单位填入《电子档案移交、接收检验登记表》的相应栏目。

档案保管部门应按照要求及检验项目对电子档案逐一验收。对检验不合格的，应退回形成部门重新制作整理后再次移交。

（四）移交方式

电子档案的移交可采用离线或在线方式进行。

离线移交归档电子文件应当满足下列基本要求：移交单位一般采用光盘移交电子档案，光盘应符合移交要求；移交单位应当按照有关要求进行光盘数据刻录及检测；存储电子档案的载体和载体盒上应当分别带有反映其内容的标签；移交载体内电子档案的存储结构应符合《电子文件归档与电子档案管理规范》（GB/T 18894—2016）等国家和本市的有关规定。

在线移交电子档案的单位应当通过与密级和管理要求相匹配的网络系统传输符合要求的电子档案及其元数据。

（五）移交手续

档案保管部门验收合格，完成《电子档案移交、接收检验登记表》的填写、签署环节。登记表一式两份，一份交电子档案形成机构，一份由档案保管部门保存。在已联网的情况下，电子档案的移交和接收工作可在网络上进行，但仍需履行相应的手续。

第三节　档案数据库建设

一、档案数据库建设的意义

（一）是档案信息化水平的重要标志

我国档案信息化自 20 世纪 80 年代起步以来，积极致力于档案目录数据库建设，建立了档案目录中心，显著提高了档案管理的效率和质量，方便了档案的查找利用和资源共享，成为档案信息化建设最早、最直接获得的成果，也不断增加了档案工作者对档案信息化的认识和信心。实践证明，档案数据库建设的规模和质量不但是档案信息化的核心任务，而且是衡量档案信息化水平的重要标准。

（二）是档案信息资源建设的基础

归档文件材料属于一次档案文献，它虽然具有原始性，但是属于无序的、分散的、非结构化的档案信息，难以形成资源优势，不便于集中统一管理和广泛共享利用。档案目录数据库建设的实质是通过对档案内容和形式特征的分析、选择及记录，采用数据库管理技术，将档案著录信息输入计算机系统，形成二次档案文献，即结构化的档案信息，此举可有效提高档案信息的丰裕度、凝聚度、集成度、融合度、共享度、适用度和价值密度，降低其失真、失全、失效和失密的风险，从而形成档案资源体系，提升档案信息化的综合实力。没有高质量的数据库，再好的软硬件系统也只能是"空壳"。

（三）是开发利用档案信息资源的前提

档案信息化的主要目的是将对档案的实体管理转变为对档案信息的管理，即对档案内容的管理，这是信息技术的优势所在，也是传统管理最大的难点。建设档案数据库，有利于加快推进档案信息资源的整合和共享，使档案信息真正成为优质资源和共享资源；有利于信息技术和大数据技术的应用，促进档案信息的资源体系、服务体系和安全体系建设；有利于最大限度地发挥档案价值，从而为档案信息资源的开发利用创造有利条件。没有档案数据库，档案信息化就是空中楼阁，流于形式。

二、档案目录数据库建设

档案目录数据库中的记录又称为"档案机读目录"或"档案电子目录"，是存储在计算机内，使用某种数据库管理系统组织管理档案目录的数据集合。

（一）档案目录数据库的结构设计

根据著录对象层次的不同，档案目录数据库分为案卷级目录数据库和文件级目录数据库两类。为实现计算机检索，必须将反映档案内容特征和形式特征的案卷级著录信息和文件级著录信息输入计算机数据库，由计算机系统通过专门的数据库管理系统和档案管理软件对其进行采集、加工、整理和检索。

数据库管理系统是存储、管理档案目录信息的最佳工具，它按照一定的数据模型，将相互联系的结构化信息以特定的方式组织存储起来，构成数据集合。因此，档案目录数据库的结构设计包括两项内容。

1. 选择档案著录项目

《档案著录规则》（DA/T 18 —1999）规定了档案进行著录的项目和形式。该标准规定的著录项目共分 7 项，每项分若干著录单元（小项）。在列举的 22 个著录小项中，只有正题名、责任者、时间项、分类号、档号、电子文档号、缩微号、主题词或关键词 8 项为必要项目，其余为选择项目，这意味着不同的档案目录数据库在项目选择上可能存在较大差别。

事实上，《档案著录规则》（DA/T 18 —1999）主要用于规范传统档案目录的著录标引工作，对电子档案目录的检索和网络共享考虑不够充分。因此，目前在构建档案目录数据库时常常增加一些新的著录项目。例如，为便于解决数据访问权限的控制问题，增加"主办部门"和"协办部门"项目；为便于调阅数字化的档案全文，增加"全文标识"项目；为解决跨地区、跨层次数据共享问题，增加"组织机构代码"等。

2. 确定著录项目的数据格式

具体规定每个著录项目（记录字段）的数据类型和字段长度。数据库管理系统所管理的数据对象是结构化的，因此必须事先确定好档案目录数据库各字段的名称、字段类型、代码体系和约束条件等。

（二）档案文件的著录标引和著录信息录入

档案文件的著录标引和著录信息录入，是档案目录数据库建设的重要工作和档案信息化的关键环节，意义十分重大，需要给予高度重视。从形式上看，"著录"和"录入"是两项工作，而在档案信息系统的操作中往往结合起来，交叉进行，即一面著录标引，一面录入数据。为了提高档案著录、数据录入的速度和质量，须从以下三个方面采取对策：

1. 提高认识，增强操作人员的责任心

档案著录和数据录入工作的重要意义在于：一是大规模、高质量的档案目录数据是实现档案信息化价值的前提。信息行业有一句行话，"三分靠硬件，七分靠软件，十二分靠数据"，没有实力强大的数据库，再先进的档案信息系统也只能是空中楼阁，形同虚设。二是数据质量问题会给档案信息系统埋下隐患。信息行业还有一句行话，"计算机系统输入的是垃圾，输出的也必然是垃圾，绝不会成为宝贝"，一旦输入了数据垃圾，计算机软硬件技术难以自动消除。档案数据库质量控制有"技防"和"人防"两种，其中人防，即提高人的责任心和操作技能永远是第一位的。因此，要从培养操作人员的素质抓起，落实工作职责和考核办法，实现对档案文件的著录标引和著录信息录入工作的精细化管理。

2. 严格按照国家规范设计数据库结构

档案信息化建设单位应当严格按照《档案著录规则》（DA/T 18—1999）、《档案分类标引规则》（GB/T 15418—2009）、《中国档案分类法》和《中国档案主题词表》等国家相关标准规范，结合实际，制定本行业、本专业、本单位标准和规范，为档案数据库建设提供标准支持。要维护标准和规范的权威性，在档案信息系统开发，特别是数据库结构设计时应严格执行相关标准和规范，防止数据库设计的盲目性和随意性，确保档案数据的一致性、准确性和规范性。

3. 采取有效的技术手段提高数据录入的速度和质量

档案文件的著录标引和录入工作十分枯燥，不但效率低，而且容易因操作疲劳而出错。为此，应当在加强"人防"的同时，尽量采用"技防"。事实上，计算机技术的发展已经为提高数据录入的速度和质量准备了充分的手段。

第一，在数据库建设中控制数据结构定义。为了提高系统的适用性和可扩展性，很多档案信息系统都为用户提供了灵活的数据库自定义功能，然而这项功能如不加以控制就会造成"乱定义"，即定义的随意性。为此，在设计档案信息系统自定义功能时，应当将数据库的表字段设计分为"必选项"和"可选项"。必选项应严格按照《档案著录规则》（DA/T 18—1999）设置，不允许自定义，可选项可在规范引导下进行自定义。

第二，利用计算机智能，自动录入数据。在录入档案数据时，某些档案著录项可以通过计算机自动处理后录入数据，如自动生成档号、序号、部门号、库位号；根据文件级著录的文件页数、文件日期，自动生成案卷级文件页数、起止日期；根据文件的归档类目号，自动生成分类号；根据文件标题或文件内容，自动标引主题词等。自动录入的数据能够避免人为录入差错，大量节约人力，并显著提高录入的速度。

第三，使用代码录入。使用代码是确保著录信息和档案特征一致的有效手段。如组织机构名称，有全称和简称，简称又往往很不规范，这会造成检索时的混乱，而应用代码，可以做到代码和组织机构的严格对应，检索时就不会出现漏检或误检。因此，档案信息系统应设计简便的代码管理功能，包括代码的维护、录入提示等，确保规范使用代码，又快又好地录入档案著录信息。

三、档案全文数据库建设

档案全文数据库，是存储、组织管理数字化档案信息的数据库系统，既包括档号、题名、责任者、正文、形成时间、密级、保管期限、载体、数量、单位、编号等著录信息，又包括档案的内容信息。档案全文数据库所管理的对象，不仅包括经数字化处理的传统馆（室）藏档案，而且包括以数字化形式直接生成的电子文件（档案），如各类文本、表格、图形、图像、音频、视频、数据库、网页、程序等。应用环境不同，系统软件不一，生成的文件格式也会不同。因此，必须确定电子文件的元数据标准和存储格式，以规范档案全文数据的组织与管理。

（一）档案全文数据库建设的过程

全文数据库的建设一般包括以下几个过程：

1. 数据采集

数据采集即对加载到全文数据库中的数据进行录入、采集、整理等处理。全文数据的获取方式有三种：一是图像扫描（或数码拍摄）录入。该方法形成的图像信息能保持文件的原貌，但占用的存储空间大，不能直接进行全文检索和编辑。二是键盘录入。该方法形成的是文本信息，占用存储空间小，存取速度快，支持全文检索，但是输入工作量大，文本的格式和签署信息容易丢失。三是图像识别录入，即对扫描形成的图像进行 OCR 识别，形成文本信息。该方法虽然具有上述两种方法的优点，但是 OCR 识别带有一定的差错率，特别是当档案原件字迹材料不佳、中英文混排或带有插图、表格时，差错率较大，而人工纠错成本较高。因此，数据采集要权衡利弊，有选择地使用。

2. 数据预处理

将采集后形成的档案数字化成果转换成规范的格式，进行规范化命名，再进行统一标准的著录与标引。采用自动标引技术的系统，还可以从文本文件中直接提取关键词或主题词，辅助计算机检索。

3. 数据检索

档案全文数据库建成后，可采用全文检索系统提供的功能对数据库进行检索。

4. 数据维护

档案全文数据库建成后，需经常对数据库的内容进行索引、更新、追加和清理，以保证数据库的实用性和时效性。

（二）档案全文数据库的功能

理想的档案全文数据库应具有以下基本功能：

第一，能够获取、存储和使用不同类型、不同格式的档案信息。

第二，能够按照确定的数据结构有效组织大量分布式的不同类型、不同格式的电子文件或扫描件，并为之建立有效的检索系统。

第三，能够快速、正确地实现跨库访问和检索。

第四，能够对全文信息的访问和使用进行许可、控制和监督等授权管理。

第五，能够在网上发布全文数据库数据。

第六，能够集成支持全文数据库管理的各种技术，如超大规模数据库技术、网络技术、多媒体信息处理技术、分布式处理技术、安全保密技术、可靠性技术、数据仓库与联机分析处理技术、基于内容的分类检索技术、信息抽取技术、自然语言理解技术等。

四、档案多媒体数据库建设

档案多媒体数据库是对文本、图像、图形、声音、视频（及其组合）等媒体数据进行统一管理的数据库系统，它具有良好的交互性，输出的多媒体文件形象直观，图文声情并茂，能真实生动地还原历史记录。因此，档案多媒体数据库属于特色数据库和优质档案信息资源，应当列为档案数据库建设的重要内容。

（一）建立档案多媒体数据库的步骤

建立档案多媒体数据库有三个步骤：一是收集和采集来自各种档案信息源的多媒体信息。如果来源是数字化多媒体信息，即多媒体电子文件，则归档处理后直接进入档案多媒体管理系统的存储设备中；如果来源是模拟多媒体信息，如模拟录音、录像，则采用音频或影像采集设备，将其转换成数字化的多媒体档案后输入档案多媒体数据库。二是按照多媒体档案的整理规则，对多媒体电子文件进行整理，形成档案多媒体目录数据库。三是将整理后的多媒体档案挂接到档案多媒体目录数据库中。

（二）多媒体档案与档案多媒体目录数据库的挂接方法

由于多媒体档案占据容量大，对档案数据库运行效率影响也大，所以，需要慎重选择多媒体档案与档案目录数据库的挂接方法。挂接的方法一般有基于文件方法和二进制域方法两种。

1. 基于文件方法（又称"链接法"）

这种方法是将独立存储于计算机载体中的多媒体档案的名称与位置（即路径）存入（即"链接"于）档案多媒体目录数据库相应的记录中，而不是真正将档案存储在目录数据库中。当数据库管理系统访问多媒体档案时，根据目录数据库中记录的多媒体档案名称和路径，访问多媒体档案。这种方法的优点是，尽管多媒体档案容量大，但是不会给目录数据库增加负担而影响目录数据库的运行效率。其缺点是多媒体档案与目录数据库的关系不够紧密，容易因系统或数据的迁移而断链，造成通过目录找不到对应多媒体档案的故障。

2. 二进制域方法（又称"嵌入法"）

这种方法是把多媒体档案实实在在地存放于（即"嵌入"）目录数据库中的 BLOB 字段（即"二进制域"）中，该字段能存储大文件，因此又称"大字段"。该字段有两种：一种是 Memo（备注）字段，它可以存储大文本文件，容量相对较小。另一种是 OLE（对象嵌入）字段，可以存储大二进制文件，如多媒体档案等。Oracle 数据库的一个 BLOB 字段可存储不大于 4G 的多媒体文件。这种方法的优点是，多媒体文件与目录数据库的关系相当紧密，不会断链。其缺点是大容量的多媒体文件会增加目录数据库的负担，影响其运行效率。因此，在使用二进制域方法时，需要采用一些技术手段来弥补其缺陷。

第五章　新媒体环境下的档案信息服务

第一节　新媒体及其主要特征分析

一、新媒体的含义

美国 *On Line* 杂志认为，新媒体是"由所有人面向所有人进行的传播"。国外学术界普遍认可和广泛引用的概念指出：新媒体是一切具有交互特征和数字化分布属性的数字媒体对象。

媒体是指传播信息的中介，即载体或平台。新媒体是相对于传统意义上的大众传播媒体而言的，是指随着传播新技术的发展和传媒市场的进一步细分而产生的新型传播媒体，主要是指宽带互联网络、移动两类新媒体。

二、新媒体的类别

（一）数字新媒体

按照各类媒体出现的先后顺序划分，目前媒体可以分为五类：期刊、报纸、书籍等纸质平面媒体为第一媒体，广播为第二媒体，电视为第三媒体，互联网为第四媒体，移动网络为第五媒体。数字新媒体由传统的第一、第二、第三媒体发展而成，在互动性方面稍差，但在内容的个性化方面具有优势。

（二）网络新媒体

网络新媒体又称为第四媒体。它为人类信息交流创造了全新的模式，使得信息瞬间便可传播到全世界。信息的利用及其作用，较之以前的社会有了质的飞跃。

计算机网络是计算机技术与通信技术结合的产物，它把分布在不同地理区域的、功能独立的多台计算机与专门的外部设备用通信线路连成一个规模大、功能强的网络系统，从而使众多的计算机可以方便地互相传递信息，共享硬件、软件、数据信息等资源。

（三）移动新媒体

移动新媒体是基于无线网络的媒体。首先，它继承了第四媒体即网络新媒体所具有的不受时间、空间限制的特点。无论何时何地，只要有信号和移动互联终端，就可以使用移动新媒体。其次，移动新媒体覆盖人群广，拥有广泛的受众基础，使用手机和无线网络的移动终端用户都是它的受众。

智能手机是移动新媒体的典型代表。移动新媒体的应用形式主要包括无线传播的短消息（SM）、多媒体短消息（MM），WAP（无线应用协议）、手机杂志、手机报、手机可阅读电子书、手机可收听网络广播、手机电视、手机博客、手机微博、各种社交媒体手机版、移动社交、移动应用、移动互联网门户网站等。

三、新媒体的特征

（一）网络化

新媒体是以网络为先导发展起来的，网络是新媒体的代表，网络化是新媒体最基本的特征。网络构筑起崭新的虚拟空间，新媒体离不开网络空间。第四媒体就是指互联网本身，而第五媒体的出现和发展依赖于无线通信网络与国际互联网结合发展为移动互联网络。网络是新媒体信息传输的媒介，新媒体通过网络突破时间和空间的限制快速便捷地传输各类信息。在新媒体的形成和发展中，网络扮演着不可或缺的角色。

（二）数字化

数字化是指新媒体上传播的信息是以二进制数字代码形式记录和表示的。这是新媒体的主要特征之一，是新媒体与以往所有传统媒体的根本性区别。数字化的信息既可以是单一的信息形式，也可以以文字、图片、声音、影像等复合形式呈现。

（三）便捷化

便捷化是指新媒体的信息传播手段便捷，即克服了传统媒体受时空限制的局限性，具有全天候和全覆盖的特征。例如，通过手机，人们可即时与他人通话或收发短信。再如，微博问世后，信息的传播呈现多维、立体、交叉、全景的特点，并且可以做到一天 24 小时不间歇。新媒体信息传播可以在瞬间通过网络、手机等传播到世界任何角落，新媒体覆盖的任何地方的用户都可以随时接收地球上所有角落发出的全部信息，在时间上实现即时性，在空间上达到广泛性。

（四）互动性

互动性是指新媒体信息传播是双向互动的，这也是新媒体的一个显著特征。传统媒体的信息传播都是单向、线性的、"一点对多点"的传播方式。例如，报纸登什么，读者就只能读什么；广播放什么，听众就只能听什么；电视播什么，观众就只能看什么。而新媒体提供了各种信息发布的平台使得信息传播变为多点对多点。人们既可以作为接收者在平台上获取消息，也可以在平台上发布消息成为发布者，还可以互相反馈信息，实现互动。例如，数字广播新媒体可以实现听众与主持人的互动，听众还可以通过数字广播平台任意选择自己想听的节目，不仅参与媒体的传播活动，还可以随心所欲地从媒体中选择所需信息。新媒体不仅可以实现媒体与受众之间的互动，还可以实现受众与受众之间的互动。

（五）个性化

首先，个性化是指作为新媒体用户的个人，可以成为信息的传播者，通过博客、微博、手机短信、微信等新媒体工具，向特定人群或所有受众传播自己生成的信息，表达个人的观点。其次，个性化是指信息服务机构可以根据信息利用者的个性化利用需求，通过新媒体应用为利用者提供个性化信息服务。最后，个性化还包括分众化，即任何的个人都可以通过新媒体与他人沟通交流，并因具有共同的个性而形成一个个志趣相投的小团体。传统媒体的受众是无差异的、普遍的广大群众，新媒体的受众可以因个性的不同而分割为气味相投或利害相关的"小众"。

（六）多元化

首先，多元化是指新媒体信息内容的多元化，新闻、娱乐、科技、广告等可以无所不包并且更富有层次性。其次，新媒体上信息的来源、种类、受众等都趋于多元化，完全可以满足不同类型信息利用者对信息的不同需求。最后，新媒体信息的表达形式和接收设备多元化，表达形式可以是文本、图形、图像、音频、视频等多种形式，使信息更加丰富和饱满。同一表达形式的接收设备可以是手机、手持阅读器或计算机。

除了上述主要特征外，新媒体还具有多种特征，包括海量化、社群化、民主化、碎片化、开放性、平等性、自由性、全息性、低成本等特征，而且新媒体的形态还会随技术进步而日益优化。

第二节　档案网站与档案信息服务

一、档案网站

（一）档案网站的类型

随着信息技术和利用需求的发展，档案网站的功能和类型不断丰富，目前已建成的档案网站根据其所建环境、服务对象、建设主体和技术手段的不同而分为不同类型。这里仅介绍根据不同主体建设的网站类型，主要有：档案局（馆）网站、专门档案馆网站、企事业单位档案网站、档案刊物网站、个人档案网站等，其中前三种是主流档案网站。

1. 档案局（馆）网站

档案局（馆）网站包括国家档案局网站和地方档案局（馆）网站。国家档案局（馆）网站既是国家档案局（馆）的官方站点，也是全国档案信息网站的门户网站。国家档案局（馆）网站上提供了全国各省、自治区、直辖市档案局（馆）网站的链接，起到了引领网站的作用。地方档案局（馆）网站是发展最快、数量最多的一类网站，这些网站依托地方档案馆的馆藏资源提供在线档案信息服务，同时在网络上实现档案行政管理和行政服务功能。因此，地方档案局（馆）网站兼具档案局政务窗口、网上档案馆和地方档案网站门户的三重作用。

2. 专门档案馆网站

专门档案馆网站是基于国家专门档案馆馆藏而建立的网上专业档案利用、服务站点，如外交部档案馆网站、上海市城市建设档案馆网站、辽宁省地质资料档案馆网站、贵州省测绘资料档案馆网站等。

3. 企事业单位档案网站

企事业单位档案网站是企事业单位依托本单位档案馆（室）资源而建立的

提供档案宣传、查询和利用的站点，如上海大学档案馆网站、北京师范大学档案馆网站等。

4. 档案刊物网站

档案刊物网站是档案杂志社或档案出版机构在网上建立的具有网络出版、网上发行功能的档案站点，是为档案学者和档案从业人员提供学术探讨、业务交流和专业资源共享的园地。

5. 个人档案网站

个人档案网站是由档案专家、学者、档案从业人员或在校学生创建的，以探讨学术思想、交流工作经验、传递专业信息、分享专业体验为目的的各种形式的档案站点（包括博客）。

（二）档案网站的作用

1. 档案宣传的新途径

档案网站为档案部门宣传档案工作提供了新的方式和新的窗口。互联网是继三大媒体（报纸、广播、电视）之后飞速发展起来的第四媒体，能够克服传统的档案宣传形式的诸多局限，成为档案部门加强和深化宣传工作的新窗口、新阵地。

利用网站宣传档案工作主要的优点有：生动活泼，图文声影并茂，容易被广大利用者所接受；传递迅速，宣传面较广，不受时间及空间的限制；针对性比较强，档案网站的来访及利用者的素质一般都比较高，能够通过自助方式找到所需信息资源，从而取得较好的宣传效果；兼容并蓄，能与报刊、广播、电视等多种宣传途径互联互补；档案宣传与档案利用结合得比较紧密，宣传的同时也可提供档案信息资源利用，使受知者更乐于接受，这是网站宣传的独特魅力。

2. 档案信息服务的新手段

档案网站为档案馆提供了改善服务的新手段、新渠道。档案馆可以充分利用网络分布广泛性、开放性、动态性和非线性等特点，在网上公布馆藏指南和检索目录，定期或不定期进行特色档案信息发布等，通过网站为社会各界开辟一个档案信息服务的新通道。

为提高档案信息资源的利用效率，充分发挥档案信息资源的作用，除正常接待查档外，许多档案馆还开展了函电代查、代抄、代复制、档案咨询等多种形式的服务活动，而互联网的发展又为档案馆提供了新的服务手段。电子邮件是互联网提供的一种快速、高效、方便、廉价的信息传递方式，通过电子邮件，不仅可以传递文字信息，还可以传递声音、图像、影像等多媒体信息。档案馆通过电子邮件这种形式可以突破函电代查、代抄、代复制的局限，为利用者提供更加及时、准确、全面的信息服务。一般档案馆都会在主页上公布一个可供联系的电子邮件地址，这样远在外地、海外的利用者就可以将其查档要求通过电子邮件告知档案馆，档案馆再根据其要求查阅后，将查档结果以电子邮件的形式传送给用户。

二、信息阅览服务

（一）馆藏档案信息

档案网站档案信息服务的最基本内容就是向社会发布档案和档案工作信息，提供信息供利用者阅览。

馆藏档案信息全称可以表述为馆（室）藏档案信息，是指档案馆、档案室所保存的各类档案的内容信息、特征信息等各方面的信息。向社会公众介绍和公布档案馆以及档案室所藏的档案信息是档案网站最主要的服务内容，是涉及面最广、最能吸引利用者的部分。

在网络新媒体中，各级各类档案馆和档案室所发布的馆藏档案信息应该是信息量最大的，也应该是最为集中和最丰富的，因为这类档案信息最能直接满足社会各界对档案的利用需求。所以馆藏档案信息应是档案网站的核心信息，档案网站应为社会提供内容丰富、形式多样并具有参考价值和经济价值的政治、经济、科技和文化信息。

馆藏档案信息根据加工层次可以分为三类：一次信息、二次信息和三次信息。一次信息是指未经任何人为加工的档案原文信息。一次信息比较全面和详细，具有独特的凭证价值和情报价值，能直接在科研、生产中起到查考和借鉴作用。二次信息是将大量分散、无序的一次信息，用科学的方法加工、整理而产生的具有有序化、浓缩化特征的信息。三次信息是指围绕某个特定的课题，在利用二次信息的基础上，选用一次信息，经过综合研究和归纳分析形成的综述性档案信息。多数档案文献的编研成果属于三次信息。

在档案信息服务中，档案机构要根据实际情况在档案网站中适当地提供这三类信息。

一是尽最大可能提供一次信息即档案全文信息。档案全文信息是指档案机构收集到的电子文件，或者是对传统档案的原件进行数字化处理后得到的数字副本。

二是尽量全面地提供二次信息即馆藏档案目录信息。馆藏档案目录信息是指对馆藏档案材料内容和形式特征的书面或其他方式的表达，可借以记录和识别一份文件或一个案卷。

三是结合本档案机构特色提供三次信息即档案编研信息。档案编研信息包括全宗介绍、大事记、年鉴、组织沿革、基础数字汇编、专题概要等形式。

目前，我国档案网站上提供的馆藏档案信息以二次信息居多，二次信息中又以介绍性目录信息居多，一次信息、三次信息、检索性目录信息数量与所占比例都尚未形成规模。在今后的档案网站建设中，要重点考虑增加一次信息和三次信息的比重，以提供具体化的、系统化的馆藏档案信息，使网站上的馆藏档案信息利用达到实用性的功能层次。

（二）档案工作信息

档案工作，从广义上说，包括档案管理工作、档案行政管理工作、档案教育工作、档案科学研究工作、档案宣传工作、档案国际合作与交流工作等。据此，可以将档案工作信息分为档案业务管理工作信息、档案行政管理工作信息、档案教育工作信息、档案科学研究工作信息、档案宣传工作信息、档案国际合作与交流工作信息。

发布档案业务管理工作信息是指档案馆或档案室将其档案管理业务的某些环节或内容延伸至档案网站，以适应管理环境的网络化，提高档案管理的效率。档案业务管理工作信息多基于政务网或局域网进行发布，通常结合了办公自动化系统、档案信息管理系统或是档案馆业务管理系统。而基于互联网发布的档案业务管理工作信息一般包括档案发布、档案征集、档案检索、在线移交、业务咨询等。

发布档案行政管理工作信息是指档案行政管理机构将其行政管理职能拓展至档案网站，以向政府机关或社会提供档案行政服务。档案行政管理工作信息一般包括政策法规、标准规划、管理制度、行政监督、组织协调、业务指导、咨询服务、在线申报、在线审批等方面的内容，具有政策解读、文令发布、网上办公等政务功能。

发布档案教育工作信息是指将档案教育功能拓展至档案网站，以发展档案教育，培养档案专业人才。

发布档案科学研究工作信息是指将科学研究功能拓展至档案网站以促进科

研工作的开展和档案学科的发展。

发布档案宣传工作信息是指将档案宣传功能拓展至档案网站以向社会和公众传播档案信息和档案思想，从而提高社会档案意识。

档案国际合作与交流是档案事业的重要组成部分，也是国家对外文化与科技交流的重要方面，这方面的工作信息对于档案工作者、档案学者和社会公众都具有一定的价值和意义，理应通过档案网站进行发布。

（三）利用服务信息

利用服务信息是面向档案利用者，告之档案机构与档案网站提供何种服务及获得服务的途径和方法的信息。它一般包括本档案机构服务项目、服务内容、服务对象、服务方式、服务政策和服务限制，档案馆（室）查档指南（查档手续、查档范围、查档方法、查档程序、查档收费等），档案馆（室）阅览条件、开放时间，为研究者提供的各种可用工具等。

除了上述档案和档案工作信息外，档案网站还包括政府公开信息、社会环境信息和休闲娱乐信息等社会服务信息。其中政府公开信息是最重要的一类社会信息，一般属于档案网站的必备项，而社会环境信息和休闲娱乐信息属于可选项。

（四）政府公开信息

随着社会信息化和电子政务的深入发展，作为政府职能活动记录法定保管者的档案馆承担起了公开政府文件信息的责任。《中华人民共和国政府信息公开条例》规定，档案馆是政府信息的法定公开场所之一。面向政府机关和社会公众提供政府现行文件利用已经成为各级各类国家档案馆的一项重要职能，许多档案馆建立了现行文件阅览中心。

在档案信息服务过程中，这项职能同样延伸至档案网站，我国有许多档案网站提供政府公开信息查询阅览服务。

（五）社会环境信息

许多档案网站适当地提供所在地政治、经济、历史、文化等情况，也介绍与馆藏档案相关的各地区政治、经济、历史、文化等情况。这些信息对于档案网站用户来说是相应的社会环境信息，既可以体现档案馆的历史文化特性，又可以为利用者提供较为全面的服务内容。档案网站还可以适当提供相关专业信息，如关于图书馆、博物馆等工作或研究中的新理论、新技术、新方法，适当提供一些相关专业、搜索引擎链接、热点网站推荐，以方便利用者快速、便捷地查找所需相关信息。

（六）休闲娱乐信息

档案网站无疑是专业网站，但为了吸引社会公众的眼球、凝聚档案网站的人气，档案网站可以结合档案信息内容适当提供一些休闲娱乐信息。可以结合馆藏特色档案信息建设大众文化休闲园地，通过历史回溯、地方风情、文化寻踪、名人轶事、古城旧影等内容提供具有文化性和娱乐性的档案信息。

三、信息检索服务

信息检索服务是档案网站档案信息服务的重要内容，在档案网站内容建设过程中，应当确立信息检索服务的核心地位。信息检索服务是指使用网络档案计算机检索系统（或称之为在线档案计算机检索系统、档案计算机检索系统的网络版）进行检索。

档案网站信息检索服务具有"零距离""全天候""多用户"的特点，是实现信息查阅无距离、无时间限制的重要手段，对档案网站拓宽服务面、提升服务工作水平、扩大档案工作的社会影响力起到了重要的促进作用。

网络打破了时空和地域的限制，在新媒体环境下，利用者将有可能不再专门针对某一个档案馆的信息进行检索，而是针对整个网络中全部意义上的档案信息资源进行检索，这是档案网站最基本的功能。其检索内容包括政府现行文件、主动公开信息、历史档案以及其他文献资料，检索层次可以是目录信息、全文信息或编研成果，检索途径有题名、档号、关键词、分类号等，检索方式有简单检索、高级检索等。网上档案信息检索还可采取动态检索链接机制，提供"站内检索""站外检索"或"复合式检索"，实现跨库检索。对于内网网站，采用身份识别、权限控制、内容分级管理等机制；对于面向社会公众的外网网站，目前仅限于开放档案的目录查询和部分开放档案的全文查阅。

在未来建设发展中需要进一步加强资源建设、提高数据质量、优化检索途径、完善检索功能、提供指南和帮助、增强检索结果处理能力、加强多媒体技术研究、扩大检索范围、丰富检索形式。

四、信息搜索服务

信息搜索服务是指对网络中档案信息资源的搜索、定位，或称其为对网络中档案信息资源的发现。其针对的对象是不特定的、处于无序状态的网络信息，检索后返回的值是URL（统一资源定位符），即相关网址。返回的URL所指向的网页或能提供网络档案计算机检索系统，或者包括了以静态页面形式发布的各种档案信息。

在实际应用中，信息搜索服务一般依赖搜索引擎实现。搜索引擎也是网络新媒体中重要的媒体形式。

搜索引擎是一种信息发现服务系统，用以实现对网络中各类信息资源的搜索、定位，或称为对网络信息资源的发现，其实质是查找特定信息相关网址的工具。其针对的对象是静态页面文件信息，检索后返回的值是 URL，即相关网址。搜索引擎工作的主要特点是采用基于 Web 浏览器的用户界面，检索结果按相关性排序并分批输出，在很多场合查询方式与浏览方式结合使用。

五、交流互动服务

档案信息服务利用档案网站提供交流互动服务，从而收集档案利用者的反馈意见，征询社会各界对档案服务的建议，答复各类利用者的咨询、提问，在档案机构与社会公众之间架起双向沟通的桥梁，使档案网站成为档案工作者、档案学者、档案利用者多方交流和协助互动的平台，使档案信息服务在内容层次和服务程度上大大地深化。

交流互动服务用于宣传档案工作，解答有关咨询，收集反馈信息，供利用者和档案工作者进行交流和发表个人思想观点，集思广益，还可利用高效、快速、便捷的网络通信系统，为利用者传送档案信息或复制件、传送检索结果、开展定题服务、提供参考咨询，甚至可以定时将公布的档案信息和档案宣传信息推送给利用者，或开通 FTP 文件传输系统为利用者提供远程文件传递服务。档案机构、档案工作者、档案学者、档案利用者甚至社会公众还可以共同参与学术讨论，探讨和交流档案问题。

六、导航服务

导航服务主要是为网站用户提供路径线索和标识，体现网页间的有机联系，使利用者了解网站的布局及主要内容，在浏览网站的过程中具有结构感和方位感，始终知道自己在网站的什么位置，并可以通过导航功能快捷地访问相关页面。

导航服务一般包括页面导航、内容导航和网站地图。页面导航是在网页上提供查询导航条，提示当前的访问路径，明确当前网页在网站中的位置，并可供访问者点击访问相关内容。内容导航一般是通过主题列表、选项菜单的形式对属于同一个栏目或同类信息内容的全部网页进行信息提示，以帮助利用者就某一栏目的各方面内容进行进一步的浏览。网站地图对网站内的档案信息进行组织，建立索引，它按照网站层次建立树型目录，将网站内涉及的所有栏目按所属关系依次列出，同时提供超链接连接到相应网页。

七、调查统计服务

网络新媒体使得档案调查统计工作的开展更为方便和快捷，档案网站可通过调查统计服务，提高档案工作和档案网站的服务质量。档案网站将调查统计信息设置在网站上，让利用者自由填写或是建立一些激励机制鼓励利用者填写，实现与利用者的沟通。调查统计结果既可以应用到档案工作中，也可以提供给利用者和网站用户。

应用到档案工作中的调查统计服务主要针对利用者研究，用以分析利用者和利用需求，得出有价值的结论。征求利用者的意见，有助于对档案工作、网络设备、网站内容、功能及形式等进行改进和完善。

八、下载服务

档案网站应根据情况适当地提供下载服务。一是实现对档案信息的下载。例如，浙江档案网的部分全文和照片可以进行有偿下载。黄埔军校人名录中每个人的照片就提供了付费下载高质量照片的途径，馆藏资料中的一些老报刊资料的扫描件也提供了付费下载服务。二是对档案工作中相关信息的下载。例如，下载档案行政管理工作和业务工作中的各种表格，包括优秀档案工作者申请表、参加档案培训申请表、档案查询登记表、预约登记表等。三是与档案工作有关的工具软件的下载。例如，国家档案局推广使用的档案管理软件等。

档案网站作为档案信息服务的服务窗口、宣传窗口、对话窗口、中介窗口、交流窗口，汇集了各类档案信息，在档案信息服务中发挥了重要作用。新媒体条件下，档案网站依然是除到馆服务外档案信息服务的最重要形式。通过档案网站开展档案信息服务，可以向社会提供开放档案信息和现行文件查询利用服务，让社会公众了解关于国家档案工作的法律法规、方针政策，提升社会公众档案意识，加大档案信息服务力度。虽然各类档案网站在档案信息资源的丰富度、特色内容的构建度、与用户的互动程度等方面还有待提高，但是由于具有登录方便、利用快捷等优势，其受众面正在逐步扩大。

第三节 网络论坛与档案信息服务

一、网络论坛概述

网络论坛是基于 BBS 技术的可以通过 Web 页面访问的站点。BBS 是英文 Bulletin Board System 的缩写，一般翻译成电子公告板系统、电子公告牌系统或电子布告栏系统。它通过在计算机上运行服务软件，允许用户使用终端程序通过电话调制解调器或互联网进行连接，执行下载数据或程序、上传数据、阅读新闻、与其他用户交换信息等功能，其中通过互联网进行连接以 Web 页面访问的 BBS 被称为网络论坛。网络论坛提供了一块公共电子白板，每个网络用户都可以在上面发布信息或提出看法，以表达个人意见、结交更多朋友。

二、网络论坛在档案信息服务中的作用

网络论坛为档案信息服务的发展带来了新的契机，可以在档案信息服务中发挥如下作用。

（一）传播档案信息

从传播学角度来看，媒体的首要功能就是传递和传播信息。互联网作为功能强大的新媒体，其大部分应用都以传播信息为前提。网络论坛传递信息的功能同样明显。通过网络论坛开展档案信息服务，可以向所有的论坛访问者定向传递档案信息以及从档案信息中提炼的知识。

网络论坛传播档案信息，除了具有网络传播信息所具有的突破时间、地域限制，传播速度更快，传播范围更广的特点外，还兼具如下特点：一是实现多向档案信息传播，不仅可用于档案机构向社会和公众传播档案信息，还可实现公众向档案机构传播或反馈信息，以及公众与公众之间的档案信息传播；二是对等档案信息传播，就一个事物、一个事件交流档案信息时，不仅传播支持主流意见的档案信息，还给予其他档案信息传播的机会。

（二）共享档案资源

网络论坛是档案界共享档案资源的良好平台。资源共享是新媒体时代的重要理念，是指网络用户通过各种媒体形式将本人收集的资源与大众分享。网络

论坛用户分布在世界任何有网络的地方，每个人从事不同的行业，手中掌握着不同的档案资源，这些资源可以通过网络论坛与社会共享，论坛用户之间可以互通有无。

（三）实现档案专业交流

网络论坛提供了一个具有交流互动功能的平台供专业人员交流切磋。分布于全国甚至世界各地的网络用户，只要在同一个网络论坛进行会员注册后，就可以共同参与讨论，实现档案专业交流。网络论坛扩大了档案专业交流的范围，提高了会话的参与度，极大地方便了档案界内外的交流和互动。档案工作者、档案学者、档案利用者乃至普通公众可以通过网络论坛交流档案管理工作心得和档案利用实践心得，使网络论坛成为利用者和档案工作者进行交流的基地。

三、我国档案网络论坛的特点

（一）互动性强

互动性强是新媒体的根本性特点，网络论坛继承了这一特点，很好地体现了网络新媒体的"实时互动性"。网络论坛可容纳多个意见主体同时交流，具有极强的互动性。

例如，《档案管理》杂志通过"档案界论坛"实现编辑与读者之间的即时互动。论坛"杂志专区"的"编读互动"板块使得读者和编辑之间的交流便捷化，实现了两者间的即时交流。读者能从"档案界论坛"快捷地获得投稿指导和解疑释惑，编辑也能直接及时地获得读者的反馈，从而更好地完善杂志。

（二）参与性强

网络论坛具有"广泛参与性"特点，成为网络中的档案社区，实现档案专业交流，激发了全国档案工作者、档案学者和档案利用者的参与热情。网络论坛的匿名性也使论坛用户享有较高的参与自由度，每个档案网络论坛都得到广大网络用户的热情参与，档案网络论坛的参与性较强。

（三）专业性强

档案网络论坛是专业论坛，围绕档案、档案工作、档案事业、档案学和档案人展开交流与讨论，内容针对性强、专业性强。它不同于天涯、猫扑等人人皆能参与讨论的综合性论坛，而是带有强烈的档案专业色彩，非专业人士一时之间很难融入其环境与语境当中。但同时，档案网络论坛与其他网络论坛一样，具有开放性、包容性的特点，任何非档案界人士只要对档案和档案工作有兴趣，是可以随时自由加入的，只要久浸其中，其档案意识和档案能力将会有明显的提高。

第四节　微博与档案信息服务

一、微博概述

微博，即微博客的简称，是网上个人日志类信息发布平台博客的微小化，是一个信息分享、传播以及获取的简便平台。

微博利用无线网络、有线网络等实现即时通信，博主可随时将自己的最新想法以短信形式发送给手机和个性化网站群，而不仅仅是发送给个人。微博赋予所有用户属于自己的沟通平台，相当于有了一个私人媒体。在私人媒体上，每一个人都可以成为信息制造者，并将所产生的信息方便地进行传播交流。微博推动人与信息的融合，推动信息源变得无限广泛。

二、我国基于微博平台的档案利用服务工作现状

目前国内人气较旺的微博平台有新浪微博、腾讯微博、网易微博和搜狐微博。我国基于微博平台的档案利用服务工作现状有以下三个特点。

（一）档案馆类型层次丰富

目前已经开设官方微博的档案馆类型多样，层次丰富，既有公共档案馆中的综合档案馆和城建档案馆，又有内部档案机构中的高校档案馆。在综合档案馆中，既有市级档案馆，又有该市所在的区县级综合档案馆，如宁夏银川市档案局官方微博和宁夏银川市金凤区档案局官方微博。这一方面体现出我国各级各类档案局（馆）在拓宽档案信息服务平台渠道工作中能积极思考，创新思维，走出一条与传统方式不同的道路；另一方面也体现出我国各级各类档案局（馆）在档案信息化的工作上取得了一定的成绩，能够使许多老旧档案以电子文件的形式向公众开放。

（二）高校档案馆微博发展强劲

高校档案馆官方微博在档案局（馆）官方微博中取得了较好的发展。分析其原因主要有两点：第一，高校是学科理论研究的前沿阵地，有了丰富理论的支撑，相对应的实践工作往往也走在全国前列。第二，高校档案馆的粉丝，即选择接受官方微博所提供的档案利用服务的人群多为高校学子。该类人群的特征是信息化水平高，对于新生事物的接受程度高，是通过微博平台进行信息传递交流的主力人群之一。比起传统的档案馆查阅、外借档案，在官方微博上获取信息更能吸引这类人群。因此，他们往往会关注本校档案馆官方微博，以增加自身对于学校历史过往的了解。

（三）整体发展处于初级阶段

虽然我国基于微博平台的档案利用服务工作已取得了一定的发展，但是无论从已经开设官方微博的档案局（馆）数量上说，还是从其发布微博的质量上说，该项工作在现阶段整体处于初步发展阶段。我国目前共有档案馆4000余所，而在新浪微博上开通官方微博的档案局（馆）仅有38所，所占比例还不足1%，而在这38个官方微博中，发布微博数量少于20条的有三分之一，且大多数都长时间不更新，不足以满足群众获取档案信息的需求，时间一长，官方微博就成了经过认证的摆设，无法发挥提供档案服务利用工作的作用。

三、微博在档案信息服务中的作用

（一）推送公共档案信息，促进公共档案馆建设

近年来，建成公共档案馆成为我国各级档案馆的建设目标。公共档案馆是应由国家设立并管理的，由保障公民利用档案信息权利的制度安排的，为社会公众提供服务的综合档案馆。

与网站建设相同，档案微博可推送的公共档案信息包括如下三类。

1. 馆藏档案信息和编研成果信息

与在档案网站上访问此类信息不同，在微博上此类信息是以非常简短的文字道出珍贵档案的信息，有利于提高利用者的阅读兴趣。在微博上发布此类信息要注意结合广大人民群众的生活，结合特色馆藏档案，学会用微博讲述老照片的故事或是对珍贵档案进行引人入胜的介绍。与在档案网站上访问此类信息不同，在微博上此类信息可以让作为受众的利用者就自己感兴趣的内容与发布

信息的档案馆工作人员及时沟通，乃至引发利用者到相关档案网站或档案馆进一步详细了解自己感兴趣的内容。

2. 档案工作信息

微博因为内容简短，发布、接收以及查看形式的多样化，为档案工作信息传递提供了最佳的途径。最新颁布的档案法规政策、最新的档案工作动态、近期档案馆的展览活动、节假日开闭馆时间等都可以通过微博及时发布。档案工作信息通过微博的推送，方便了利用者了解档案工作的实际情况，也可以壮大档案馆举办活动的声势。

3. 利用服务信息

利用微博发布服务项目、查档指南、开放时间等利用服务信息比档案网站发布具有更好的效果，有利于指导利用者直接找到所需档案，有利于公众顺利地到档案馆查档。例如，在档案微博进行查档指导，让公众知道可以到县区档案馆查询婚姻档案，查询劳动工资档案以找到工龄证明信息等，避免利用者盲目地东奔西跑。利用微博发布利用服务信息有利于促进档案馆服务转型，从而由被动服务向主动服务转变。

（二）推送政府公开信息，促进政府信息查阅中心建设

与网站建设相同，档案微博也可以推送政府公开信息。作为政府信息查阅中心是档案馆的基本职能之一。在档案微博上发布政府公开信息，既是档案馆服务民生的表现，也是政务公开的主要内容。

很多档案微博是以政务微博身份面向社会的，其功能一是发布权威信息，拉近档案与公众的距离。档案微博推送政府公开信息和政务信息的内容摘要及目录，有利于社会公众及时、迅速地浏览和了解政府信息，使政府信息查询更加贴近社会、贴近公众。二是通过微博打造档案工作网络平台，提高办事效率。

（三）实现交互式咨询服务，促进档案机构与公众交流

微博的信息交流交互性强，可以用于拓展档案咨询服务。档案咨询服务最大的特点在于提问与解答双方交流的互动性和实时性。以往利用者往往通过电话、档案网站进行问题咨询，有了微博以后可以不受时空限制，方便地表达自己的诉求、意见和建议。档案机构通过微博及时回应各方问题，如果是涉及利用者个人隐私的问题，还可以通过私信的方式进行互动。社会公众利用微博向档案机构咨询问题，档案机构利用微博解答利用者的疑问，反馈更加及时，有利于提高档案咨询服务的直接性、亲和性以及时效性，使档案咨询服务变得更

加快捷、范围更加广泛，提高档案信息服务的质量和效率。同时，档案机构可以从利用者的微博留言中了解人们对档案机构的印象，期待档案机构有哪些服务，期待什么样的服务方式，需要利用哪些档案等，省去了现场调研的麻烦。微博还是档案宣传和档案征集的良好平台，有利于推动档案馆的建设。

微博利用日记形式的只言片语的语言交流方式，呈现的是类似于对话的网上形态，能达到与朋友一起聊天那样自然、轻松的效果，使交流双方变得亲近与和谐。档案机构通过微博提供交互式咨询服务，可以做到及时反馈，达到与利用者之间零距离交流，还有利于改变档案机构在大众中的刻板、沉闷形象。

（四）推送与文化相关的档案信息，促进城市文化建设

档案是人类社会活动的成果，是国家和民族文化的集中体现，是国家文化财富的一部分，许多档案被誉为文化瑰宝。档案馆具有文化存储和文明记忆功能，同时还具有社会教育、文化传播和休闲功能。通过微博打造档案馆的"文化传播平台"，可以促进城市文化建设。

在微博中解读档案中的历史故事，推广有吸引力的档案文化活动，可以使沉寂的历史鲜活起来。城市举办的与文化、档案相关的大型活动、各种展会、交流活动，也可以通过档案微博向社会发布，还可以利用微博做好文化遗产的宣传服务工作。

四、开展基于微博平台的档案利用服务工作的优势

与传统的档案利用服务工作相比，在微博平台上开展此项工作无疑是一大创举。微博平台之所以能吸引档案工作者，必然有其特有的、区别于其他平台的优势，结合微博自身的特色分析，基于微博平台的档案利用服务工作的优势有以下三点。

（一）服务工作的主动性

传统的档案利用服务工作是建立在用户需要什么，档案馆就提供什么的基础上的，档案馆常常处于被动地位。众所周知，档案信息资源是一种重要的社会资源，对于推动社会文化科学事业的发展具有重要的作用。然而，普通群众在日常生活中往往会忽略档案的信息属性和参考价值，这就需要档案工作者主动开发档案资源，并选择适当的平台，如档案信息网站、微博等向公众展示。目前，大多数档案局（馆）官方微博都以主动提供档案信息为主，积极挖掘馆藏资料向公众发布，做到了从被动服务到主动服务的转变。

（二）信息发布的即时性

微博一直以来就以其信息发布的即时性为卖点，几乎每条社会热点、焦点新闻都会成为微博讨论的座上宾，紧贴时事发布相关内容也成了微博的特色之一。各类档案局（馆）官方微博也将这一优势延续了下来，常常围绕某一个热点事件来发布相关的档案信息。官方微博能够根据时间、事件等当前热点，找寻馆藏的档案信息并发布，使利用者可以及时地获取信息，让大量沉睡的档案充分发挥作用，达到了很好的服务利用效果。

（三）服务利用的互动性

微博的常用功能除了信息发布外，还有信息评论和信息转发。信息评论即在某条微博下面开设评论功能，供看到这条微博的浏览者表达自己的观点和进行讨论。信息转发即将某条微博原文转发到自己的微博主页面，让关注自己微博的"粉丝"也能看到这条微博，扩大该条微博的传播范围，使更多的人参与到讨论之中。档案馆与档案利用者以及档案利用者之间对于档案内容的交流，从一方面来说能帮助双方挖掘出档案背后更多的信息，另一方面能进一步提升社会档案意识。我们知道，档案管理水平不仅与社会环境、社会发展水平息息相关，与社会档案意识也有紧密联系。随着社会档案意识的进一步提高，档案管理水平必将跨上新的台阶。

五、开展基于微博平台的档案利用服务工作的不足

档案利用服务工作是一项历史悠久的工作，当它和微博这个信息时代的产物碰撞时，同样也会产生一些不和谐因素，这些是档案工作者在开展基于微博平台的档案利用服务工作中需要重视的部分。

（一）档案信息的真实性难以保证

在新浪微博上，提供档案利用服务的信息发布者可分为两种，第一种是经过新浪验证的，具有档案局（馆）官方微博资格的信息发布者；另一种则是未经过验证的，通常以个人名义发布档案信息的用户。前者提供的档案材料可信度较高，可是内容往往不如后者所提供的一些野史吸引群众。

尽管新浪微博无法强制要求利用者选择浏览官方微博发布的档案信息，但应给予适当的提醒来引导利用者：一方面在非官方认证微博主页面的醒目位置加上一句友情提示："由于该微博信息发布者未经过官方认证，其所发布信息的真实性难以保证。"另一方面在非官方主页面右侧加上档案局（馆）官方微

博的链接，并进行简短的介绍与推荐。通过这两项措施，引导利用者对非官方微博档案信息的真实性进行理性判断，并逐步将关注点从非官方微博过渡到官方微博。

（二）档案利用的保密性难以保证

档案信息资源的开发利用与保守机密的目标是一致的，对于档案的利用服务工作，也必须遵守保密原则。档案何时何地开放，开放到什么程度，都应有一定的规定，以确保档案的保密性。通常来说，档案利用者在实体查档时都需要提供有效证件，部分内容特殊的档案还需要单位或者组织机构开具介绍信，才能开放档案提供查阅。当这一过程移植到微博平台上后，对于查档者的身份认证就成了问题，该采取怎样的方式来最大限度地保证查档者身份的真实有效，从而保障档案的机密性值得档案工作人员思考。

当前，我国还没有完善的法律法规对微博平台上的档案开放范围做出详细的规定，档案开放的程度通常建立在原件在实体档案馆是否开放的基础上。考虑到网上查档与实地查档的区别，档案行政部门应制定相应的政策来划分出一部分适合在网上公布、不需要验证利用者身份的档案。对于涉及知识产权、版权、隐私权的档案，应当遵守国家有关保密的规定，不得损害国家、集体和其他公民的利益。

六、基于微博平台的档案利用服务工作的未来展望

我国基于微博平台的档案利用服务工作的未来发展具有以下两个特点。

（一）档案局（馆）官方微博将占据主流地位

虽然目前档案局（馆）的官方微博影响力不如非官方微博的影响力大，但是其发布信息的真实性高这一优势也非常明显：随着政府对官方政务微博重视程度的提高，档案局（馆）官方微博也将进入高速发展的时期。在这个信息爆炸的时代，比起繁杂的未经证实的信息，群众更需要的是真实可靠的信息，鉴于政府在民众心目中的公信度之高，档案局（馆）必将在基于微博平台的档案利用服务工作方面占据主流地位。

（二）档案局（馆）官方网站将与其他政务微博相互协作、共同发展

政务微博是一个群体概念，档案局（馆）官方微博是其中的一分子。各政务微博在业务上将相互协作，成为信息互通、功能互补、业务互助的政府信息

公开系统。该信息公开系统在个体相对独立的同时，能保持总体统一融合的状态，从而促进个体之间的共同发展，最终将推动我国政务微博的总体发展。

第五节　移动应用与档案信息服务

一、移动应用概述

移动应用的英文为 Mobile Application，简称 App 或缩写为 MA，是指移动应用服务及移动应用程序，也称手机应用程序或"手机客户端"，是为智能手机、平板电脑设计的，在这些移动设备上运行的第三方应用程序。

移动应用较之计算机、WAP 渠道优势明显。它具有不受时空限制、交互方式多样、产品服务调整灵活、开发成本较低、开发周期短等优势。以移动应用为入口的上网人群正快速增长。目前移动应用还在蓬勃发展，开发前景广阔。

二、移动化档案信息服务的特点

（一）泛在化

"泛在"是近些年比较流行的一个词，其含义是指无处不在。随着移动互联网的兴起，智能手机等支持移动互联应用的各种移动终端设备在人们生活中无处不在，让网络用户可以随时随地享受各种通过移动终端设备提供的服务，从而使这些服务变得泛在化。移动化档案信息服务同样具有泛在化特点。它突破现有物理档案馆和数字档案馆的樊篱，遵循利用者的新需求，适应利用者行为的变化，模糊和淡化档案馆（室）与利用者之间的边界，使得任何人在任何时间、任何地点、以任意方式阅览个人感兴趣的任何档案信息成为现实。

（二）便捷性

因为泛在，所以便捷。作为第五媒体的移动新媒体，被形象地称为"影子"媒体，因为人们的手机等移动终端设备往往 24 小时不离身，其移动性、便携性的优势实现了边走边用，利用者可以利用碎片时间享用档案信息、移动服务，在不需要档案工作者干预的情况下，自助获取多种方式的服务。它克服了到馆服务的时空限制，改变了上互联网必须使用计算机的前提条件，可以方便、快捷地实现档案信息服务。

（三）主动性

在传统档案利用服务中，档案馆（室）采用的是坐等利用者上门的被动服务方式。即使在网络档案信息服务中，档案网站也需要通过各种手段吸引利用者的注意才能使利用者访问。至今我国档案网站还存在受众面小、影响范围窄的问题。在移动新媒体上，档案信息服务可以打破之前被动式的服务局面，实现档案机构的主动服务。一方面，利用者可以使用移动终端设备随时随地享用移动化档案信息服务，并及时向档案馆（室）进行咨询、交流；另一方面，短信、微信等移动新媒体应用形式都带有一定程度的强制性，可以将档案信息推送给受众。档案馆（室）可利用移动平台及时主动地公开、宣传档案信息，最大限度地提升公众的档案意识。

（四）确定性

确定性是指相对于网络新媒体来说，移动新媒体有利于明确上网者的身份，使档案信息服务的对象具有确定性。档案信息在安全保密方面始终具有一定的特殊性，即使公开的档案信息有些可以提供给利用者使用，但不便于大范围地传播，现在凡是涉及这方面的档案信息都没有通过网络利用。近些年，国家有关部门和手机运营商就手机的个人身份信息认证问题取得了一些进展，未来的手机有可能用于确认身份，甚至发挥身份证的作用。

第六章 智慧档案馆建设

第一节 智慧档案馆概述

一、智慧档案馆的概念

智慧档案馆有关的研究多数聚焦在如何用现代化技术对现有档案进行管理，新技术中的物联网、云计算、大数据对现在档案馆的硬件环境进行智能楼宇建设和环境自动感应方面的建设，对档案管理系统进行系统集成，对档案信息进行整合、分析、共享。智慧档案馆就是以服务城市建设、服务社会、服务大众为方向，以深化应用、优化服务为核心，以资源整合、业务协同、信息共享为主线，以打造高效、智能、统一的管理服务平台和信息服务平台为重点，在前期数字档案馆建设和发展的基础上，以技术为依托，全面提升信息化应用和服务水平。具体来说，智慧档案馆是档案馆、物联网、云计算、智慧化设备、智能馆舍、信息资源和人力资源的一个总体集合，它以更智慧的方式达到档案馆智慧化服务和管理的目的。

一个档案馆既注重信息技术的应用，重视档案信息资源的智能管理，又关注用户的信息与互动服务，同时兼顾对历史公共文化传播的社会担当，并综合以上要素来共同推动档案馆的可持续发展就可以称其为智慧档案馆。如果直接采取列举模式，则认为"智慧档案馆＝档案馆＋物联网＋云计算＋智慧化设备＋智能馆舍＋信息资源＋人力资源"。在上述表述中我们可以看出以下问题：一是上述观点的持有者均是以列举限定的方式，通过对技术基础、管理对象、发展目标等定语的添加，罗列出一个不同于以往的档案馆。基于"属＋种差"的定义方式，这种做法有合理之处，但有一点必须明确，就是必须确定被定义项的"属",而这恰恰是上述观点所暴露出的第二个问题,即概念"属"缺失或不当。智慧档案馆究竟是一种"符合信息化发展的变革性的档案馆"还是一种"档案馆模式"?如果大谈特谈传统档案馆、数字档案馆、智慧档案馆的变革之路,那么将其定义为"档案馆模式",由同位概念降为所属概念,显然是存在逻辑混淆的。而直接罗列出方向、核心、主线等限定词,只能算作对"智慧档案馆"的诠释,而非定义。定义研究对象是研究的第一步,这一步,"智慧档案馆"迈得并不坚定。智慧档案馆研究说到底是档案学界的一种学术期待,一方面,欲使数据、信息和知识上升到智慧的高度,最大限度地实现档案馆的价值与基本职能;另一方面,欲通过技术的应用,使这种价值与基本职能实现得更加高效。

二、智慧档案馆的基本特征

专家学者对智慧档案馆概念的分析,使我们对智慧档案馆是什么有了一定的了解。智慧档案馆具有区别于其他类型档案馆的明显特征,国家"863"主题项目"智慧城市总体方案"课题组提交的研究材料里提到智慧城市的三个特征,即全面感知、系统协同、智慧处理,智慧档案馆是在智慧城市理念基础上提出的,智慧档案馆的建设是参照智慧城市总体建设的框架进行的。智慧档案馆的基本特征如下。

(一)全方位感知

智慧是生物所具有的基于神经器官的一种高级的综合能力,包括感知、知识、记忆、理解等多种能力。在"智慧"的定义中感知能力排在第一位,是档案馆工作拟人化的首要特征。时间变化、冷暖交替等环境的变化对我们人类来说是习以为常的,因为人类拥有强大的感知器官,如眼睛、鼻子、耳朵、皮肤等能够感知到环境、时间、空间等复杂的变化。数字档案馆的核心技术是数据处理,智慧档案馆的核心技术是感知技术,感知是智慧管理的第一要求。各种感知技术支持下的连接到物联网的智能手机、平板电脑、射频识别装置、红外感应器、GPS 等智能终端和传感设备是智慧档案馆物联网的神经末梢,智慧档案馆的感知和人类的感知类似,但是比人类的感知范围更广泛、更加理性、更加精确,可以感知不同的层面,并且可以用数据化的方式进行展现或传递。

1. 对档案馆硬件环境的感知

对档案馆硬件环境的感知,主要通过楼宇智能管理技术实现,以智能化监测、评价和调整档案管理状态。档案库房内的温湿度直接影响档案的自然寿命，档案库房有一个统一的温湿度标准，即温度 14℃ ~ 24℃，相对湿度 45% ~ 60%，这就需要智慧温湿度自动控制系统能够利用温度感应器感应馆内温度变化，将这一温度传达给智慧中枢系统，中枢系统通过与预先输入的温度指令对比，自觉判断是否应当进行降温或升温。智慧防灾系统会在出现险情时，立刻通过分子感应器分析判断险情种类，如遇火灾则根据种类选择开启防火门、喷头降水降温等不同的初级控制措施，并在第一时间自动联系火警报警、向档案馆智慧中枢控制系统的专员报告，快速分析出最佳逃生路线，通过馆内语音系统和显示屏引导馆内所有人员逃生；如遇水暖管路破损漏水或馆舍遭雨水侵袭则向档案馆智慧中枢控制系统的专员报告，由专员做出应急预案。此外，还会通过对光线的感知适时调整档案馆的灯光亮度。

2. 对档案馆的全面感知

物联网是智慧档案馆的技术基础，可利用物联网实现内部及外部信息交换，构成一个基于物联网的通信智慧系统。智慧档案馆通过物联网实现档案工作人员与档案、档案与用户、档案与馆舍、档案与设备、工作人员与用户、用户与用户，无所不在、无时不在的沟通与感知。

利用物联网，不仅感知档案馆内的局部或部分信息，而是将"感知"全面覆盖，全面汲取档案馆内各个角落的有用信息，对档案馆中存在的人与物进行全面的和深度的感知，将档案馆建筑、档案实体、档案信息、档案人员、档案设备、档案用户等联系起来，将碎片信息感知集中于一体，进行信息交换和通讯，实现对档案实体、档案信息内容以及档案管理信息的感知，并进行智慧化的整合和衔接，从而实现对信息的全面利用。智慧档案馆可以做到全方位感知，通过射频识别技术（RFID）感知读者和档案实体的位置、通过图像采集和轨迹追踪分析读者的行为、通过体感技术感知读者的精细行为乃至心理变化状态，进而精准地判断读者的需求，为其提供精准服务。目前，已经有很多档案馆利用以 RFID 为代表的智能感知技术完成了档案实体的盘点、查找、定位、分拣等一系列基础性工作，而精准服务更是只有在智能系统的帮助下才能实现。

利用管理策略和相应的技术手段，将档案内容、档案管理信息与互联网联系起来，进行信息交换和通讯，实现对档案实体、档案内容信息、档案管理信息的感知，即感知档案、感知信息、感知管理。以智能化识别、定位、跟踪、监控和管理档案实体；对档案内容的感知，主要通过智能化的数据挖掘技术实现，以智能化识别、抽取、整合和应用档案信息。

此外，档案馆作为国家最为重要的、保存社会原始记录的基地，不仅承担着维护历史的真实面貌的职责，同时还需要为现实的社会主义现代化建设和历史的长远需要服务。这就要求档案馆开阔视野，摒弃以我为大的思维。除了对馆内展开全面深入的感知外，档案馆还应对全社会的信息有所感知，并能满足全社会建设发展的需要，真正在馆内及全社会中，实现档案工作者与档案、档案利用者与档案、档案与档案、档案与馆、馆与馆、馆与全社会等全面深度的感知。智慧技术和智慧管理已经成为新的发展趋势，档案馆应跟进技术发展的新趋势，研究智慧档案馆的发展理念、工作目标和实现路径，开展智慧档案馆建设，为档案馆事业的持续发展创造条件。

（二）立体互联

相较于传统档案馆而言，智慧档案馆已经更多地融入了现代科技的元素，如温湿度自动控制系统、档案管理系统、电子监控系统和有线及无线网络系统等，智慧档案馆的硬件设施得到了很大的改善，并且在设备、系统、资源和人员之间建立了充分的立体互联，互联是智慧档案馆的核心要素。智慧档案馆的互通互联包括三个层面：

1. 单个档案馆内部的互通互联

单个档案馆内部的互通互联属于初级层面的互通互联，指的是档案馆内各馆室之间的互联，打破馆内各部门之间现有的模块化管理模式，使档案馆工作人员在内部互联的基础上形成一个整体。单个档案馆内部的互通互联既有物理环境下的互通互联，也有通过互联网实现的互联，是物与人、物与物、人与人之间的互联。有了全方位感知的信息和模式，还应进一步网络化才能使之发挥更大的功效，这里的网络化涉及有线网络、移动互联网、物联网等，全方位的网络化才能实现全方位、立体的互联互通。物理环境下的互通互联是档案之间的互联、部门之间的互联、楼层之间的互联、计算机之间的互联、数据库之间的互联、各感知元件之间的互联等；虚拟环境下的互通互联是档案馆馆员与档案用户之间的互联、人机交互的互联互通等。在档案馆内的立体互联、协同共享，实现的是档案实体、档案信息、档案管理环境的一体化管理和交互式管理。

智慧档案馆的智慧性依赖于档案馆智慧中枢系统的支持，档案馆智慧中枢系统能够将馆内各类设备、档案、信息单元、馆员、用户等通过物联网联系起来。智慧中枢系统作为使档案馆具有智慧性的核心组件，通过预先设定好的计算机指令指挥馆内各系统工作，实质上是具有人工智能的 CPU 处理设备，能够对来自所有设备、系统的实时数据进行集中处理并加以关联，从而实现档案馆对这些要素的智能感知。

2. 档案馆之间的互通互联

档案馆之间的互通互联是在单个档案馆内部互通互联的基础之上的更高层面的信息共享，馆际的立体互联、协同共享，实现的是档案馆在档案服务方面的升级与理念的转变，使档案利用者可以把单个档案馆作为"切入口"，进而进入互联的所有档案馆形成的大的整体中，获取所有互联体中的档案馆的共享信息。档案馆之间的互通互联打造的是泛在的承载网络，将各种采集信息和控制信息进行实时准确的传递，实现人与档案、人与人、档案与档案的互联互通，让用户可以不受时空限制利用任何方式获取档案馆服务，从而使档案馆真正成为用户身边的档案馆，最大限度地呈现信息和服务获取的便捷性。

3. 档案馆与其他部门的互通互联

档案馆与其他部门的互通互联是最高层级的互通互联，档案馆在行业内部实现互通互联的基础上，在融合互联网和物联网等信息网络的基础上，与其他机构之间实现跨行业的互联，进而了解整个社会的全貌，真正地实现信息共享的本质追求。从本质上看，档案、档案馆、档案工作者、档案利用者、社会其他部门作为互通互联的主体，他们之间的无障碍对接是利用互联网、物联网实现更大范围的信息资源深度共享，实现用户最大范围的信息获取。

（三）无限泛在

建设智慧档案馆的目的是消除信息壁垒、信息孤岛，实现全面立体的联通和协同共享，形成档案服务的无限泛在。将全方位感知到的信息，以及立体互联所共享的信息，利用互联网、广播电视网或电信网等渠道，提供给档案利用者，形成一个任何时间、任何地点、任何人都能获取到档案信息的无限泛在模式，实现档案的利用功能在利用渠道和角度上的全方位覆盖。这里的泛在，指的并不是实体档案馆和档案工作人员的随处可见，而是档案服务的随处进行，是将档案利用工作的便捷性、随时性全交给利用者，满足利用者对档案的利用需求。

档案的利用需求千差万别，档案利用者对于档案的了解程度也参差不齐，其中一部分利用者可独立完成对档案的利用，另一部分则需要档案工作人员的协助。这就要求，智慧档案馆的无限泛在，不仅是将复杂的、多样的档案利用工作，整合为几个简单可行的方案，同时还要求具备和满足个性化的互动，切实地帮助利用者去利用档案。无限泛在分为时间上、空间上、方式上的泛在。

1. 时间上的泛在

档案馆作为政府职能部门，作为高校、企业等单位的信息中心，需要承担为公众提供档案服务的重要职能。传统物理实体档案馆在固定的时间范围内向公众提供服务，超过这个时间段公众对档案的利用需求就不能得到满足。但是，公众对档案的利用时间不是固定的，这就造成了档案馆难以满足人们随时利用档案的需求。档案馆数字化、网络化建设的全面开展为智慧档案馆建设打下了坚实的基础，智慧档案馆可以为广大利用者提供全天候的档案利用服务，档案利用者可以通过互联网在电脑、手机等设备上随时获取所需的档案信息。智慧档案馆在时间上的泛在利用功能，是档案馆服务和管理方面在时间上的泛在。

2. 空间上的泛在

档案馆在何地可以提供利用，是档案服务在空间上的限制。传统上，用户利用档案指的就是前往具体的档案馆检索、查阅利用档案。传统的档案馆是一个空间上有具体位置的存在，智慧档案馆的利用服务工作，在空间上已经进行了无限的扩展。因特网把地球上所有能够联网的档案馆融为一个整体，借助因特网档案利用者可以在任何一个地方通过网络登录档案馆网站查找所需信息，在任何地点都可以利用到所需的档案信息。智慧档案馆在空间上无限泛在的特征，颠覆了陈旧、固化的空间观念。

泛在利用功能将传统意义上发生在档案馆内的管理概念，无论是在时间上还是空间上，都延展到了档案馆外，使原本以档案馆对外开放时间和档案馆的物理位置为逻辑点的管理和服务模式发生了变革，不仅让利用者可以随时随地享受到相关服务，同时档案馆这样虚拟的泛在，为档案人员和档案利用工作带来了新的思考。

3. 方式上的泛在

传统档案馆提供服务的模式是开展馆内打印、复印、借阅以及开设档案展览等形式，受时间、空间、形式、个性等因素的限制，已经无法满足新时代用户对档案服务的需求，而互联网技术特别是移动互联网技术带来了档案馆服务时间、空间上的全覆盖，为使用者带来了方便快捷的服务体验和服务效益，带来了使用者自主选择的自由、平等与互动。

档案馆自助服务是智慧档案馆服务方式泛在的一种体现。这种方式随着其他行业自助服务的不断普及不断地出现在档案服务领域，是指用户通过企业或第三方建立的网络平台或终端，实现对相关产品的自定义处理。通过自助服务，用户能自行解决大部分简单的问题；用户可跟踪了解自己所申请事件的处理情况，同时可对每次请求做出满意度反馈。

智慧档案馆的发展，正处于各种新媒介不断涌现的背景之下。近年来不仅网站、出版等媒体数量激增，同时还出现了博客、微博、微信、手机客户端等各种媒介形式。全媒体不断发展，出现了全程媒体、全息媒体、全员媒体、全效媒体，信息无处不在、无所不及、无人不用。从"纸媒时代"到"微博微信"再到"视频、H5、VR 全景"……为智慧档案馆通过各种渠道开展档案利用服务提供了可能，体现了智慧档案馆在利用方式上的泛在性。全媒体指的是，"媒介信息传播采用文字、声音、影像、动画、网页等多种媒体表现手段（多媒体），利用广播、电视、音像、电影、报纸、杂志、网站等不同媒介形态（业务融合），通过融合的广电网络、电信网络以及互联网络进行传播，三网融合，最终实现用户以电视、电脑、手机等多种终端均可完成信息的融合接收（三屏合一），实现任何人、任何时间、任何地点、以任何终端获得任何想要的信息。"从定义中我们不难看出，全媒体并不意味着对传统媒介的排斥，反而是新旧媒介的极大融合。智慧档案馆从全媒体的视角开展档案利用工作，同样也不是为了摒弃传统的档案利用模式，而是在融合传统的模式之上，扩展新的渠道，使得更多的公众可以更方便、更快捷地利用档案，是对已有的档案利用服务的补充和完善。在媒介的使用上，档案馆已经利用了很多的媒介，智能手机通过移动互联网可以利用档案馆查阅、检索、网上借阅等一系列的功能。

（四）可持续发展

智慧档案馆深度感知的特性，表明的是智慧档案馆能够感知档案信息、感知档案用户、感知档案馆的整体运转情况。智慧档案馆的深度感知有助于实现建筑内设备、资源利用的环保、绿色与安全，并与档案馆自身之外的所有事物实现环境友好的可持续发展。各个档案馆之间的信息壁垒的打破、信息的广泛共享使得拥有信息再生能力的智慧档案馆有了更丰富的档案信息来源，从而能可持续地为人民和社会提供档案服务。

智慧档案馆是一个"开放"的有机体，收集档案的类别极大地扩展，不断融入各种先进技术、管理模式，不断产生着新的信息。同时，对公民共享档案权限的开放，公民自主和互动式的服务和管理模式，为公民源源不断地参与到档案工作中来提供了可能，体现了开放创新、大众创新、协同创新的特征，为档案馆的资源宝库提供了持续发展的机会。也正由于此，提高了公众对档案工作的理解、重视程度，甚至是监督能力。这无疑对我国档案工作的进一步发展，提供了源源不断的动力，也是我国档案事业可以不断发展、进步的源泉。

（五）以人为本

以人为本是与以物为本相对应的发展观，是科学发展观的核心，体现了中国共产党全心全意为人民服务的根本宗旨。以人为本，不仅主张人是发展的根本目的，回答了为什么发展、发展"为了谁"的问题；而且主张人是发展的根本动力，回答了怎样发展、发展"依靠谁"的问题。"为了谁"和"依靠谁"是分不开的。人是发展的根本目的，也是发展的根本动力，一切为了人，一切依靠人，二者的统一构成了以人为本的完整内容。

智慧城市建设的突出特点是强调以人为本，核心是运用创新科技手段服务于广大城市居民，让市民融入智慧城市的建设之中，共同塑造一个开放的创新空间。智慧城市建设的各项工作要立足于满足群众工作和生活的需要，让人民群众生活得更方便、更舒心、更幸福，这是智慧城市建设的基本出发点。无论是运用怎样先进的科学技术，或是城市内各部门间如何协同合作，智慧城市的根本立足点是为了让人们生活得更便捷和舒适，智慧城市建设的本质落脚点是人，体现了以人为本的精神。智慧档案馆概念援引自智慧城市的概念，智慧档案馆的建设，也是参照智慧城市总体建设的框架摸索前行的。与智慧城市相同，智慧档案馆的建设也注重从公众的角度出发，通过社交网络手段提升用户的参与度，汇集公众的集体智慧，实现以人为本的可持续发展。因此，智慧档案馆建设应与智慧城市建设一样，要以人为本，以人为本，高效服务是智慧档案馆的灵魂。智慧档案馆所展现的其他特征，也都是紧紧围绕智慧档案馆建设中的人（档案管理者和档案利用者）的因素而体现的特征。智慧档案馆最重要的特征之一是全方位感知，感知的对象包括档案实体、档案内容、档案馆建筑、档案用户等，档案馆工作人员不用亲自查看所感知的所有情况，从一定意义上来说，档案馆工作人员能在一定程度上从具体的、重复的工作中解放出来，将时间与精力投入更有价值的工作之中，提高了档案馆工作人员的工作效率，提高了档案馆用户的满意度。智慧档案馆立体互联和无限泛在的特征为档案利用者带来了巨大的便利。立体互联使馆际、档案馆与其他部门之间连为一个整体，档案利用者可以从一点切入查找所有所需档案信息；档案服务在时间、空间、方式上的泛在，让档案利用者可以足不出户，全天候查找所需要的档案信息。可持续发展特征，是站在更高更远的全人类的视角上，让档案馆变成一个绿色、环保、持续发展的部门，体现的是更高层级的"以人为本"。

智慧档案馆的这些特征之间，在一定程度上可以说是递进的关系。首先，全方位感知是基础，立体互联是全方位感知后的发展。二者同属于技术背景支撑，而感知又是互联的依托，它们可以使智慧档案馆更智慧、更高效地运行。无限泛在则是落脚点，是因为无论档案馆模式如何推陈出新，其根本宗旨都是更便利地进行管理和服务。其次，智慧档案馆作为一个开放式的档案馆发展新模式，作为国家一个持久的、重要的职能部门，可持续发展档案工作、档案事业是最终目标。最后，上述四个特征都是紧紧围绕智慧档案馆的"以人为本"而来的，并以此为核心出发点，指导了智慧档案馆的理论建设和实践发展。小到馆内具体技术的选择、软件的编辑、管理系统的使用，大到档案馆总体规划、发展、建设，皆以不违反"以人为本"的理念为根本原则。从档案馆的层面来看，在智慧档案馆的体系中，档案馆可以分析用户查询利用档案的数据，分析用户的信息需求，从而为用户提供个性化的服务，引领档案馆管理服务的创新升级。从用户的层面来看，基于智慧档案馆的公共服务平台，用户可利用智能终端设备经由互联网便捷地获取所需的档案信息资源、享受档案咨询服务，创新了档案馆管理与服务的形式。

（六）更深入的智能洞察

智慧档案馆的智慧体现在检索的快速性、定位的准确性、知识咨询以及解答的及时性上，在没有档案馆工作人员参与的情况下，档案馆自身能够保证馆内各项系统的运行，实现自我管理，工作人员负责监督。智慧档案馆需要洞察用户的信息需求，当用户进行检索时通过智慧检索设备能够对用户的检索结果进行分析，将检索的最终结果以摘要或者综述的形式呈现给用户，可以根据用户的需求将检索结果进行相关度分析，并通过可视化分析将关系结构图展示给用户，提供信息的深度挖掘。档案馆重视用户体验，可以设置用户评价系统对档案馆的服务进行打分评价，将用户反馈的建议纳入数据库中，计算机智慧中枢系统根据需求随时对用户反馈信息进行整理、分析，形成辅助决策报告书，呈现给档案馆工作人员及决策者，以使智慧档案馆的决策更具有针对性、精准性。通过对这些相关信息的串联存储以及分析，可以大大提高决策结果的科学性和准确性，使智慧档案馆成为主动的"有感官的有机体"。

（七）更高效的协同管理

随着对智能技术的采用，档案馆不仅可以实现本馆内部要素之间更好的协同，还可以实现行业协同、地区协同、国家协同、全球协同等，使资源由分散趋向集约、由异构趋向统一，消除资源在布局上各自为政、分散管理和重复建设的弊端，提高档案馆的服务效率，并且协同所需花费的时间、精力、物力成本等都将大幅压缩，协同服务的质量会大大提高。不过，这些协同都是建立在更好的感知、广泛的互联互通和更深入的智能洞察基础之上的。国际商业机器公司（IBM）提出"智慧地球"概念，包括三个维度：第一，能够更透彻地感应和度量世界的本质与变化；第二，促进世界更全面地互联互通；第三，在上述基础上，所有事物、流程、运行方式都将实现更深入的智能化。那么根据智慧地球的维度概念，智慧档案馆应该全面感知馆内的所有组成部分，档案馆与用户实现全面的互联互通，档案馆的所有组成部分、运作流程、运行方式实现智能化。智慧档案馆的主要特点是具有无处不在的网络环境，无所不包的海量数据环境与共享服务以及无所不容的业务管理和服务模式。

第二节　智慧档案馆与数字档案馆的关系

一、数字档案馆与智慧档案馆的联系

数字档案馆是在传统档案馆的基础上发展起来的，通过将传统档案馆的馆藏资源进行数字化，利用档案管理系统对数字化资源进行系统化管理。智慧档案馆在数字档案馆的功能基础上进行延展和提升，将现代信息技术（物联网、云计算、大数据等）更加深入、更加广泛地应用于档案馆的管理及服务。智慧档案馆将互联互通、协同协作、资源整合、价值发现、互动服务等类似人类智慧的主动、智能、预知充分展现出来。

关于二者的联系业界存在两种主流观点。

（一）"升华论"

持"升华论"的学者认为智慧档案馆是数字档案馆的延续和升华。在数字档案馆建设基础上加上具有全面感知、可靠传递、智能处理等特征的物联网就是智慧档案馆的雏形，智慧档案馆是数字档案馆的延续和升华。与数字档案馆相比，智慧档案馆的档案信息化工作更为深入，对馆藏资源的管理更为精细。智慧档案馆与数字档案馆都是信息化形态的档案馆，只不过智慧档案馆发展到了档案馆信息化的更高形态，是对数字档案馆的继承与发展。

（二）"交叉论"

持"交叉论"观点的学者认为智慧档案馆与数字档案馆相互支持、相互配合，交叉并行存在，智慧档案馆与数字档案馆相互独立、各司其职，智慧档案馆为数字档案馆提供智慧化和感知等技术服务，数字档案馆为智慧档案馆提供基础数据支持。但本书认为交叉论所持有的认为数字档案馆和智慧档案馆是相互独立的观点割裂了二者的紧密联系，二者没有明显的界线，是有着紧密联系的，智慧档案馆由数字档案馆平稳过渡而来。

二、数字档案馆与智慧档案馆的区别

数字档案馆是运用数字技术管理数字化档案，而智慧档案馆是利用感知技术对档案资源进行智慧化管理，因此智慧档案馆在概念、基本特征、技术基础、管理对象等方面都与数字档案馆存在明显的区别。与数字档案馆相比，智慧档案馆在馆舍环境、档案库房、制度规范、管理对象、IT 设施、应用系统、信息服务、管理运作和档案人员 9 个方面实现了全面现代化管理的改造和升级。

（一）概念的区别

在概念上，数字档案馆是各级各类档案馆为适应信息社会用户日益增长的对档案信息资源的管理、利用需求，运用现代信息技术对数字档案信息进行采集、加工、存储、管理，并通过各种网络平台提供公共档案信息服务和共享利用的档案信息集成管理系统。智慧档案馆是以多元化的档案信息资源为基础，将新一代物联网、云计算、大数据分析等智慧管理技术充分运用在档案管理的各个环节，智慧化地管理档案，实现档档相连、人档相连、人人相连的目标，为用户提供智慧化服务的档案馆，是档案信息化发展的高级形态。二者在概念的文字表述上存在明显区别，数字档案馆在概念上可以总结为对数字档案进行管理的一个集成系统，而智慧档案馆在概念上可总结为融合各种新技术的对档案进行智慧化管理的集成系统。

（二）基本特征的区别

数字档案馆的核心特征是数字化，智慧档案馆的核心特征是智慧化。

数字档案馆是在计算机技术、数字化相关技术普遍利用，档案资源的传统载体向数字化载体转化，社会对档案信息的需求逐渐增多，提供档案服务的方式也发生了根本上的变化，加上政府大力推动数字化建设的背景下产生的；在实体档案馆的基础之上，引进计算机辅助档案管理系统，实现档案目录的信息化，在档案目录信息化的基础上通过对档案载体的大规模数字化发展起来的。

信息化加速推动传统档案馆馆藏数量的增加，实体档案馆为解决纸质档案增多且难以长久完好保存的问题纷纷开展数字档案馆的建设。从目前来看，我国数字档案馆馆藏的主要来源一是经过数字化的传统档案，二是原生的电子文件。数字档案馆的产生，解决了传统档案馆馆藏数量及其寿命有限和利用范围受限等问题，使档案信息得以脱离传统载体的束缚，以数字化形态存储、传播与利用，给档案工作带来革命性的改变。

数字档案馆在资源建设上存在一定的局限性。一是馆藏来源有限。二是档案管理工作未有实质性突破。数字档案馆带来了档案信息管理的革命，而非档案管理的革命。数字档案馆只是为传统档案资源建立了数字镜像和利用平台，只是对传统档案管理做法做了信息技术条件下的"模拟"。三是档案缺少"智慧"功能。数字档案馆将沉睡中的实体馆藏档案变成有生命力的、可以流动的数字档案资源，但由于缺少"智慧"，档案与档案、用户、管理数据库之间未实现有机结合。因此，它并不能帮助档案工作人员有效开展深层次的业务工作。

智慧档案馆的馆藏建设包括三大模块：第一，档案资源保存库。包括基于射频识别技术的档案实体、档案数字化成果、原生电子文件、社会运行及管理信息的归档库、档案目录数据库以及档案载体信息数据库等。第二，档案特色资源聚合库。包括城乡特色档案资源、少数民族档案、对档案资源深度挖掘开发的高附加值的知识产品等。第三，档案馆管理运行库。包括人员基本信息，档案利用服务数据，楼宇管理以及信息技术、信息系统等数据信息。

（三）技术基础的区别

数字档案馆的核心技术基础是"数字技术"；智慧档案馆的核心技术基础是"感知技术"。

1. 数字档案馆的技术基础

数字档案馆主要运用了数据描述技术、高层协议技术、图像与视频数据检索技术、多媒体数据压缩与传输技术、数据加密技术、数字档案馆交互界面技术等。数据描述技术是指对数字档案资源的分类著录格式的描述，是对传统著录标准的扩充；高层协议技术可以解决不同平台的统一问题，保证数字档案资源能被最大化获取以及利用并实现信息的互访互通；图像与视频数据检索技术是为应对图形、图片、视频等多媒体形式的数字资源的组织、表达、存储、管理以及查询检索所运用的技术；多媒体数据压缩与传输技术可以满足数字档案资源的大量存储以及快速流通的要求；数据加密技术可以应对网络犯罪带来的挑战；数字档案馆交互界面技术将在很大程度上决定用户的满意度。

2. 智慧档案馆的技术基础

智慧档案馆的核心技术基础是感知技术，运用物联网、云计算、大数据、移动互联网、移动支付等技术来实现智慧化的管理与服务。数字技术仍然是智慧档案馆建设的技术基础与前提。物联网的运用孕育了智慧档案馆的出现。物联网，即物与物相连的网络，它是智慧档案馆的技术基础。物联网的核心技术是射频识别技术，又被称作电子标签或无线射频识别。它运用射频识别、红外感应器、激光扫描仪、全球定位系统等信息传感设备，按照特定的协议，把任何物体与互联网相连，实现信息交换与通信，从而实现对物体的智能化识别、定位、跟踪、监控和管理。物联网需要存储数以亿计的传感设备在不同时间采集的海量信息，并对这些信息进行汇总、拆分、统计、备份，这需要具有弹性增长的存储资源和大规模的并行计算能力的云计算作为支撑。利用云计算技术，智慧档案馆的信息资源都可以存储在云上，具有资源优化、节约成本、方便管理的特点。

智慧档案馆应以实现档案与用户、档案与馆舍、档案与设备、档案与工作人员、用户与用户、用户与工作人员等无时不在、无处不在的感知与互联为最终目标。具体来说，一是对档案的感知。即在物体中嵌入传感设备，赋予其特定的数字信号，通过无线电信号识别特定目标，读写物体的状态与需求，实现物体与档案管理者之间的沟通。二是对档案利用者的感知。智慧档案馆的智慧在于它能分析利用者所携带的具有识别价值的个人信息，进而提供其可能需要的档案。三是对档案馆的感知。对档案馆内的一些物理设施安装相应的传感设备，实现物联。另外利用云计算技术将虚拟化的资源联系起来，确保用户通过智能手机等移动设备就可以获得服务器端强大的计算、存储和应用程序，实现无时无刻、无处不在地访问档案资源。

数字档案馆和智慧档案馆都是信息技术的产物，但从根本上说，数字档案馆的技术基础更多是为实现传统实体档案馆的信息化而建立起来的。因此，数字档案馆的核心技术基础是数字技术。运用数字技术管理的数字化档案资源，彼此之间缺少必要的联系，对档案管理工作所起到的反馈作用不大。

（四）管理对象的区别

数字档案馆的管理对象是档案数字化成果和电子档案，智慧档案馆的管理对象是档案内容信息，从中直接挖掘信息。数字化档案信息资源：档案数字化成果和电子档案，属于中粒度管理档案信息阶段；档案内容信息，通过数据挖掘技术将其数据化，属于细粒度管理档案信息阶段。

（五）管理方式的区别

数字档案馆是在传统实体档案馆将馆藏档案资源数字化的基础上建造起来

的，在此基础上逐步实现并扩展无纸化归档，因此在管理模式上数字档案馆与传统实体档案馆类似。数字档案馆对隐性知识的挖掘往往存在较大的局限性，在满足自身工作需求之外，对其他信息用户的利用行为缺少必要的数据挖掘，而感知与互联是智慧档案馆建设的核心要素。

1. 数字档案馆的管理方式

数字档案馆的建设及管理大体上是依附某个传统实体档案馆的，因此在物理环境的管理上，建筑设施以及档案设备往往缺少智能化，导致馆藏实体档案与存储环境、建筑、设备之间的状态是相互脱节的。例如，对库房环境需要人工控制温湿度。此外，需要档案人员手工有序排放档案，以确保在调档的过程中能准确地找到档案；在档案的收集过程中，往往是下级移交什么就收什么；在档案的管理上，一般会在档案管理系统中著录档案的题名、分类号、关键词等信息；在档案的提供利用上，往往通过检索利用界面向用户提供档案的查询服务。

数字档案馆是用数字编码技术收集、存储及管理数字资源的分布式信息系统，它与数字档案资源之间具有明显的信息传递单向性，并且由于馆藏实体不具备接收反馈信息的能力，导致这些虚拟信息无法反馈到馆藏资源中。与此同时，数字档案馆缺乏组网的功能，它的互联大多是基于部门的，导致数字档案资源容易被孤立。

2. 智慧档案馆的管理方式

智慧档案馆在收集档案的阶段，在每件档案中配置一个具有传感功能的射频识别标签，存储档案所蕴含的数据信息，如位置数据、元数据等，解决档案资源与档案管理系统之间没有桥梁的问题；在档案的提供利用阶段，借助物联网节点独立寻址的功能，使信息汇聚节点对每件档案中的射频识别标签进行检测，判定档案是在库或借出的状态，确定档案的排放位置等；在档案的监督管理阶段，射频识别技术综合其他感应技术，确保对档案馆建筑以及各种档案管理设备的实时监测与控制，例如，射频门禁会根据系统安全设置，识别所有通过门禁档案的安全值。与此同时，利用档案射频识别标签的读写器，将获取到的档案管理信息进行数据挖掘，改变实体档案以往被动接受档案管理系统管理的状态，实现主动地向档案管理系统传输管理数据，真正实现对馆藏档案的全面感知和实时监控。

仅仅使用物联网、云计算等新技术的档案馆并不是真正意义上的智慧档案馆。技术只是一种手段，一种工具，是为更好地管理档案所借助的外力。技术要依附内容,更要依附管理。智慧档案馆要运用射频识别技术,实现对档案实体、档案信息、档案管理的感知,并对档案全生命周期进行智慧化管理。在这一过程中,充分利用大数据以及云存储技术,实现对到期档案的自动收集,对未完结档案的预采集,保证数据管理在档案收集时实现最大程度的自动化;还要提高应对用户反馈的能力。充分利用智慧档案馆立体互联的特征,打破档案与档案、用户、档案部门、物理环境之间的信息壁垒,及时反映档案管理的运行状况,为档案部门的应对与处置提供策略与建议。

(六)服务模式的区别

1. 数字档案馆的服务模式

从服务内容上说,数字档案馆以信息服务为主,即实现档案信息的传递和获取。一般情况下,用户通过数字档案管理系统的检索利用界面查询档案,传统的档案检索技术只能确定档案是否在库、能否全文查阅等。因此,在与用户的联系中,更侧重用户对数字档案管理系统的利用,用户最终获取的是档案本身而不是知识;另外,由于数字档案管理系统与实体档案之间通常呈现相互脱节的状态,并且数字档案管理系统在一定程度上受限于软件开发商,这就导致数字档案管理系统积极主动为用户提供反馈的服务能力非常有限。

2. 智慧档案馆的服务模式

智慧档案馆凭借大数据的预测功能,能自动感知外界信息,通过对档案馆所感知到的数据进行挖掘,与档案自动联系起来,便于档案人员应对突发事件以及日常管理问题。智慧档案馆利用云计算技术,将档案信息资源存放于"云"上,使档案信息资源处于无界化状态,彻底打破了时空限制,用户通过手机、PAD等移动设备就能轻松获取档案,真正实现了档案资源共享。另外,智慧档案馆的档案管理系统与档案和用户之间是泛在互联的关系,通过用户反馈以及数据挖掘,能迅速地对每件档案进行标记,实现对档案资源全方位、立体化的管理。

数字档案馆在对外服务上仅限于档案网站上的在线检索、在线查档、在线咨询等业务。在应用设置方面,也多基于档案馆自身的视角开展,很少将公众的实际需求融入其中。因此,以用户为中心的知识服务才是档案工作的根本宗旨,应该成为智慧档案馆建设的最终目标。为此,应该紧紧围绕利用者,结合云计算,开发多平台、多渠道的应用系统,如电脑终端、手机终端等的档案馆应用程序;此外,运用数据挖掘技术,预测需求导向以及分析利用者的实际情况，确保用户个性化服务的实现。尽管运用数据挖掘技术，可以对用户的浏览记录、IP 地址等进行分析、预测，获取一些具有价值的隐藏信息，但对档案工作者来说，提升信息素养与信息能力，是解决服务为先问题最关键的突破口。

智慧档案馆应是对传统档案馆的沿革而非否定，对智慧档案馆的研究仍然需要立足于档案学基本理论体系，并从传统理论中汲取营养，固本而后求新。对智慧档案馆的研究并不是"新瓶子装旧酒"，对传统理论"贴时代标签"的研究，也不是追求新潮，对新技术舍本逐末的狂热迷恋。理想的智慧档案馆研究应是一个涵盖宏观设计与微观实施，兼有理论研究与实践探索的研究体系，具体内容应包括：智慧档案馆基本理论体系的构建、智慧档案馆系统框架结构的设计以及智慧档案馆的实施方法论等内容。

从以实体档案馆为基本依托，侧重于纸质档案数字化和电子档案管理的第三代数字档案馆，到现如今以资源多元、全面感知、综合处置、双模存储、泛在应用为特点的第四代智慧档案馆，智慧档案馆是在数字档案馆发展和智慧城市建设背景下，档案馆发展的高级形态。数字档案馆具有馆藏数字化，传输网络化，管理自动化，资源共享化的特征。智慧档案馆是在数字档案馆建设基础上加上具有全面感知、可靠传递、智能处理等特征的物联网雏形。智慧档案馆更多地体现的是人们对便于档案管理与利用的需要，而数字档案馆主要关注数字档案和电子文件的保管与利用。二者都具有数字化、网络化的特征，智慧档案馆是数字档案馆的延续和升华。智慧档案馆聚焦于信息技术的支持，更注重高品质管理和优良的服务，并提升管理与服务的智慧程度，从数字信息切入可持续发展的管理和以人为本的服务，这也是其智慧发展的根本转变。

智慧档案馆与数字档案馆的根本区别在于前者具有档案信息感知与协同处理的功能。智慧档案馆综合运用先进的物联网技术、云计算技术和自动控制技术，构建一个感知并根据预设方案和案例经验等自动处理档案内容信息、载体信息和管理信息的档案综合管理和控制体系，以提高档案管理与档案馆运行的效率和服务水平。但是仅仅使用物联网、云计算等新技术的档案馆并不是真正的智慧档案馆。真正的智慧档案馆应该充分运用各类技术手段，对档案资源管理与开发、档案馆运行等各类信息进行感知、挖掘，经综合分析和提炼萃取形成智慧信息，并将其应用于决策、管理和服务。从某种意义上讲，智慧档案馆的"智"可以概括为智能地感知与告知信息，"慧"可以概括为聪明地应对与处置信息。

与目前的数字档案馆相比，智慧档案馆的服务范围将因使用移动服务技术而更为广泛。采用有线宽带技术和无线宽带技术，使智慧档案馆成为宽带档案馆和无线档案馆，在档案馆内将实现档案信息感知与服务的泛在化；利用三网融合的互联网、第五代移动通信（5G）网络等服务平台，实现城乡档案信息利用服务的全覆盖。智慧档案馆能够在数字档案馆的基础之上，通过各类采集终端和各类有线、无线宽带网络技术，实现物联网、互联网和移动互联网等网络互联，随时采集环境信息、物体动态信息，增强智慧档案馆信息获取、实时反馈和随时随地提供智能服务的能力，充分发掘数字档案的资源优势，运用新的信息技术和通信技术手段感知、分析、整合档案资源与档案馆运行的信息，从而对于包括档案收集、管理、利用、存储、监督等活动在内的各种需求做出智能响应和智慧支持，为档案馆中物与物、人与物、人与人的全面互联、互通、互动提供基础条件，为档案管理和信息开发创造更美好的前景。

智慧档案馆不仅是档案资源管理与开发的平台，而且是智慧城市的重要组成部分，在智慧城市体系建设中发挥着极为重要的作用。如对社会事业与公共服务信息化而言，智慧档案馆可以以市民和社会组织需求为导向，发挥多元化档案信息资源的服务作用，建立广覆盖、多途径、多样化的档案信息服务体系，让市民和社会组织享受到档案信息化带来的智慧服务和个性化服务。对电子政务而言，智慧档案馆可以以方便公众办事、提高工作效率为出发点，为党政机关和基层组织提供智慧化的档案信息共享支撑平台，促进公共事务的协同办理，进一步提高公共服务的便捷性。

关于智慧档案馆与数字档案馆的关系，总的来说，智慧档案馆和数字档案馆是信息化不同阶段的不同表现形式，智慧档案馆在数字档案馆的功能、资源整合挖掘以及智慧技术和感知技术等方面做了提升，但同时数字档案馆又为智慧档案馆提供了数据支持。正如数字城市是智慧城市的重要基础和组成部分一样，数字档案馆也是智慧档案馆的前提和基础，智慧档案馆是数字档案馆发展的必然结果。

第三节　智慧档案馆的建设架构

一、感知层

智慧档案馆由感知层、通信层、存储层、应用层构成。感知层是智慧档案馆建设的基础，是智慧档案馆整个技术体系的起点，它通过物联网技术、射频识别技术、互联网技术获取相关数据，是建设智慧档案馆的第一层，通常包括声音影像监控终端、传感器终端、档案管理系统、射频识别终端等。感知层将收集到的数据转化成数据库的数据，为智慧档案馆建设奠定坚实的数据基础。

二、通信层

通信层即数据传输层，它是智慧档案馆的神经网络，将感知层收集到的数据利用网络通信技术传送到数据存储层，数据传输主要通过因特网、物联网、内部局域网、移动通信网等传播手段传输数据。通信层的物联网技术发挥作用需要相应的信号接收设备以及图像声音采集设备，在该层级上需要在档案文件中配备射频识别终端，在信号传播时需要采用传感器，而针对档案存放地区的监控则需要部署多媒体监控设备，如视频监控和感应设备等。此外，传感和射频信息的接收也需要相应的设备提供支持。

通信层负责智慧档案馆中信息的传递和处理。通过感知层所采集到的档案信息和相关数据需要网络进行传输，而不同的信息需要不同的网络形式提供支持。对档案馆的管理人员来说，档案管理的信息需要内部局域网进行发送从而了解其工作状况；对档案馆用户而言，对档案的使用和存取信息则可能需要移动通信网络将其及时地发送到用户的移动智能设备上以方便随时随地了解档案的动态；而在档案管理的安全方面则需要广电网络对监控的声像提供技术支持。此外，在信息处理方面，泛在的、多层级网络的搭建使得数据能够通过不同的方式传递到档案馆的服务器中，通过云计算和大数据等相关技术能够对档案的调度、使用、内容更新等信息进行跟踪和分析，在此过程中形成的数据对于优化档案管理以及提出相应决策来说是大有裨益的。

三、存储层

存储层是智慧档案馆建设中的第三层，它将通过感知层获取的大数据经由通信层存储到相应的存储器中，以备日后的分析和应用。在存储层中，智慧档案馆获取的数据被重新分类和整理。存储层是整个智慧档案馆处理流程的中转层，是数据处理的过渡。存储层是一个主要的数据资源库，感知层获取的数据经过数据通信层的传送，最后保存在数据存储层的数据库中。

四、应用层

应用层是智慧档案馆建设的主体，经过感知层、通信层、存储层处理的数据信息只有应用到智慧档案的服务中去，智慧档案馆的作用才能发挥出来。应用层主要包括档案检索、档案阅读平台和档案检索中心等。智慧档案馆的功能是对档案信息资源的保管和利用。通过基于物联网技术的感知，智慧档案馆具备了比数字档案馆更加智能的功能。智慧档案馆通过物联网技术能够感知的信息资源主要有以下几个方面：首先，档案的内容，即电子档案和各行业业务流程中归档形成的数据通过数据挖掘进行再次整合和利用；其次，档案的管理信息资源，即通过智能楼宇的构建自动监测档案管理的状态，并根据情况对管理进行适当的调整；最后，档案的实体，即通过射频识别技术等对纸质档案等存在实体形式的档案进行扫描、定位和监控等。

让档案馆"智慧"起来，关键在于突破数字档案馆档案信息收管存用的理念、范围和模式，建立集"资源多元、全面感知、综合处置、双模存储、泛在应用"于一体的档案及档案馆管理与运营综合支撑平台。档案资源是智慧档案馆的信息基础。智慧档案馆的信息资源主要由以下内容构成：由原生电子档案、档案数字化成果、经济社会运行及管理信息的归档数据库等构成的档案内容信息资源，由档案目录、档案索引等构成的档案管理信息资源，基于射频识别技术的档案实体信息资源，由媒体信息、网站信息、非物质文化信息等构成的城乡记忆资源，由用户信息、档案利用信息、档案数据挖掘信息等构成的档案应用信息资源，由供电信息、温湿度信息、安保信息等构成的档案馆楼宇管理信息资源。这些资源既可以让用户感知和获取档案内容信息，满足利用需求，又可以让管理者感知和获取档案管理信息，协同处理档案业务工作。

第四节　智慧档案馆的建设原则

一、需求导向，以人为本

智慧档案馆的建设要坚持以档案馆用户需求为导向，立足用户档案需求和个性化服务的需要、党政机关和企事业单位的档案业务与咨询需求，发挥档案信息化对科学高效配置档案信息资源的支撑和服务功能，切实增强智慧档案馆建设带来的便捷、高效、智慧、创新的感受度，让智慧档案馆的建设成果不仅惠及档案馆、政府机构，而且普惠到广大公众。

科学发展观的核心是以人为本，要始终把实现好、维护好、发展好最广大人民的根本利益作为党和国家一切工作的出发点和落脚点。因此，智慧档案馆的建设要遵循"以人为本"的理念，把贴近公众、服务社会作为智慧档案馆的基点，把公众能用、会用、善用作为智慧技术应用于档案工作的基本要求，不断缩小不同社会群体间的"数字鸿沟"。坚持以人为本，为人民提供高效服务，在"为党管档、为国守史"的基础上，切实实现"为民服务"的目标。

二、制度创新，共建共享

智慧档案馆建设需要消除信息孤岛，逐步实现档案馆内部各部门之间、不同档案馆之间、档案馆与其他机构之间的资源共建与共享。旧的管理机制需要不断地改革、创新以适应不断变化的用户对档案馆的信息需求，所需要的组织、制度、标准等的建设和创新也要持续进行。

智慧档案馆的建设依托于相关制度体系和标准体系的制定。智慧档案馆的建设要整合通信网络基础设施，规范档案数据标准体系，建立健全馆室之间的档案管理平台和档案公共服务平台；综合协调，推进管辖范围内跨地区档案馆信息资源的纵向集成与跨部门档案信息资源的横向集成，切实推动档案信息化协同应用，让档案信息资源在不同部门、不同地区的系统中自由流通，真正实现档案信息资源的共建共享。

三、统筹规划，稳步推行

智慧档案馆是数字档案馆的升级，其建设应在数字档案馆建设的基础之上进行统筹规划，注重系统工程，根据各地政府智慧政务的整体框架和基本要求，及时将智慧档案馆建设与地区智慧政务相对接，综合考量，确定总体布局和阶段安排，使智慧档案馆的建设能够成为一个系统，综合集成资源，达到效果最佳化，让档案收集、档案管理、档案利用等环节高度智慧化。

对智慧档案馆的建设要重视前期调研，开展可行性研究，基于工作实际，提出创新性高、应用性强的功能需求，确保智慧档案馆系统开发和项目建设的合理性、适用性、科学性。在智慧档案馆建设过程中，档案馆工作人员要全程跟进，发现问题及时解决。如有需要，还应按照信息系统建设规范要求，引入监理机制，对智慧档案馆项目的建设进度、安全措施、质量保障等进行全范围全过程监理。

四、因地制宜，重点突出

在数字档案馆建设阶段，各地的数字档案馆建设极为不平衡，因此在数字档案馆建设基础上进行的智慧档案馆建设也必须根据各地的不同情况开展。尽管建设智慧档案馆是一件利国利民的好事，但是不能不顾前期基础和建设的大环境而盲目启动。需要结合当地的经济发展水平、地理区位条件、信息化基础和实际需求等情况，做好智慧档案馆项目的前期论证、调研，切勿贪大求全、重复建设。

在智慧档案馆的建设过程中，各地应充分分析自身特色，确定建设重点，找准突破口，注重实效。如果在档案的收集上难度较大，则应注重档案智慧收集建设，如果在档案馆的监控方面需要加强，则应注重档案馆智慧监控建设，如果在提供档案利用上供不应求，则应注重档案馆的智慧服务建设。在重点、难点问题得以解决的基础上，逐步推进，实现新一代信息技术在档案管理各环节的深入应用，打造具有当地特色的智慧档案馆应用模式。

五、可管可控，强化安全

档案实体及内容的安全在传统、数字、智慧档案馆发展阶段都是档案馆的核心工作之一，安全是所有其他工作的基础和大前提。在智慧档案馆建设过程中，档案、档案馆的安全更是重中之重。对于安全问题，应从两个角度来看，一是在管理和技术两个层面确保智慧档案馆可管可控；二是注重以智慧档案馆中的智慧监控建设来强化档案信息安全。

在档案馆管理和技术的安全措施上，应强化网络和信息安全管理，落实责任制，加强管理人员安全培训，落实档案信息安全等级保护制度，健全网络和信息安全标准体系，加大依法管理网络和保护个人信息的力度，注重"政务云""档案云"的建设与管理，加强档案馆核心管理系统的建设，采取相应的安全保障技术，配备必要的软硬件设施，完善档案备份和灾难恢复服务机制，确保档案的真实、完整、可用与安全。

在智慧档案馆的智慧监控建设上，智慧档案馆应采用物联网、云计算和大数据分析技术，对档案馆实施全面监控，对档案进行电子化识别，确保档案不出现非正常移动，一旦档案没有经过正常调用程序而离开原来的位置，那么智慧管理系统将发出警报提示管理人员。此外，智慧档案管理系统可以利用门禁系统及计算机管理系统监控档案馆相关管理人员，以最大限度降低人为因素对档案信息安全产生的风险。

六、融入智慧城市建设

城市化迅猛发展带来的智慧城市建设成为当今城市发展的热点，国家相关部门与当地政府纷纷支持智慧城市建设，增加对智慧城市的资金投入、技术支撑。各地档案馆开展智慧档案馆建设应融入智慧城市建设，一方面，可以获得智慧城市建设中的专项资金支持；另一方面，可以借用智慧城市中智慧政务的部分基础设施，如智慧城市建设的物联网、云计算、大数据等。智慧档案馆建设融入智慧城市建设可以借助智慧城市建设充足的资金，有效解决智慧档案馆建设的资金困难。此外，智慧档案馆建设融入智慧城市建设，档案信息化与城市化发展协同共进，也可推动档案管理服务的创新，特别是在档案信息资源为城市发展提供数据服务与公众个性化服务的层面。

第七章　大数据环境下的档案管理与服务

第一节　大数据环境下的档案信息资源整合

一、大数据环境下档案信息资源整合的必要性

随着社会信息化的发展和数字化与网络化建设的不断完善，档案信息资源的记录载体、记录方式、管理方式也随之发生了变化，档案信息资源的管理也应该朝着数字化、网络化的方向发展。

随着人类的进步和发展以及信息时代的来临，人们在计算机系统存储的数据信息越来越多，这些数据是人们工作、生活和生产活动等的原始记录，能够为人们提供重要的利用价值。例如，美国沃尔玛超市将尿布与啤酒这两种看似毫无任何关联的商品摆放在一起进行销售，这一举措带来了意想不到的收益，使得超市尿布和啤酒的销量大幅增加。原来，美国的妇女通常在家带孩子，所以她们会经常嘱咐丈夫在下班路上为孩子买尿布，而丈夫在买尿布的同时就顺便购买了自己爱喝的啤酒。于是，沃尔玛就通过这种发现为企业带来了丰厚的利润。这个故事讲述了沃尔玛超市通过对自己企业的档案信息资源的数据信息进行挖掘，为超市的发展带来了黄金价值。因此，档案信息资源整合将是挖掘档案信息资源潜在信息价值的有效措施，是实现档案信息资源共享的必然选择，也是适应社会信息化进程的需要，更是档案事业发展的必然趋势。

二、大数据环境下数字档案信息资源整合

在大数据的时代背景下，数字档案信息资源具有数量庞大、增长迅速、多源异构等新特点，在给人们带来丰富信息的同时，也给数字档案信息资源的整

合带来了一定的困难，如数据存储问题、安全保障体系的缺失等问题。接下来，我们将从以下几方面对信息时代数字档案信息资源的整合策略进行探讨。

（一）实现由馆藏中心模式向服务中心模式的转变

信息时代的信息挖掘技术，包括云计算、Web 2.0 文本挖掘技术等。这些大数据技术可以通过对复杂关联的数据网络中出现的趋势进行预测，从而为人们的行为决策提供有益指导。这就要求档案部门要改变过去单一的"供给式"的思维模式，关注大众的利用需求，构建起以社会利用需求为导向的档案数字资源体系。例如，档案网站导航、索引等人性化服务的提升都可以更加方便用户并时刻关注用户需求的变化，实现由馆藏中心模式向服务中心模式转变，不断提高档案服务与用户之间的匹配度。

（二）加强信息时代数字档案信息资源整合的安全保障体系建设

首先，应建立 IAM（身份与访问管理）和隐私保护系统，实现统一身份认证与访问权限控制，实现用户安全集成管理的目标，有效应对档案数字资源整合与大数据应用过程中的安全风险。其次，通过数据加密技术保护档案信息安全。通过 SSL（安全套接层协议）加密，实现在数据集的节点和应用程序之间移动保护大数据。再次，综合运用大数据技术手段与安全保密制度，加强对重点领域档案数据的日常监管，有效应对档案数据聚集性与档案利用需求无序性造成的档案泄密风险。最后，实时开展档案数字资源异地异质备份工作，提高系统容灾能力。

第二节　大数据环境下的档案信息资源挖掘

一、档案信息化下的大数据技术

（一）大数据

大数据的起源可以追溯到 2000 年前后，互联网网页以每日约 700 万个的速度呈现爆发式增长，随着越来越多的用户使用互联网，用户在互联网上检索准确信息也变得愈发困难。谷歌公司为提高用户使用互联网的效率，率先建立了覆盖数十亿网页的数据库，成为大数据应用的起点。而大数据技术的源头，则是谷歌公司提出的一套以分布式为特征的全新技术体系。

大数据从出现至今，一直是全社会关注的焦点，至今仍无公认的定义。对于大数据，可以从资源、技术和应用三个层次理解：大数据是具有体量大、结构多样、时效强等特征的数据；处理大数据需采用新型计算架构和智能算法等新技术；大数据的应用强调以新的理念应用于辅助决策、发现新的知识，更强调在线闭环的业务流程优化。大数据不仅"大"，而且"新"，是新资源、新工具和新应用的综合体。

（二）大数据对档案信息化的保障

1. 档案数据高效存储保障

目前，馆藏数字档案量已经从 TB 级别跃升至 PB 级别，与此同时，科技进步衍生出的数据呈现出分布式和异构性特点，需要归档的数字资源繁多，包含结构化、非结构化和半结构化数据。非结构化数据，如文本、图片、各类表格、图像和音视频等，半结构化数据，如 E-mail、HTML 文档等，都不便于使用关系数据库二维逻辑表来表现。

传统关系型数据库已经无法满足对数量庞大、类型多样的档案资源的组织与管理需求，需要引入大数据管理系统对档案进行分布式存储、快速检索。大数据存储方法有很多种，如 Hadoop、NoSQL（泛指非关系型的数据库），都具有一些共同特点，即利用硬件的优势，使用可扩展的、并行的处理技术，采用非关系模型存储处理非结构化和半结构化的数据，并对大数据运用高级分析和可视化技术。

2. 档案数据价值挖掘保障

在档案数字资源中，不同的档案数据中蕴含的价值存在差异，有可能导致用户获取价值信息的难度增大。如何从这些资源中提炼、挖掘出有价值的档案信息，并以人们易于接受的方式传递给用户，是目前档案工作者必须解决的问题。

信息时代带来新的技术，为档案工作者提供了解决问题的方式。档案工作者可以采用大数据技术，在海量档案数据中发现关联，从不同角度对其进行聚类和分类，以多维度、多层次的方式展现档案数据，将非结构化数据转换为结构化、半结构化数据，从而使用户更准确、更容易获得档案信息。必要时，还可以通过可视化技术，形成图形图像，直观地展示最终结果。

二、大数据技术在档案领域的应用背景

信息时代数据的种类和规模都空前庞大，成为一种最重要的社会资源，且亟待人们对其进行开发和利用。信息技术改变了人们的生活、生产和思维方式，对社会各方面产生了巨大影响，档案信息资源在新的社会背景下也发生了巨大改变并愈发显现出大数据的特征，如何对海量档案信息资源进行高效系统的挖掘，从而实现深层次开发利用成为当下档案工作的中心。传统的档案信息资源挖掘工作不能满足新形势下档案信息资源的开发要求，将以云计算、语义引擎和可视化分析为代表的大数据技术应用到档案信息资源的挖掘工作中，可以为其带来巨大机遇，世界各国对于大数据技术深入推广、积极倡导，我国也出台了相关政策进行支持，为大数据技术深入应用在档案信息资源挖掘领域提供了便利。

（一）大数据技术为档案信息资源挖掘工作带来新机遇

国际咨询机构麦肯锡对大数据做出以下定义："大数据是指无法在一定时间内用传统数据库软件工具对其内容进行采集、存储、管理和分析的数据集合。"因此，在信息时代必须使用新的数据处理技术才能实现对数据资源更好的开发和利用。大数据背景下档案信息资源也具备了大数据的特征，主要体现为以下三点：一是各级档案机构所产生的档案信息资源总量日渐庞大且增长迅速；二是档案信息资源种类日趋繁杂，而且结构日渐复杂；三是档案信息资源的价值丰裕度、凝聚度很高。对具备大数据特征的海量档案信息资源进行广泛采集、深入挖掘，对档案信息资源发挥最大化效用具有不可估量的意义。

档案信息资源的挖掘工作是指对海量的档案信息资源进行采集，并对采集到的数据进行清洗、集成、变换等处理，最后选择相应的挖掘模型，实现对档案信息资源价值的开发和提取，从大量的档案信息资源中挖掘价值、提取知识，从而实现对其更为广泛和高效的利用的过程。

档案信息资源的大数据化给其挖掘工作带来了很多困难，如档案信息资源的采集问题、清洗问题、价值分析问题和结果提取问题等，但是大数据技术的使用也给档案信息资源的挖掘工作带来了巨大机遇，主要体现为以下三点。

①大数据技术可以实现档案信息资源更系统、全面的采集。大数据处理技术强调对整体数据进行分析和挖掘，以此取代传统档案信息挖掘中以抽样代替整体的方法，可以改变因为遵循传统经验思维搜集局部档案信息进行分析而造成的挖掘成果的片面性和不完整性。云存储技术手段为信息采集提供了足量的

空间，为档案信息资源的系统、全面采集提供了技术支持。

②大数据技术可以实现档案信息资源的智能化提取，并提高挖掘的精确度和效率。基于云计算的大数据价值分析技术可以在挖掘过程中提高精确度，可视化技术则对档案信息资源进行全面直观的呈现，语义处理技术为档案信息资源的智能检索创造了条件，有利于挖掘效率的提升。

③使用大数据技术对档案信息资源进行挖掘，可以解决由于档案缺失而造成挖掘结果价值低的问题。大数据技术通过对海量档案信息资源进行处理分析，创建数据资源库，在某一部分档案信息资源存在缺失时，可以根据档案信息资源间的关联性原则对相关资源进行追踪，以补充缺失的档案信息，从而保证档案信息资源挖掘结果的完整性和可靠性。

（二）国家政策引领与支持

大数据概念自提出伊始，就成为最热门的名词之一。大数据技术给社会带来了强烈冲击，深入影响着社会的各个领域并引发思想变革。

2015 年 8 月，我国国务院关于《促进大数据发展行动纲要的通知》指出了我国大数据技术发展的形势和意义，认为大数据是重塑国家竞争优势的新机遇，并提出了在我国发展大数据的指导思想和总体目标。这份通知提出在未来的国家发展过程中，应利用好我国的数据数量优势，努力实现数据数量、质量和数据应用水平的协同发展，注重对数据资源潜在价值的挖掘，使大数据这一战略资源的作用得到最大限度的发挥，以提升国家竞争力。

在这份《促进大数据发展行动纲要》中提出了未来发展大数据的指导思想，包括"大力推动政府信息系统和公共数据互联开放共享，加快政府信息平台整合，消除信息孤岛，推进数据资源向社会开放"，这些指导思想对于在档案信息资源挖掘过程中使用以云计算为代表的大数据技术、实现档案信息资源共享、消除档案信息资源孤岛、实现数据广域采集都具有引导作用。

目前，我国已经认识到大数据对于国家未来发展的重要价值，并为大数据技术的发展提供思想指导和政策支持。档案信息资源是国家记忆的主要构成部分，也承担了保存国家记忆的重要使命，是未来国家战略资源最重要的组成部分之一。在国家积极倡导大数据技术应用的当下，应把大数据技术与档案信息资源的挖掘工作紧密结合，构建一个基于网络的多种类结构的、为中华民族集体记忆的、构建和传承提供文献支撑的"中国记忆"数字资源库，并使用大数据技术对大数据化档案信息资源进行深入挖掘和利用，顺应时代的要求和政策的支持方向，扩大档案信息资源的社会影响力，使档案信息资源为国家信息化进程的加快和国家竞争力的提升做出更大的贡献。

三、大数据技术在档案信息资源挖掘过程中的具体应用

大数据技术对社会生活的各个方面造成冲击，深入影响着人们生产和生活的方式。在档案信息资源的具体挖掘流程中，以云计算技术、可视化技术和语义处理技术为代表的大数据技术正在得到日渐广泛和深入的应用，并取得了明显的效果。

（一）云计算在档案信息资源挖掘中的应用

1. 云计算的概念及特征

云计算是一种基于互联网的计算方式。这种计算方式利用分布式计算和虚拟资源管理等技术，通过网络统一组织和灵活调用，将分散的信息资源集中起来形成共享的资源池，并以动态按需和可度量的方式，向使用各种形式终端的用户提供服务。在云计算环境中，应用软件直接安装到了"云"端的服务器中，而不是用户终端上，用户仅需通过 Web 浏览器登录"云"端的管理平台就可以使用软件并得到所需服务。"云"是对计算服务模式和技术实现的形象比喻。"云"由大量基础单元——云元组成，各个云元之间由网络连接，汇聚成庞大的资源池。

按照云计算服务提供的资源层次的不同，可以分为 IaaS（基础设施即服务）、PaaS（平台即服务）和 SaaS（软件即服务）三种服务方式；根据服务对象的不同，则可以分为面向机构内部提供服务的私有云、面向公众提供服务的公有云以及二者相结合的混合云等。

2. 应用必要性分析

云计算的应用必要性体现在以下几个方面：首先，可以平衡档案信息资源挖掘基础设施建设。目前，我国档案信息资源开发挖掘工作由于地区经济发展不平衡、经费投入差别大，而在基础设施建设上存在较大差别。一些发达地区在档案信息资源挖掘基础设施的建设上投入大量资金，确保了工作需求得到满足，但是有些经济欠发达地区的基础设施建设存在较大缺陷，没有足够的设施和技术对档案信息资源进行挖掘、开发。在这种情况下，通过云计算的基础设施服务来统筹规划档案机构的挖掘工具、管理服务器、存储器等基础设施，通过建设营造云计算环境，向分布的档案机构提供基础设施服务支持，不仅可以

节省档案信息资源挖掘基础设施建设的资金，还可以平衡不同经济状况地区的档案信息资源开发状况，使挖掘技术力量较弱的档案部门可以应对档案信息资源开发工作。其次，可以拓宽档案信息资源采集渠道。档案信息资源挖掘工作过程中最基础的部分是对海量档案信息资源的采集。广域的数据采集对于档案信息资源挖掘成果的系统性、全面性至关重要。通过云计算构建"档案云"平台，可以实现档案信息资源共享，对各档案机构、企事业单位的档案信息资源进行统筹规划，合理存储、调动、分配，消除以往的档案信息资源"孤岛"，将其融为一个档案信息资源的"海洋"。

云计算存储空间大、计算能力强、安全性高，现在通过云计算实现数据共享的技术条件已经成熟，并在档案信息资源管理领域有所应用，随着档案信息资源的大数据特征进一步明显，云计算必将在档案信息资源的挖掘和开发领域发挥愈发重要的作用。

（二）可视化技术在档案信息资源挖掘中的应用

1. 应用必要性分析

大数据背景下档案信息资源的种类、结构更加复杂，数量也更多，在档案信息资源挖掘过程中，需要对诸多海量的、多元化的、结构复杂的档案信息资源进行直观认知，使档案信息资源的管理者和使用者可以清晰洞察档案信息资源背后所隐藏的信息，并将这些信息转化为可以对自身生产生活发挥实际作用的知识。对档案信息资源的挖掘必须对原始资源有清晰、直观的认识，随着档案信息资源总量的增加，这一过程愈发困难。对于档案信息资源的开发者和挖掘者而言，海量的档案信息如同一个巨大的黑洞，必须对这些资源进行逐一认识、排查并发掘隐藏价值，当原始挖掘对象的总量很大时，还需要对原始信息资源进行检索，在传统的档案信息资源检索条件下为了浏览所有结果，用户只能不断翻页。在档案信息资源的挖掘过程中引入可视化技术，把档案信息资源以及其内部不可见的语义关系以图形的形式直观地呈现，同时在使用计算机对档案信息资源进行处理时更加注重人机交互的过程，能更加系统、高效地对档案信息资源进行发掘，并准确提取其潜在价值，使之发挥更重要的社会效用。

2. 具体应用过程

信息可视化的定义：使用计算机技术，使复杂的数据信息以交互的、可视化的形式呈现出来，以提高人们对其认知程度。可视化技术的研究重点在于它倾向于对复杂的数据信息进行综合分析，将其转化为易于理解的可视化图形，通过图形来以最直观的视觉方式展现数据中隐含的信息和规律。人类从外界获取的信息80%来自视觉系统，因而可视化的主要任务在于建立起符合大家普遍认知的、易于理解的心理印象。信息的可视化技术已经发展多年，现在愈发成为人们分析抽象、复杂数据的重要工具之一。在互联网星际图中，星球的大小代表了该网站访问流量的多少，星球之间的距离则表示了相关网页链接出现的频率和强度，通过该图，可以对全球网站的活跃程度以及它们之间的相互关联形成极为清晰明了的认识。

在档案信息资源挖掘领域，信息可视化技术也可以发挥类似的作用。首先，构建一个完整的档案信息资源数据集，即档案信息资源可视化界面，对该数据集中的档案信息资源有全面的认识。其次，对目标所在的相关档案信息资源领域进行放大并剔除不需要的档案信息。之后结合用户的具体需要向用户展示具体细节，通过用户的具体操作和实践过程研究在档案信息资源可视化分析中使用者的行为，以此对可视化系统的实现提供指导，注重档案信息资源之间的关联性和系统性，向用户展示档案信息资源数据项之间的相关性。

档案信息资源的可视化描述是实现其高效、准确挖掘的前提。这一过程的主要内容是构建反映档案信息资源具体内容的图符、多维度空间描述图、特征库、知识组织体系和相应的数据压缩格式组成。对于档案信息资源，尤其是以文本形式存在的文书类档案信息资源，可以根据这些档案形成的时间顺序将其进行图形化显示，将它们的特性以图形的形式进行表示。当前可应用于档案信息资源挖掘工作中的文本信息可视化技术有很多种，如标签云技术，将原始档案信息资源的原始属性根据词频规则总结出规律，并按照这样的规律对其进行排列，用大小、颜色、字体等图形属性对原始档案信息资源的关键属性进行可视化表述。除此之外，还有图符标志法，这种可视化方法可以把专业的、复杂的档案信息资源以十分直观和易于理解的形式向挖掘者和使用者进行展示。在档案信息资源挖掘过程中通过可视化技术了解挖掘对象的属性和关联性，对采集的海量数据进行去噪处理，有利于管理者和使用者更清晰地认识这些信息资源，从而实现档案信息资源的准确高效提取。

（三）语义处理技术在档案信息资源挖掘中的应用

1. 应用必要性分析

在大数据背景下，档案信息资源的总量呈现出急剧增长的态势，且其结构形态也表现出愈发复杂的特点，多媒体类档案占据了越来越大的比重。在此背景下，使用人工方法对档案信息资源进行采集、开发和利用的难度越来越大。

语义处理技术在大数据挖掘的过程中为机器提供了可以理解数据的能力，使用自然语言处理技术对原始档案信息资源进行处理，构建数字化档案信息资源跨媒体的语义检索框架，为深入挖掘档案信息资源提供技术支持，可以在语义理解的基础上提高档案信息资源挖掘算法的语义化程度和性能，最终实现对海量、繁杂档案信息资源的快速挖掘、智能提取，从而提升挖掘质量和挖掘效率。

2. 具体应用过程

语义处理技术的主要作用是对原始的档案信息资源进行自然语言处理，以便机器更好地"理解"使用者的目的和需求，从而实现档案信息资源更为精确的提取。自然语言处理是基于计算机科学和语言学，利用计算机算法对人类自然语言进行分析的技术，属于人工智能领域的一个重要方法。自然语言处理的关键技术包括对自然语言的词法进行分析、对语言含义进行分析、对语句语法和内容进行分析，以及语音识别技术和文本生成技术等。在档案信息资源挖掘过程中，这些技术可以使计算机对原始档案信息资源有深入的理解和认识，使计算机"理解"这些自然语言，有利于档案信息资源挖掘者系统地掌握档案信息资源的内容概要，对档案信息资源进行内容检测，依照关键词义、语义对档案信息资源进行系统分类整理，对原始信息进行深入挖掘检索、质量检测，还可以实现自然语言所表达内容信息不同形态之间的转换，有利于档案信息资源的丰富拓展以及清晰表述，这对档案信息资源挖掘效率的提升意义重大，同时也为智能检索技术的应用奠定了基础。

自然语言处理技术主要包括两大类，即机器翻译技术和语义理解技术。机器翻译技术，即使用计算机实现对自然语言内容的认识和提取，并将其以文本或其他形式输出，把一种类型的自然语言翻译成另一种类型。语义理解技术则强调把检索工具和语言学进行有机结合，通过对关键词专用检索工具的开发，以及对原始信息的前文扫描，弄清其词义、句意之间的相互关联，从而实现检索工具在语义层次上对检索目标词汇的理解。在自然语言处理技术中会用到汉语分词技术、短语识别技术、同义词处理技术等，对原始语言信息进行系统区分、鉴定和提取。

总的来说，在档案信息资源挖掘过程中，语义检索的主要应用技术方法有两种：语义分析法和分词技术。前者的目的在于在资源挖掘中对检索关键词进行语义分析，对关键词进行拆分，并查找拆分后关键词的关联，以及搜索与关键词含义存在关联的其他关键词，最终实现对查询者目的的解读，搜索出最符合使用者要求的结果；分词技术则是在档案使用者对档案信息资源进行查询时，将其查询词条按照相应标准进行划分，然后按照对应匹配方法把划分后的字符串进行处理，实现对目标资源提取的一种技术。

第三节　大数据环境下的档案信息资源开发与利用

一、大数据环境下档案信息资源开发与利用的主客体分析

利用是一个满足需要的过程，档案信息资源利用的实现首先需要档案馆（主体）提供信息开发、传播；而后需要利用者（客体）有利用需求；最后主体提供的档案信息恰好或一定程度上能与客体的需要相契合。在大数据环境下，档案信息资源利用的主体、客体、目标都发生了一定的变化。

（一）主体

档案馆是永久保管档案的基地，拥有丰富的档案信息资源，是档案信息资源开发的主体。其中综合性档案馆较其他档案馆在人才、资源方面具有独特的优势，是档案信息资源开发与利用的主要力量。大数据环境下许多档案馆推出了手机短信、微信、微博等微媒体服务，也有少数档案馆开发了 App 提供档案服务。但是服务方式的增多和档案馆既定的人力、物力资源入不敷出导致一些档案馆面对新环境力不从心，出现了"有数量没质量"的情况。

（二）客体

档案利用者产生档案利用需求，是档案馆的服务对象。在大数据环境下，一方面，档案利用者的范围在整体上有所扩展，更多的群体可以通过档案馆的微信公众号、微博、App 等途径利用档案实现其参考价值；另一方面，档案利用需求具有"刚性规律"，刚性档案需求的利用者变化较少，而这些有刚性需求的利用者是档案馆的主要服务对象。在移动互联网大浪潮下我们要时刻保持冷静，处理好"为谁服务，以谁为主"的问题。

（三）目标

档案信息资源开发与利用的目标是将主体与客体相结合以满足利用者的信息需求，在大数据环境下，这一目标是在满足利用者需求的基础上使利用者的利用更加简单、自由，进而促进利用者的利用，换句话说，就是分析用户的档案信息需求，合理选题选材，并通过移动互联网将开发出来的档案信息资源以

简单便捷的方式提供给用户。满足利用需求，提升客户体验是大数据环境下档案信息资源开发与利用的最终目标。

二、大数据环境下档案信息资源开发与利用的特征

大数据环境下档案信息资源的开发与利用有了一些新的特征，把握变化才能更好地适应这一环境。

（一）空间上的移动性

移动环境指的是人或物处在不断变化的空间环境中，在移动信息服务的过程中，用户及其所持终端是处于移动状态的，总是跨越不同地点，跨越不同情境。一方面，这一特点为档案利用提供了便捷，用户可以获得和利用档案信息的空间自由度提高。另一方面，对档案利用工作提出了挑战：移动空间环境中的干扰因素增加，用户对档案信息的利用呈现出碎片化趋势，对于档案信息的质量要求更高；移动环境对无线网络、信息传输等的技术要求也更高。

（二）时间上的碎片化

空间的移动性导致档案信息资源利用时间的碎片化。这一特点在实现了随时利用的同时对档案信息资源开发者提出了新的要求。大数据环境下人们已经进入"读图时代"，档案信息资源的开发形式应该与时共进，图片、小视频成为受欢迎的形式。另外，集中阅读时间碎片化对档案信息资源的内容也产生了一定影响，人们更加倾向于简单娱乐性的内容。所以，档案信息资源开发者应该把握住大数据环境下的新特点，提供用户需要的内容。

（三）用户主导档案信息资源开发

大数据环境下网民的"话语权"得到增强，更有利于表达自身诉求。传统的由"档案馆"主导的档案信息资源开发逐渐向用户主导转变，一些类似于"我需要的档案信息"的调查活动使用户加入档案信息资源开发的"选题""选材""编辑"，甚至是宣传推广。利用者也是开发者，使得档案信息资源的利用率得以提升。

（四）档案信息资源利用的深度增加

大数据环境下档案信息资源的利用从简单的"实物利用"向"知识利用"转变。档案的凭证性作用依然重要，但是在大数据环境下人们参考档案指导实

践活动、利用档案信息进行创作、通过档案记忆历史的例子随处可见。档案信息资源开发与利用的深度增加。

（五）档案信息资源利用的方式增多

传统档案信息资源的利用主要通过到馆利用、档案编研成果利用、档案网站利用来实现，大数据环境下档案的利用途径变得更加丰富。微信、微博、手机 App 等多种途径可供选择，在这些社交媒体中也使档案走进千家万户。

三、大数据环境下档案信息资源开发与利用的不足之处

我国各级各类档案馆已经开始利用移动互联网提供多种档案信息利用服务，取得了一定的成绩。然而面对这一新事物，由于问题本身的复杂性与经验上的不足使得在实践中显现出了一些问题。针对现状我们主要提出了功能定位、内容、推广几方面的问题，对于法律制度、观念等具有固有滞后性的问题在此不提。

（一）功能定位模糊

大数据环境下，档案馆的定位是指对档案馆利用服务的定位。定位的作用在于指导工作方向，定位确定了档案信息资源开发的方向。换句话说，定位决定档案信息资源开发的"选题"与"选材"。在目前档案馆提供的移动互联网服务中不乏定位模糊的现象。举例而言，一些档案微博中多是局馆新闻动态的内容，少有关于档案利用信息的发布，而局馆动态主要是为档案局（馆）本身服务，也就是其微博定位并不是为预期利用者而是为自身服务。在大数据环境下，档案馆在档案信息资源的传播方面做出了很大的努力，投入了很多资源，例如，开通微信公众号、微博，开发 App 等。但是，在选题、选材等内容方面少有对移动互联网环境的适应和利用。

定位主要是档案馆要把握好"为谁服务"和"主要为谁服务"的问题。大数据环境下档案利用者的范围整体扩大，但是其中主要是传统环境中那些对档案信息资源具有刚性利用需求的群体。档案馆应在主要服务这些既有利用者的基础上，尽可能地为其他利用者服务。在档案馆的发展中我们通过"档案利用登记表"收集了许多档案利用者的数据，通过大数据思维我们可以将这些数据转化为新环境下的眼睛，分析利用者特征，找到主要服务对象和他们的利用需求，进而进行科学的选题。但是实际上，无论在实践中还是在研究中我们只关注了"档案利用登记表"的形成和管理，涉及利用档案登记表预测利用趋势的例子却是凤毛麟角。

（二）粗糙编辑缺乏吸引力

"人靠衣装，佛靠金装"，在这个拼"颜值"的时代，精益求精的编辑是档案信息资源开发与利用中的重要一环。面对大数据环境下的信息大爆炸，精巧的编辑形式有时候是敲开档案信息资源利用大门的"敲门砖"。

档案信息内容的表现形式至关重要。在大数据环境下，人们阅读信息的空间移动性和时间碎片化使我们进入了"读图时代"。相对于文字，我们更喜欢简单直观的图片；相对于图文，我们更喜欢声像结合的"短视频"。在这一方面我们的服务有一定的不足，档案馆在微媒体上提供的档案信息仍然以文字方式为主，平均一篇 2000 字左右的文章配有 3 ~ 4 张图片，视频文件极少。这些不符合当前利用者习惯的形式会对档案利用效果产生不利影响。

（三）传播方式缺乏顶层设计

目前档案馆推出的传播方式众多，手机短信、微信公众号、微博、WAP、App 应用程序多种多样。但是由于档案馆的资源有限，众多服务使得档案馆力不从心，结果事倍功半。主要表现有服务众多却无人管理，有一些档案公众号自开通以来从未发布过任何信息，还有一些档案公众号根本无法提供服务。另外由于缺乏顶层设计和整体规划，各种服务方式之间互相重合而又不能完全覆盖利用功能，导致各种方式的优势得不到体现。这种"有数量，没质量"的情况不仅没有达到我们的预期目的，还造成了资源的浪费和利用者的不满。

第四节　大数据环境下的档案信息服务创新

一、信息时代档案信息服务研究现状

到目前为止，档案学界尚未形成一个统一的概念，但存在这样一个潜在的共识：大数据作为结构化数据、半结构化数据与非结构化数据的总和，不是对数据量大小的定量描述。它是一种在种类繁多、数量庞大的多样数据中进行的快速信息获取。大数据共有四个特点：一是数据量大，大数据的数据数量从 TB 级上升到 PB 级，乃至会上升至 ZB 级；二是类型繁多，大数据的数据来源种类繁多，数据形式也多种多样，包括文本、图像、视频、网络日志、地理位置信息、用户行为信息等；三是速度快，大数据的一个重要特点就是增长速度快，有较强的时效性，很容易被其他的数据信息所替代，因此传统的数据

管理模式已经无法满足现代数据信息的管理分析需要，一般会采取实时分析和分布式处理方式来管理数据信息；四是数据价值具有稀疏性且相关度不高，数据量虽然庞大且蕴含巨大的价值，但是单个数据的个体价值很小，只有将所有相关的数据进行综合整理分析之后，才可以发挥巨大的潜在价值，从而对结果进行较为准确的预测。

二、信息时代档案信息服务模式面临的挑战和机遇

随着科学信息技术的迅速发展，人类也进入信息时代。相较于传统信息环境，在信息时代，档案用户的信息需求与档案工作者的服务模式都发生了前所未有的变化，给原有的档案信息服务模式带来了巨大的冲击。而任何新事物都是一把双刃剑，大数据在给档案信息服务带来挑战的同时，也带来了前所未有的发展机遇。目前，档案信息服务模式主要有两种：一是传统实体档案信息服务模式；二是现代网站档案信息服务模式。信息时代的来临为这两种服务模式带来了不一样的冲击。

（一）当前档案信息服务模式

当前档案信息服务模式大致可分为以实体档案为单位的传统实体档案信息服务模式和以网站为平台的现代网站档案信息服务模式。以实体档案为单位的传统实体档案信息服务模式是中国自产生档案服务机构以来在实践活动中逐渐产生的，并形成了一套具体完善的档案信息服务理论。以网站为平台的现代档案信息服务模式是伴随着网络的产生而产生的，主要是指电子档案的服务利用模式。目前电子档案服务理论还不够完善，并且存在一些实践问题。虽然如此，提供电子档案信息服务已然成为世界先进的档案信息服务模式，在中国提供电子档案利用服务也逐渐成为一大趋势，并逐渐向主流方向发展。

1. 传统实体档案信息服务模式

传统实体档案信息服务模式是指以往的档案信息服务机构工作人员对实体档案进行收集、整理、鉴定、保管、统计等，进而为档案需求者提供利用服务。该档案信息提供服务的方式主要有：阅览服务、出借服务、复制供应、咨询服务、交流服务、档案证明和档案展览等。这些服务理论和服务方式是在前人的实践基础上积累和总结起来的，是人类智慧的结晶。随着社会的发展以及先进科学设备的引进，传统档案信息服务方式受到一定的影响，但在以纸质档案为主体的中国，以实体档案为单位的传统实体档案信息服务模式仍占据主要位置。同时，先进技术的引进也推动和加快了传统档案信息服务模式的工作进程。

2.现代网络档案信息服务模式

顾名思义，现代网络档案信息服务模式是档案服务机构利用计算机网络为档案信息利用者提供档案信息服务的一种服务模式。以网络为平台的现代档案信息服务模式是档案服务机构顺应时代潮流而提供档案利用服务的一种先进服务模式，该模式极大地提高了档案信息服务质量和服务效率，同时该服务模式也扩大了档案信息服务范围，为档案服务事业的进一步发展创造了良好条件。无论是数字档案馆的网络服务，还是现代档案网站提供的档案信息，主要有馆藏档案资源介绍、档案咨询、档案政务、档案展览、档案推送等档案信息，并且大部分省、市开通了档案网站，这项举措大大提高了档案信息服务效率。现代网络档案信息服务模式主要为利用者提供电子档案信息服务，虽然较为简捷方便，但电子档案的安全性和准确性在信息时代也面临着极大的挑战。

虽然这两种档案信息服务模式分别能够对实体档案和电子档案提供利用，并且取得良好的效果，但是在信息时代，这两种模式也都存在一些问题。对于传统实体档案信息服务模式而言，服务理论、服务手段和服务设备等急需跟随时代的进步而发生改变，以适应现代化的需求。对于现代网站档案信息服务模式而言，该模式还未形成较为完善的服务理论，仍然处于初级阶段，这需要档案服务工作人员继续努力促进其快速发展。总而言之，这两种模式既有优点又有缺点，这需要档案工作者继续为档案服务事业努力。

（二）大数据背景下档案信息服务面临的挑战

无论是传统实体档案信息服务模式，还是现代网站档案信息服务模式，在信息时代，尤其是电子档案数据信息的快速增长，给以往的档案信息服务模式带来了很大的冲击。数据信息的快速增长及繁多的种类，给档案信息服务带来的挑战主要有以下四个方面，下面进行逐一分析。

1.如何查询所需要的档案信息

随着档案信息化建设的发展，在对档案信息进行查询时，所需要查找的档案信息往往会淹没在大量的不必要的档案信息数据中，特别是对电子档案的查找，而且检索性能急剧下降。同时，依靠人工查询有用的信息，在传统纸质档案时代是可行的。但在信息时代，在纷杂的档案信息中查找有价值、值得挖掘的信息是很困难的，这是一件心有余而力不足的事情，这给档案信息服务的初步实现带来很大的困难。因此，如何在大量复杂的档案信息中快速而准确地查找到利用者所需的档案信息是档案服务工作人员要解决的首要问题。无论是用传统实体档案信息服务模式查询信息，还是用现代网站档案信息服务模式查询信息，大数据都给其带来了严峻的挑战。

2. 如何改变原有的服务理念和方式

档案信息服务理念和方式的产生是顺应当时时代的发展要求的，在相当长的一段时间内是稳定的。同时，随着时代的发展和改变，档案信息服务理念和方式也会随之改变，这就造成了档案信息服务理念和方式的稳定性和阶段性。信息时代是一个全新的时代，它对各个社会生产领域都产生了各式各样的影响，包括档案界信息服务理念和方式，无论是在传统实体档案信息服务模式上，还是在现代网络档案信息服务模式上。因此，最基本的理论观念性问题都应该得到应有的重视，才能够在主观因素上提高档案信息服务水平和工作效率。如何在原有的档案信息服务理念和方式的基础上加入信息时代的元素来顺应社会的发展和群众的需要是一个重要问题，亟待解决。

3. 如何加强基础服务设施建设

在信息时代，档案信息服务机构基本上都引进了大量电子设备以提高工作质量和服务效率，传统的档案信息服务机构的服务设备面临着淘汰的风险。因为信息时代的档案信息数量繁多、来源复杂、种类多样，其储存要求远远超过以往的档案信息排架以及承受能力，它急需档案信息服务机构进行基础设施建设来满足其保存和管理要求，从而提供个性化、人性化服务。同时，档案服务机构也要确保档案信息服务系统的运行环境及维护系统的正常运行以保障档案信息的完整性、安全性以及原始性。加强档案服务基础设施建设是提高服务水平和服务效率的物质条件和客观条件，这一点应该得到重视。

4. 如何培养高素质档案信息服务人才

当今国际实力的竞争与其说是科学技术的竞争，倒不如说是国家人才的竞争。人才决定国家的综合实力，档案界亦是如此。要想提高档案信息服务质量，要考虑的首要问题就是如何提高档案工作服务人员的专业素养以及综合素质。信息时代的档案工作人员不仅要掌握最基本的档案管理以及服务知识，还要学习数据分析、数据挖掘等各种计算机知识。只有掌握了这些知识，一名档案工作人员才能更好地分析数据，然后做出准确的预测以提高档案信息服务水平。这一要求是对从事档案行业工作人员的最基本的要求，当今的档案信息服务部门，尤其是对缺乏数据管理人才的部门来说更要注意这个问题。

（三）大数据背景下档案信息服务面临的机遇

虽然在大数据背景下，大数据给档案信息服务带来了挑战，但它同时也为档案信息服务带来了很多机遇，无论是对服务内容，还是对服务模式和服务思想的转变等而言。这为传统实体档案信息服务模式和现代网站档案信息服务模式的新发展带来了新的契机。

1. 有助于丰富档案信息服务内容

数据的快速增长为档案服务提供了丰富的档案资源，使得档案服务机构的工作内容能够打破原有的限制，而提供巨量的档案信息资源。就档案馆而言，档案资源除了储藏在本馆内的档案资源外，还可以通过与其他档案馆进行档案信息资源共享，实现档案信息资源云共享。这项举措在很大程度上克服了本馆档案资源的局限性，可以为利用者提供丰富而有效的档案资源。所以说，这些海量的档案信息资源为档案馆的信息服务提供了内在的硬性支持，使其提供的服务内容更加丰富多样，满足利用者的多方面需求。

2. 有助于改善档案信息服务方式

以往的档案信息服务模式基本上都比较倾向于被动服务，档案服务机构很少去主动服务，而且服务方式极为简单被动。最常见的服务模式是用户提出查档要求，档案馆根据其需求查找相应的档案信息资源以提供利用，并且利用者还要办理各种利用手续，程序复杂，给利用者带来极大的不便。而在信息时代，档案服务机构可以在保持原有服务方式的基础上，利用各种电子设备和数据技术扩大服务范围，提高服务质量。同样以档案馆为例，档案馆信息服务应该首先立足于大数据背景，在提高服务水平和服务质量的同时，还应积极主动地向社会发布一些档案信息，进行档案推送，提高服务效率。同时，档案馆还要积极发挥电子档案信息资源的作用，扩大电子档案信息资源的利用范围，发展档案数字化。这也就要求档案服务机构的服务方式和服务流程都要做出相应的改变以适应现代化的需要，其服务方式也要从被动式逐渐向主动式转变。

3. 有助于转变档案信息服务思想

以往的档案信息服务思想是将档案信息服务看作本机构的一种正常业务来完成，被动而又消极。而在信息时代，档案利用者对档案信息服务机构的服务质量和水平提出了更高的要求和期待。档案信息服务机构可以以此为契机转变服务思想，从消极被动向主动热情转变。同时，档案信息服务也要以用户为中心，在满足用户个性化需求的同时也要提供更好的人性化服务。大数据为档案服务机构服务思想的转变提供了现实基础，其丰富的档案信息资源使档案服务机构为用户提供准确的解答、优质的服务成为可能。

三、档案信息服务创新研究的主要内容

（一）基于云计算的档案信息服务

在云计算背景下，构建数字档案馆是受"服务型数字档案馆"的启发而提出的。构建数字档案馆是因为数字档案馆能够使档案云服务平台应用起来，并且使其系统能够得到有效运营和维护，最大限度地实现档案信息云服务，满足档案信息用户的各种需求。基于云计算构建数字档案馆提供档案信息云服务已经是目前档案信息服务模式的一大趋势。

基于云计算构建数字档案馆主要是对全国的数字档案信息资源进行统一管理，为档案信息服务工作者提供便捷的服务平台。当我们在改善原有的数字档案馆服务模式以及创建新的服务模式时，我们可以借鉴丽水市云服务共享系统的成功之处，在此基础上进行调整，在保持档案馆特色档案服务的同时，也要适应当前利用者的利用需要，提高服务质量和效率。大体上，数字档案馆云服务系统模型包括以下五个部分：数字档案信息资源、档案云服务基础、档案云服务控制、档案云服务应用、用户终端设备。

1. 数字档案信息资源

基于云计算的数字档案馆可以将多个实体档案馆、机关档案室、数字档案馆等的档案信息资源进行组合，形成一个云档案共享网络。这种方式能够很好地提高数字档案信息资源的利用率，更加全面地满足利用者的利用需求。随着机密性档案的不断公开降密，越来越多的档案信息展现在世人面前，供利用者查阅，档案信息的利用范围也越来越广。因此，为满足利用者的信息需求，数字档案馆需要不断收集实体档案馆的档案信息资源来充实档案云服务资源库。

2. 档案云服务基础

档案云服务基础是实现数字档案馆云服务的基础部分。该部分主要包括服务器、交换机、虚拟机、操作系统等，是实现数字档案馆云服务的硬件要求，为数字档案云服务提供操作平台。云计算中的应用程序只是在互联网上运行，不需要在本地计算机安装，避免了用户安装、维护等的麻烦。但是，我们可以肯定档案云服务在数字档案馆服务中占有基础性地位。

3. 档案云服务控制

档案云服务控制是实现数字档案馆云服务的核心部分，包括数据管理、用户管理、员工管理、系统管理、系统维护等。该部分主要是对档案资源、服务器、虚拟机、交换器、操作系统等进行管理和控制，保证系统的正常运行，为档案云服务的应用打下基础。

4. 档案云服务应用

档案云服务应用是实现数字档案馆云服务的重要环节。该部分主要包括档案的收集、整理、利用、保存、借阅、统计等众多档案基础管理性工作。正是因为有档案云服务的应用，才能将数字档案信息资源与用户连接起来形成档案云服务网络，简化档案用户的借阅程序和档案工作者的工作内容。

5. 用户终端设备

用户终端设备主要是为档案用户提供进入数字档案馆云服务平台的端口服务，这可以是任何一种移动终端，如电脑、手机等。任何档案馆、档案室以及其他档案管理机构和个人都可以不受限制地访问任何数字档案馆中的档案信息资源，以满足自身的信息需求。

基于云计算构建数字档案馆创新性云服务在理论上没有太多的问题，但在技术上和实践中存在很多困难，这需要档案工作者有勇气、有目标、有毅力地对原有的档案信息服务模式进行革新。随着云计算技术在档案信息服务方面的影响不断扩大，越来越多的人力、物力和财力投入档案信息服务当中，未来的档案信息服务模式将会焕然一新。

（二）基于 Web 2.0 平台构建档案信息服务互动系统

要想在 Web 2.0 背景下对档案信息服务模式进行创新，档案信息服务机构必须做好档案服务机构与用户之间的交流。我们认为，要想创新必须有创新的思维和清晰的思路。在思路创新的基础上，我们将其运用到档案信息服务机构，创建基于 Web 2.0 的档案信息服务互动系统。该系统在借鉴美国国家档案与文件署（NARA）系统的基础上结合本机构的服务特点进行创建，主要包括以下三大板块：用户板块、档案信息服务人员板块和咨询板块。

1. 用户板块

用户板块主要包括用户管理和用户认证两个部分。用户管理部分主要负责存储和管理用户相关信息，用户认证后就可以获得其个性化的档案信息服务。例如，检索相关档案资源、与档案工作者交流、用户向档案机构推荐相关信息资源等。用户认证部分则是档案服务机构对档案用户的权限设置，只有通过认证的用户才可以使用系统内的信息资源。

2. 档案信息服务人员板块

档案信息服务人员板块主要包括信息发布，资源简介，交流方式（QQ、博客、微信）等。信息发布部分主要是本档案机构发布给员工的内部工作信息，如值班日期、工作模式、管理规定等内部服务性和管理性文件。资源简介部分主要是利用简易信息聚合（RSS）技术将本机构的档案信息发送给利用者，并且将文字、图片或视频档案结合使用来引起用户的兴趣。内部交流方式QQ、博客、微信则是档案机构提供给员工进行信息交流、发表心得体会的重要方式。

3. 咨询板块

咨询板块是用户与档案工作人员进行沟通的地方。用户通过咨询板块进行信息咨询，并利用QQ、博客、微信进行信息留言与档案工作人员保持密切联系。信息服务人员也可利用该板块为用户答疑来提高服务质量。

档案信息服务互动系统是一个全方位的档案信息交流平台，该平台由档案服务机构自发研制并采用 Web 2.0 技术，可满足利用者的多样化需求。它是一个功能强大的档案服务互动平台，简化了档案职员的本职任务，显著提高了工作质量和水平。此外，Web 2.0 技术在档案服务中的应用将使服务更加个性化和人性化，从而提高并增强档案部门的核心竞争力。

（三）基于微信的档案信息服务

2011 年，腾讯研发了一种新型的信息交流工具——微信，它可以快速方便地发送文字、图片、声音、视频等。用户可以通过关注微信公众号来了解想要知道的信息。如今许多档案馆、档案室、立档单位等档案服务机构都开通了微信公众号为广大微信用户提供档案信息服务。这项举措无疑是在原有档案信息服务方式基础上进行的服务创新。

档案服务机构开通各自的微信公众号，构建档案信息服务平台，这个平台大致包括以下几个方面。

1. 档案推送

档案工作者必须利用微信公众号向微信用户发布并且推荐一些档案信息资料，无论是文字信息、图片还是视频等，确保微信利用者能够看到自己感兴趣的档案资料，以提高档案信息的公开度和利用率。这些档案资料不仅要包括国家机关档案、社会组织档案、企业档案、个人档案等，还要包括本馆特色的档案信息。同时，档案工作者也可以利用该微信公众号发布一些最新的馆藏信息，如档案馆开放信息、讲座信息、展览信息等。总而言之，档案推送这一板块主要是全面展示本馆馆藏信息与最新信息的。

2，档案查询

档案查询主要是对用户提供查档服务，根据主题、关键词以及责任者等为用户提供相关的档案信息。服务范围包括档案馆藏资源目录体系、档案使用方法，并在帮助用户的过程中不断总结用户需求，有组织、有计划地整理好档案信息资源、档案资料等。同时，档案服务机构也要逐步改进技术，创建档案服务系统，提高档案信息服务的查全率与查准率。档案服务机构还要逐渐完善和丰富档案内容，无论是文字、图片还是视频，要一应俱全，为用户提供丰富的档案资料以供参考和查询。

3. 档案咨询

档案咨询是档案服务机构与用户相连接的中心纽带。微信作为广泛使用的信息交流媒体具有优秀的社交网络服务属性，让人与人之间可以进行实时交流、互动和资源共享。用户利用微信能够直接和档案服务人员进行交流，一对一的交流使得双方的沟通更为顺畅地进行，也能逐步建立起档案服务人员与用户之间的情感桥梁。通过档案咨询，档案服务人员会正确地认识到工作中有哪些不足需要改正，从而提高服务效率；而用户则可以通过在线咨询完整地得到档案服务人员的答复，对档案工作的理解将会更加深刻，从而确保档案服务人员工作的顺利开展。

我们认为以上三点是任何一个档案微信信息服务平台都必须具备的，其他的附加功能则根据各档案服务机构的服务方式、服务内容、服务范围等决定，不用做太多具体的要求。各档案信息服务机构应有各自的服务特色，不能千篇一律。

总之，档案信息服务伴随着档案发展的历史全过程，从分散服务到系统服务，逐渐完善为一个服务体系。随着社会的发展，这个转变正在逐渐进行，从纵向层面讲，档案信息资源至今还没有完全开发出来；从横向层面讲，档案服务机构至今还未建立起较为完善的档案信息服务模式以及体系。因此，研究档案信息服务相关内容应该成为发展档案事业的要务之一。

在信息时代背景下，应将档案信息服务置于云计算环境、Web 2.0 环境和各种交流 App 软件相结合，研究档案信息服务应如何创新开展。在云计算环境下，我们可以通过构建数字档案馆形势下的创新性云服务来提高档案信息服务效率；在 Web 2.0 环境下，我们可以通过构建档案信息服务互动系统来改变原有的服务方式；在微信背景下，我们可以利用微信及其他手机 App 软件便捷地推广档案信息。虽然目前在理论研究层面和实践探索层面已经取得了一定的成果，但是我们在对档案信息服务方式进行创新研究的同时还要注意以下三个方面的问题：一是要提高档案工作人员的服务意识，紧随时代步伐，重视研究、宣传和利用网络技术优化档案信息服务；二是要深化微信平台内容、功能和资源等方面的开发与研究；三是要借鉴其他领域的成功经验，注重理论研究与实践经验相结合。

第八章 高校档案管理

第一节 高校学生电子档案管理

一、高校学生档案管理概述

高校学生档案是国家人事档案的组成部分，是每个大学生在校期间德、智、体发展的真实写照和原始记录，是大学生就业及其今后各级组织选拔、录用、考核的主要依据。高校学生档案事关学生学习、就业等切身利益，是重要的民生档案。在新时期，如何转变观念、与时俱进地提高高校学生档案管理能力、服务能力是高校学生档案工作面临的现实问题。

（一）高校档案管理的现状

高校档案管理是高校重要的基础性工作，它不仅能衡量高校管理的水平，还能影响高校的发展。学校应加强管理，将高校档案管理工作纳入学校整体发展规划。然而，由于科学技术和社会经济的迅速发展、高校学生和教职工人数的急剧增加、高校机构的不断改革等因素，每年会有数以千万计的档案发生变动、更新，使高校档案管理面临着新的挑战。从高校档案管理的现状来看，主要存在以下几个方面的问题。

1. 工作量大

由于高校改革的不断深入和高校规模的不断扩大，高校档案的数量和门类都在增多。目前，电子科技大学档案馆馆藏档案分为 14 个门类，共 50000 多卷。其中党政档案 5168 卷，教学档案 6080 卷，科研档案 2840 卷，基建档案 2476 卷，出版物档案 809 卷，仪器设备档案 995 卷，财会档案 23607 卷，人事档案 7700

卷，学生诚信档案近 30000 份。另外，档案的日常维护、保存，大量的学生就业和出国等使得档案变动频繁，档案管理需要花费大量的人力、物力和时间。

2. 信息化水平较低

目前，电子档案的推广和应用仍处于起步阶段，高校档案基本还是以纸质档案为保存媒介。虽然大多数的高校已经实现计算机在档案馆和档案部门的全覆盖，但是在高校档案管理过程中，对信息技术的应用仅限于检索、交换、备份等辅助功能，并没有完全发挥其优势。绝大多数高校档案的编目、整理、存放和查阅等仍采用传统方式。档案的装订、撰写档案盒上的信息和封装入档案盒等都要通过人工完成，这种耗时费力的手工处理方式使得整个归档流程既烦琐又低效，经常导致部分档案入馆后被长期堆放。另外，管理人员信息化意识和信息化技能不高，信息化技术难以在高校档案管理工作中得到充分利用，难以实现传统档案管理模式向现代管理模式的转变。

3. 档案意识薄弱

部分高校对档案工作的重视程度不高，在人员配置、资金投入、硬件建设上难以达到现代高校档案管理的条件，这样就或多或少地阻碍了高校档案工作的开展。高校档案管理是一个长期积淀的过程，价值不容易在短期体现出来。因此，高校对档案管理种种效益不明显的工作没有给予足够重视，更愿意把资金投到直接能得到成果的项目上。除此以外，"重保存轻利用"的传统观念使大多数人认为档案工作就是收集归档与保存保密，部分高校的档案管理工作长期停留在这两方面，并不重视对档案的开发和利用。利用档案是档案管理的目的，目前高校档案管理不仅要满足高校内学生、教职工和各机构对档案利用的需求，还要满足社会的利用需求。当前高校档案管理工作的重点是对档案的开发和利用，因此我们必须利用现代信息技术对其进行整理、提取，将高校档案尽量转化为更便于利用、便于保存的电子档案。

（二）管理与服务创新是高校学生档案发展的现实需求

1. 高校档案信息化发展的必然要求

在运用现代信息技术推进档案信息化建设的过程中，高校凭借其技术优势和智力优势，始终走在全国档案信息化前列，从计算机辅助档案管理，到档案信息系统的研发和使用，再到档案网站建设、数字档案馆建设，高校档案信息化建设正在逐步加快，信息化程度不断提升。学生档案是高校档案的一个重要门类，高校务必紧跟档案信息化步伐，解放思想，转变观念，充分利用网络等现代信息技术，研发学生档案管理系统，实现学生档案"收""管""用""转递"一体化、信息化管理。

2.高校学生档案自身发展的必然要求

近年来，随着高校招生数的逐年增加，学生档案的数量也随之逐年攀升，学生档案的"收""管""用""转递"工作量与日俱增，在学生档案管理人员数量有限的情况下，传统的、落后的管理与服务方式已经难以适应。因此，高校学生档案工作要与时俱进、创新发展，不断提高管理和服务能力，才能跟上高校和社会发展的步伐。

（三）高校学生档案管理与服务创新策略

1.制度创新

创新管理，制度先行。根据档案法律、规范以及高校学生档案工作环节，结合工作实际，制定一系列学生档案收集、保管、利用、转递的规章制度，建立健全学生档案管理与服务机制，才能有效保障管理与服务创新的顺利开展，使学生档案工作朝着规范化、标准化、科学化方向发展。

（1）加强内涵建设，建立学生档案内部管理和激励机制

要做好学生档案工作，必须首先加强内部管理，制定一系列管理制度，做到分工明确、责任到人、奖勤罚懒。各高校根据实际情况，可以制定学生档案管理人员考勤制度、岗位责任制、业务考核制度。根据业务工作定性定量的考核办法以及考核细则，定期对学生档案室工作及室内工作人员进行考核。主要考核学生档案室和教职工履行职责情况，完成工作任务的数量、质量、效率以及成果，考核结果与绩效奖励挂钩。考核既检查了工作又发现了存在的问题，起到了奖勤罚懒、优质优酬的作用，促进了学生档案工作人员档案管理和业务水平的提高。

（2）加强档案资源建设，建立学生档案收集、归档机制

学生档案的收集、归档工作包括每年新生档案归档、毕业生材料归档，是学生档案工作的重要环节，是学生档案资源建设的前提和保障，必须通过制度来加强管理和规范。

①建立、完善兼职档案员网络机制。学生档案兼职档案员一般由各学院新生、毕业生辅导员担任。兼职档案员队伍庞大，人员流动性较大，为了稳定兼职档案员队伍、责任到人，保障归档工作保质保量完成，学生档案室每年应确定各学院新生档案、毕业生材料归档人员及领导名单，不断完善学生档案兼职档案员网络。

②建立兼职档案员培训机制。为了保障归档案卷质量，提高兼职档案员的业务能力，学生档案室每年应在新生档案归档和毕业生材料归档前，通过召开归档培训会议、制发培训材料、利用全校毕业生工作协调会平台等方式，开展相关业务培训。

③实行集中归档和实时归档相结合的归档方式。为了提高工作效率，保障学生档案归档齐全、完整、及时，学生档案归档应采用集中归档和实时归档相结合的方式。学生档案归档阶段性强，大批量的档案归档主要集中在每年 7 月学生毕业后、9 月新生入学后。这两次归档时间紧、任务重，只能采取集中归档。为了使集中归档能有序、高效地开展，可实行预约归档制度。此外其他材料的归档，如学生退学、休学等学籍和奖惩发文一般可每周归档一次，党建材料、非正常毕业（离校）学生材料应及时归档。

（3）提高管理能力，建立学生档案管理机制

①实行登记制度。学生档案工作应该对日常归档、利用、借阅等实行登记。将归档人信息、归档内容，借阅人信息、借阅内容等进行登记，以便日后工作查考。

②实行按岗位设权限制度。为保障学生档案实体和信息的安全，要按照岗位分工设置管理人员学生档案管理系统和库房门禁的相应权限，权限定期审核，动态管理。

③建立学生档案库房管理制度。档案安全无小事，为了保证学生档案实体的安全，规范学生档案库房管理，必须建立制度，严格管理。第一，库房应配备自动温控系统、火灾自动报警系统等现代化的档案保管保护设施，做到"八防"。第二，库房要设专人管理，负责每天库房门及灯的开关、库房温湿度系统运转情况的检测、库房安全的巡查。第三，学生档案库房应实行门禁制度，工作人员按工作岗位性质分配权限，实行权限动态管理；非学生档案工作人员不得进出库房。第四，坚持实行库房定期保洁制度，档案库房保持干净、整洁，无堆放杂物和易燃易爆物品的现象。第五，实行库房清点制度，确保馆藏档案实体与系统数据一致。为了较好地监控馆藏实体档案数量，确保档案实体数量与学生档案管理系统数据一致，学生档案室每年应对库房档案实体定期进行清点。

（4）提高服务质量，建立服务利用机制

①建立学生档案满意率测评机制。根据利用者的利用需求，设计服务满意度测评表，使利用者对学生档案的日常管理、转递等工作可进行线上、线下测评。

通过对测评结果进行分析，及时梳理存在的问题和不足，不断改进服务方式，提高服务质量。

②实行寒暑假值班制度。为了满足学生及用人单位在寒暑假利用、转递档案的需求，档案馆应根据学校相关部门值班安排，结合学生档案室实际，合理安排学生档案工作人员值班，并将寒暑假学生档案对外服务、转递档案的时间安排提前在网站上公示，以方便利用者。

③实行每周转递制度。为了满足学生、用人单位的转档需求，除在每年7月集中转递毕业生档案之外，实行每周转递一次学生档案，并在寒暑假根据学校放假情况安排转递次数。

2. 管理手段创新

（1）不断升级、完善学生档案管理系统

随着高校招生数量的逐年增加，学生档案的数量随之攀升，学生档案的收集、管理、利用、转递的工作量不断增加，传统的管理方式已经难以适应。学生档案管理人员必须转变观念、与时俱进，将计算机技术、网络技术等新技术应用到学生档案管理中，研发学生档案管理系统，实现学生档案收、管、用、转递、查询一体化、信息化管理。

（2）集中归档实行预约方式，确保归档工作有序、高效开展

每年新生档案、毕业生材料归档时节，由于归档学院多、归档时间相对集中，常会出现扎堆归档情况，学生档案工作人员、场地有限，检查、接收往往需要排队，既浪费等待时间，也容易造成混乱。针对这种情况学生档案集中归档可采用预约归档方式，归档前与各归档部门沟通，约定好归档日期及时间段，兼职档案员按照约定的归档时间段前来归档。

3. 服务方式创新

学生档案是重要的民生档案，以人为本、服务民生是学生档案工作的根本目的。新时期，学生档案管理人员要解放思想，强化服务意识，坚持以人为本，以民生需求为导向，以重服务、保安全为主线，不断创新、优化服务方式，为学生、为社会提供快捷、高效、实时的档案利用服务。

（1）定期安排、公布档案转递时间

为了让全校相关部门、学生了解学生档案转递流程、要求及时间，应将毕业生如何转递档案、学生档案转递时间安排及注意事项公布到档案馆、就业办等相关部门网站。转递时间安排既要考虑大批量转递、平时每周转递，又要充分考虑寒暑假的安排。

（2）提供多种查询、咨询方式

每年暑假，大批学生毕业，学生档案室电话不断，工作人员应接不暇，主要是查询学生档案的转递情况。传统的"电话查询"难以满足学生的利用需求，要充分利用现代信息技术的优势，在传统到馆利用、咨询、电话查询的基础上，通过学生档案管理系统权限控制，提供网上查询服务，让学生可以不受时空限制查询档案去向。例如，2017年学生档案通过邮局EMS转递，已转出的档案，在查询界面增加EMS快递单号查询链接，查询者可直接查到快递运转、签收详情，查询更加便捷、高效。另外，还可以通过微博、微信群、QQ群等新型网络传播工具，回复利用者对学生档案相关问题的咨询。

（3）提供个性化服务

根据档案整体工作安排，在不违反原则和规定的基础上，"急利用者之所急，想利用者之所想"，充分考虑学生、用人单位等利用者的利用需求，提供个性化服务。例如，工作日中午休息时间提供不间断服务；在日常每周转递档案的基础上，遇到特别着急的学生或确实有特殊情况的，在转递手续齐全的前提下及时将档案转递出去，以解学生之急。

（4）加大宣传力度

应充分利用每年"档案日"宣传活动平台，通过举办讲座、展览等形式加大对学生档案的宣传力度，让学生走近档案、认识档案、了解档案，从而提高师生的档案意识，以便更好地开展学生档案工作。例如，可通过宣传册、档案馆网站等向学生宣传"学生档案是如何形成的""学生档案有哪些材料""学生档案如何管理""毕业后学生档案如何转递""档案馆能为学生提供哪些服务"，向教师宣传新生档案、毕业生材料归档的内容及要求、归档流程以及学生档案转递流程等信息。

总之，学生档案工作要紧跟当代档案事业发展的趋势，解放思想，转变观念，坚持以人为本、求实创新的发展方向，在实践中积极探索，形成合乎时代、合乎学校实际的管理特色。

二、高校学生电子档案管理概述

（一）电子档案的特点

电子档案是具有保存价值的电子文件，这与传统档案的特征相同。但是电子档案在归档、存储和利用方面与传统档案相比，又具有以下特点。

第一，电子文件归档的工作量相对较小，节省人力和时间。传统的档案归档工作要按照不同标准，如文件来源、性质、时间等具体条件对大量的纸质档案进行手工分类、排序和组卷，需要耗费大量的人力和时间。在电子文件转化为电子档案的过程中，无须对其进行专门的分类和组卷。因为电子文件在归档为电子档案之前已经根据需要，通过计算机进行了快速、有效、多维的分类、组合和排序，处于一种有序状态。

第二，电子档案的存储空间小，容易保存。传统档案的存储是指将档案放置于专门的档案库房内，库房管理是整个档案管理工作的基础。传统档案存储不仅占用的空间大，而且对库房的温度、湿度等有严格的要求。而电子档案多为磁性材料，其存储的信息量大，但其存储载体，如磁带、光盘的排架长度与占用空间很小，便于库房管理，很好地解决了无限增加的纸质文件与有限的存储空间之间日益突出的矛盾。

第三，电子档案的利用比较简单方便。电子档案的利用基本不会受时间和空间的限制，一些不涉密的、能够公开的档案可以通过网络公开查阅。电子档案还具有高度的标准性，使我们对电子档案的检索更加方便，并可以根据利用者的需要对检索出来的信息进行分类、统计、汇总、打印、复制等，从而满足利用者的各种需求。

（二）电子档案在高校档案管理中的优势

高校日益增加的纸质档案使高校档案管理工作日趋复杂。传统的纸质档案在立卷归档、保存和利用上都要花费相当多的时间和人力，其缺陷不断凸显。在当今信息技术广泛应用的背景下，电子档案的优越性越来越被高校重视，其大大推动了现代高校档案管理的发展。电子档案在高校档案管理中的优势主要体现在以下三个方面。

1. 在档案的立卷归档方面

传统的档案管理存在大量的冗余劳动，而电子档案利用信息技术，省去了人工分类、排序、装订、撰写档案盒信息和抄写档案目录的步骤，使文件收集、分类、统计等环节变得十分方便，节约了大量的时间和人力，同时还减少了疏漏出错。传统档案立卷标准还有很强的主观性，立卷人通常根据自己的理解来进行立卷，这必然会影响日后他人对档案的查阅和利用。电子档案通过计算机的辅助立卷功能，可以按照不同标准分类。当归档时遇到文件收集不齐或漏交情况，电子档案不会像传统的纸质档案立卷一样，只能拆卷重做，电子档案利用计算机档案管理系统可只需一个按钮就能添加整理归档。这样不仅能提高工作人员立卷归档的效率，还能提高归档的质量。

2. 在档案的保存方面

高校档案中有部分档案极少被查阅、利用，常年无人问津，但是为了保证档案工作的完整性和严谨性，高校档案部门对这些很少被利用的档案也会进行保存，这就造成了资源和空间的浪费，而电子档案的管理只需一个小小的芯片就可以解决整个档案室的档案储存问题。同时，与传统的纸质档案相比，电子档案更加便于保存。因为电子档案不需要过多控制库房的温度、湿度以及微生物环境，对环境的要求比传统档案要低得多，存储寿命相对较长。电子档案通常以磁盘、光盘等为介质储存，不易腐烂、变质，不易遭受虫、鼠等有害生物的破坏，也不会由此造成强烈的空气污染。同时，电子档案大大减少了对纸张的消耗，有利于环境保护。

3. 在档案的利用方面

利用服务是档案馆最重要的职能之一，是档案价值的最终体现，是一切档案工作的出发点和落脚点。档案管理的目的就是利用档案。目前公众对档案的查找利用途径包括亲自到档案馆查找和登录档案馆官方网站检索相关信息两种，由于档案检索系统的不完善，通过网络可以获取的数字化档案资源十分有限，而传统档案由于量大，分类多，占用的空间大，难以对一本本具体的实物档案进行翻找。电子档案和计算机档案管理系统使档案的检索和查找速度大大提高，管理员无须进入库房在档案架的每一格进行人工查找，只需在计算机上就能完成档案的利用。另外，随着高校学生的剧增，学生外地就业和出国留学后经常需要远距离共享和利用相关档案，但传统的纸质档案搜索调档较烦琐，其档案的调度利用相对困难。网络传输与传统的传输方式相比有着无法比拟的优势，文件的传输速度极快，电子档案通过网络能够在最短时间到达档案利用者的手上，满足其对时间的要求。

电子档案可以实现档案信息资源共享和提供个性化服务。目前国家档案局科研所已经启动"国家开放档案信息资源共享利用系统"项目。该项目在电子档案的基础上，利用云计算等先进信息技术和管理模式，整合馆藏档案信息资源，建设共享服务平台和互联互通的网络服务体系，为公众提供不受时间、空间限制的社会化、集约化、专业化的开放档案信息资源共享利用服务。个性化服务是当前各服务行业发展的必然趋势，档案服务也不例外。数字时代档案馆的个性化服务，是利用计算机网络、人工智能等信息技术，分析查档者的背景、习惯和要求，提供充分满足其个体信息需求的集成性服务，实现服务时空、服务方式、服务内容的个性化。电子档案有助于满足公众利用档案、了解档案信息的需求，可以充分体现电子档案"以人为本"的服务理念，切实提高档案服务民生的能力。

（三）电子档案在高校档案管理中的局限性

在电子档案给高校档案管理带来巨大便利的同时，无孔不入的黑客和防不胜防的病毒也使电子档案在存储和使用的过程中存在一定程度的风险，给高校电子档案的安全保密工作增加了难度。电子档案在高校档案管理中有以下局限性。

1. 电子档案的安全性难以保证

高校保存的档案多是学生、教职工以及校内的关键信息，安全问题不容忽视。电子档案可以通过存储设备高速读写，倘若被盗取，更容易造成对档案真实性、完整性的破坏。

第一，电子档案格式和存储方式的多样化，容易造成电子档案在文件交换、长期保存中出现信息的丢失。首先，软件产品的生命周期比较短；其次，如果在与其信息生成系统不同的软硬件平台上打开格式不同的电子档案，可能出现错码、乱码和无法识别等现象。电子档案不兼容常导致电子档案的不可读，这是一直困扰档案管理的一个难题。

第二，电子档案没有手写文字的特征，通常采用统一的字体和标识，难以鉴别真假，也很容易被更改。电子档案被恶意篡改或失误错写不留痕迹，所以不容易被发现。

第三，笔误等人为造成的错误对传统的纸质档案造成的影响范围有限，但电子档案通常采用批量处理的方式，若操作失误就会使大范围的文件受到影响。

第四，网络存在一定的风险性，这就给电子档案在点对点传输过程中的安全带来隐患。通过网络的远距离调用，档案信息有被修改和盗用等风险。

2. 电子档案的相关标准和法律效力不明确

由于信息技术环境比较复杂，在高校档案管理中为了保证电子档案的安全性、易操作性，必须采用标准化的管理方式，这就需要制定统一的标准。目前，我国已经制定了《CAD电子文件光盘存储、归档与档案管理要求 第一部分：电子文件归档与档案管理》（GB/T 17678.1 — 1999），对CAD电子文件的光盘存储和保管进行规范。《电子文件归档与电子档案管理方法》，从收集、积累、整理、归档、移交、保管、利用、统计等方面，对公文类的电子文件和电子档案做出了比较细致的规定。但是根据高校目前的发展状况，应当尽早制定统一的电子档案管理标准。

另外，电子档案的法律效力尚不明确，我国还未在法律中明确规定电子档案的法律地位。鉴于当前电子文件的大量产生，许多国家对其法律效力做出了规定，以严格的文件管理程序保证电子文件的凭证作用。但是我国在实际案例中，电子文件的法律凭证作用仍未充分发挥，从而影响了电子档案法律效力的实现。

第二节　高校档案信息管理安全

一、网络环境下高校档案管理面临的安全问题

目前，互联网技术飞速发展，计算机网络作为信息交换的重要工具，已经逐渐渗透至社会各个领域，而档案管理工作更是离不开计算机网络技术的支持。在信息时代背景下，实现档案信息化管理与建设是档案事业的一大发展趋势，在为档案事业发展带来重要推动力的同时，也带来了巨大的挑战。在档案部门的工作实践中，在互联网技术的支持下，档案工作服务水平与效率均得以明显提升。但网络共享性、虚拟性与开放性的特点，导致档案内部网络容易受到安全攻击，影响档案信息网络的安全运行。

（一）安全保密问题是影响档案信息网络安全管理的重要因素

计算机网络是一个虚拟、开放的系统，即使用户在使用过程中采用了信息安全保密技术，如采用防火墙技术、运用物理方法隔离内外部网络、安装防毒杀毒软件等，但在黑客面前，以上这些技术显然无法阻挡其网络攻击。从某种角度来讲，公共网络中的所有计算机终端均有可能被非法访问，所以档案工作人员应意识到要想保障档案信息网络的安全，就必须做好安全保密工作。

（二）其他影响档案信息网络安全的因素

普遍意义上的网络安全，通常指的是网络系统中的软硬件及系统数据受到安全保护，在遭受恶意攻击或发生偶然事件时，网络数据不会被更改或破坏，网络信息不会发生泄露，信息系统仍然可以正常、稳定运行。但是，在当前的网络环境下，网络系统硬件被损坏、系统软件漏洞、黑客攻击、计算机中毒等问题仍然会时常发生，这一系列问题的存在对网络安全产生了直接的威胁。下面进行具体分析：

1. 档案信息网络设备的物理安全

要想保证计算机网络系统的安全运行，首先就需要保障档案信息网络设备的物理安全，包括含灾难保护与区域保护的档案信息网络环境安全，含媒体自身与媒体数据的网络媒体安全以及网络设备安全（如网络设备防毁防盗、防线路截获、防电磁信息辐射泄露、防电磁干扰等）。

2. 网络内部或外部的非法访问

来自网络内部或者外部的非法访问是导致网络遭受安全攻击的主要途径，使得档案网络信息的安全遭受严重威胁。在日常工作中，用户设置的安全密码欠严谨、网络管理员在用户权限的分配中操作不规范、外部黑客的入侵等均是导致网络安全遭受威胁的重要因素。

3. 计算机病毒带来安全威胁

与单机病毒不同的是，通过网络途径传播的计算机病毒无论是在传播范围与传播速度上，还是在破坏性方面，均存在非常强大的影响力，且所有网络通道、网络终端等均可成为计算机病毒的攻击对象。

4. 备份系统相对缺乏

在信息时代背景下，档案信息化建设速度不断加快，但为了减少资金的支出，很多档案管理部门忽略了对备份系统的同步建设，这就导致在网络安全事故发生时，档案信息很难再恢复，造成了严重的损失。

5. 缺乏网络安全意识

在长期的传统档案管理工作实践中，档案人员已经习惯了传统的档案原件保管模式，对馆库安全工作尤为重视，对于信息时代下的档案信息化管理工作却缺乏正确的安全意识，忽略信息化管理中的网络安全防护。

（三）走出网络安全认识误区

误区 1：局域网中处于运行状态中的计算机是安全的。

通常情况下，人们认为局域网存在两种形式，第一种是由一个路由器与多个交换机连接而成的小区域网络，第二种则是通过代理服务器上网的计算机。实际上，这两种形式均存在一个网关，其中第一种形式的网关是路由器，而第二种形式的网关则是代理服务器。一般而言，网关是有相适应的防火墙与端口管理装置的。如果在长期使用中，并未对防火墙与端口管理装置进行定期设置与调整，就会无法对最新的计算机病毒起到防范作用，当用户在网络浏览中无意间点击了"病毒文件"，网关也难以发挥其病毒防范作用。所以，人们认为的局域网中处于运行状态的计算机是安全的是一种错误想法。在使用计算机的过程中，用户必须设定安全级别，同时将杀毒软件、反间谍软件及查杀木马软件安装在计算机上，在网络浏览中应谨慎点击不明文件。

误区 2：处于未联网状态下的计算机是安全的。

当计算机未连接互联网时，安全风险确实有所降低，但这并不意味着所有未联网状态下的计算机都是安全的。一般而言，计算机都会有对外交互的途径或通道，无论是访问网上邻居，还是使用 MP3、U 盘等移动存储设备，均有可能被网络病毒侵袭，进而导致整个局域网内的计算机受到安全攻击。

误区 3：只要安装多个杀毒软件计算机就是安全的。

从某种角度来讲，杀毒软件编程是以计算机病毒属性为依据而设计的，也就是说计算机病毒是先于杀毒软件编程而出现的。由此可知，无论何种杀毒软件在防范计算机病毒的过程中都不是万无一失的，许多木马程序是无法用杀毒软件完全查杀的，而间谍软件更是无法用普通杀毒软件来查杀。在计算机的使用中，安装杀毒软件是为了防范病毒，而如果一台计算机安装多个杀毒软件则会带来许多问题。杀毒软件在使用中是有监控程序与反监控功能的，当用户安装的某一种杀毒软件对所有进出计算机的进程进行监控时，容易受到用户安装的其他杀毒软件的干扰，甚至会出现判断错误的现象。

误区 4：定期更新系统平台就会防止病毒的产生。

就计算机系统漏洞而言，从发现漏洞到漏洞补丁的修复需要 1～2 周时间，在这段时间内如果遭到黑客攻击，就会带来严重的后果。此外，在计算机的日常使用过程中，许多用户对一般性漏洞并不重视，认为只有紧急的漏洞需要即刻修复，这就为黑客带来可乘之机，使计算机系统安全受到严重威胁。

误区 5：只要在线扫描提示无问题就说明计算机是安全的。

在线扫描与杀毒软件的功能相类似，仅仅是起到安全防范作用，并不能阻挡所有计算机病毒的入侵。而现在许多杀毒软件自带的在线杀毒功能一般是一种营销手段，用来吸引用户购买该杀毒软件，其防病毒功能是有限的。

二、高校维护档案信息安全的现有技术措施

在信息时代背景下，电子档案是一种高科技产物。为了维护高校电子档案的真实性与安全性，信息安全技术的应用必不可少。下面就高校在维护档案信息安全方面采取的现有技术措施展开详细分析。

（一）电子档案信息认证与恢复技术

1. 签署技术

一般情况下，电子档案签署技术包括手写式数字签名与证书式数字签名。其中手写式数字签名是将专门的软件模块嵌入文字处理软件内部，用户运用特定的光笔进行签名，或者运用压敏笔将名字签在手写输入板上，这种方式类似于纸质文件的亲笔签名。证书式数字签名则是发件方采用密钥对文件实施加密处理，在数字签名生成后，与文件共同发出。

2. 加密技术

保障电子档案信息的保密性是加密技术的主要功能之一。就加密技术的加密方法而言，通常采用"双密钥"的传输方法。在网络传输中，加密通信者同时拥有加密密钥与解密密钥。这两个密钥是完全不同的，一般来讲，加密密钥是相对公开的，而解密密钥则完全保密，发件方在发件时采用的是收件方的公开密钥，而收件方在解密时采用的是只有自己知道的密钥。所以即使有不法分子将密文截获，也是难以解密的。从这个角度来讲，加密技术对于电子档案信息的安全起到了重要的保护作用。

3. 身份验证

身份验证技术的使用一般是将由数字、符号或字母等组合而成的"通行字"分配给合法用户，并将其表示为用户身份。用户要想访问系统，就必须将代表自己身份的"通行字"输入，由计算机对其"通行字"与用户其他资料进行验证。当验证结果为合法用户时，用户才有权限进入系统进行访问；如果未通过验证，则无法获得系统进入权限。目前，银行系统所使用的用户密码验证采用的也是身份验证技术。身份验证技术通过管理员代码验证来防止他人非法进入系统，避免造成数据、文件破坏。

4. 防写措施

CD-ROM（只读光盘）存储于计算机外存储器中，仅供用户读出信息而不可再次写入或删除。WORM（一次写入型光盘）则是一种不可逆式记录介质，用户一次写入可多次读出，可追加写入但不可删除原有信息。在电子档案信息管理中，运用 WORM 能在很大程度上提升档案信息的安全性，避免用户对档案信息进行更改或删除。当前，在计算机软件的设置项中，可将文件设置为"只读"状态，用户可读出文件信息，但不可对文件信息进行任何修改。

5. 硬盘还原卡技术

硬盘还原卡技术，指的是用户对硬盘内电子档案信息可随意更改、增减或删除，在关机重启系统后，硬盘恢复原有状态。运用此技术，用户的所有操作行为均不会在档案信息上留下痕迹，这就为电子档案数据信息的原始性与完整性带来了重要保障。

（二）电子档案防病毒技术

1. 计算机病毒的产生

计算机病毒作为一种破坏性极强的计算机特殊程序，自我复制功能非常强大，在非授权状态下可侵入数据文件及执行程序中。早在 20 世纪 80 年代中期，计算机病毒就已经出现，经过多年的发展，病毒数量飞速增加。现如今，网络病毒更是大肆流行起来，导致计算机网络安全问题频出，在信息时代背景下，对计算机病毒的查杀已经成为档案信息管理工作的重中之重。

2. 计算机病毒的防治

在电子档案信息管理工作中，对计算机病毒的防治要首先明确管理观念，坚持"预防为主、防治结合"，避免计算机病毒在各个计算机软件中进行传播，同时要加强对已存在病毒的抑制，防止其传染其他计算机。另外，计算机病毒传播具有非常强的主动性，所以必须采用人为干预的方式，从计算机病毒寄生对象、传染途径与驻留方式等方面入手加以防范与管理。

3. 对多种软硬件技术进行综合运用

在电子档案信息管理中，只要发现计算机病毒的踪迹，就应立即对病毒盘进行清理，重启计算机，对计算机病毒进行彻底查杀。同时，要加强对重要信息的保护，借助相关软件将重要信息存储于安全之处。建立健全防病毒规章制度，对软硬盘及其相关系统进行定期检查，加强对重要数据盘与系统盘的备份管理，在计算机上安装最新版本的杀毒软件并定期升级。

（三）电子档案信息备份

信息备份作为维护档案信息安全的辅助措施，能通过对档案信息系统的有效恢复，确保档案信息不受安全威胁。

1. 备份技术

备份技术经历了飞速的发展，最初阶段的备份多指简单的复制，后期经过磁盘镜像与双工，逐渐升级为现在的镜像站点、灾难恢复方案以及服务器集群技术等先进手段。在日常工作与生活中，用户应用最为广泛的备份手段主要是磁盘镜像与磁盘双工技术。其中磁盘镜像通过两个在同一通道上的成对磁盘驱动器与盘体，实现对同一种文件或资料的连续性更新与存储。在使用过程中，如果其中一个磁盘发生问题，另一个磁盘并不会受到影响，能够继续独立运行。磁盘双工则是两个磁盘位于不同通道，通过镜像的方式来保护文件或资料不受损坏。

2. 备份管理制度

在电子档案信息的管理过程中，应建立科学规范的备份管理制度，并通过有效途径予以贯彻与执行。具体如下：第一，定期备份与实时备份的科学选择。对于静态数据信息的保护，主要选择定期备份方式，对于实时数据系统，则选择实时备份方式，防止因死机或系统故障带来安全损失。第二，对备份内容、状态与日期的选择。针对不同的信息资料，应选择相应的备份形式。以备份内容为依据，主要有全备份、增量备份和集成备份等形式；以备份状态为依据，可分为联机备份与脱机备份形式；以备份日期为依据，主要有日备份、周备份与月备份等。第三，对备份设备的选择。在选择备份设备时，应以单位的实际需求与备份设备的特点为主要依据，备份设备主要包括磁盘阵列、硬盘、光盘、软盘及组合磁带机等。第四，规范备份制度。在备份制度的建立过程中，应充分考虑多套备份的组合运用、异地存储方式的选择以及在突发状况下对信息资料的智能恢复等。如果单位的现实状况允许，可选择较为先进的备份技术，如集群服务器技术、镜像站点等。综上所述，要想提升档案系统的运营水平，保证运营状态，维护档案信息的安全，就必须提高对备份工作的重视，建立完善科学的备份管理制度。

（四）电子档案网络传输信息安全技术

1. 防火墙

防火墙主要通过在系统网络与外部网络连接点设置障碍的方式，实现对非法入侵者入侵行为的阻止，同时还能避免系统网络内专利信息与机要信息的输出，以此保证系统网络的安全。

2. 虚拟专用网

虚拟专用网作为电子档案传输专用网络，将安全信道建立在两个系统中，保证电子数据的传输安全。在虚拟专用网络中，传输双方相互熟悉，且传输的数据量非常大，在获取双方一致认同的情况下，通过运用复杂的认证技术与专用加密技术，能进一步保障电子档案信息的安全传输。

3. 网络隔离计算机技术

网络隔离计算机技术能在同一台计算机上同时实现内网与外网功能。其中内网为系统内部保密网，外网则是互联网。通过对网络隔离计算机技术的运用，即使外网遭受非法入侵，内网系统的安全也是完全可以保障的。

第三节　信息时代高校档案馆的发展

一、数字档案馆的发展与普及

（一）数字档案馆的主要特征

数字档案馆运用数字网络化方式对文件生命周期内所有的实践过程进行有序管理，包括文件的收集、创建、确认、转换、存档、管理与发布等环节，同时在一定范围内可组合运用不同的载体形式对档案信息进行存储，实现网络资源的共享，进而体现档案电子信息服务的现代化与自动化。从数字档案馆的特征来看，主要表现在以下五个方面：

第一，档案信息数字化。数字档案馆内存储的档案信息是运用计算机手段处理过的数字化信息，这些信息能被计算机识别，并通过多种形式向利用者提供信息服务。

第二，网络是信息的传输通道。数字档案馆的存在是离不开网络的，可以说借助网络数字档案馆的传输环境才得以现代化。

第三，以用户的信息需求为服务中心。当用户有档案信息需求时，借助计算机网络系统，在特定的权限范围内即可远程联机浏览、利用信息数据库。用户在家里或办公室的终端前即可获取所需信息，不必亲自到档案馆进行查阅。如果用户在使用过程中遇到问题，只需在线联系档案工作者即可获得帮助。

第四，多种高新技术组合运用。数字档案馆作为多种系统的集合体，涵盖了数字信息保存系统、集成系统与内容管理系统等多种高新技术系统，其管理对象主要为非结构化数据。在运行过程中，数字档案馆除了发挥数据中心与发布利用的作用外，还具备极强的有序处理与集成管理功能。

第五，馆藏容量庞大。在现代化网络技术与数字化技术的支持下，数字档案馆的馆藏容量得以扩大，不仅能将大量的馆藏信息存储于光盘内，而且能将不同类型的档案信息设置在相关体系内，以此实现馆藏资源的共享。

（二）计算机多媒体技术是数字档案馆的重要基础

在信息时代背景下，数字档案馆作为计算机多媒体技术发展的产物，立足于时代发展需求，实现了传统档案馆的质变。

数字档案馆的建立主要借助信息时代背景下的计算机多媒体技术，它向社会展示了档案馆的发展前景，同时还使得档案馆数字信息的收集、利用、共享与管理等工作领域得以有效拓展，为用户提供了更加便捷、高效的档案信息服务。

在具体实践与运行中，数字档案馆充分利用了计算机、数据库、多媒体、数字影像、扫描、存储等先进的技术，将存储于不同载体的档案信息转化为数字化信息，并以数字化形式进行传播、存储与利用，通过运用计算机系统，形成了规范有序的档案信息库，为信息资源共享的实现奠定了良好的基础。

（三）数字档案馆带来的变化

1. 档案载体的变化

在信息时代，办公自动化与无纸化发展趋势日益显著，大量电子文件产生，逐渐取代了传统的纸质文件，并成为档案信息的主体。在未来的发展中，档案馆的主要管理对象将变成电子文件，同时数字化信息也会成为档案馆收集、整理、保存与利用的主要档案信息。这类信息的主要载体是计算机可读写介质，通过计算机手段进行处理，并借助网络技术进行传输。

2. 管理系统的变化

在信息时代背景下，计算机通信技术与多媒体技术飞速发展，数字档案馆应运而生。可以说，数字档案馆的运行与使用离不开网络系统的支持。现如今，办公自动化程度逐渐加深，档案的计算机管理方式也由原来的单机管理转变为现在的综合系统管理，档案管理系统隶属于办公自动化系统，在办公自动化系统的影响下逐渐发展成熟。

3. 文档管理方式的变化

数字档案馆的建立实现了文档一体化管理，利用网络系统不仅能实现对电子文档的接收与管理，而且能为用户提供更加便捷的服务。在文档一体化管理模式下，用户的档案录入、归档、整理、检索与打印等工作可以一次性完成，不仅能有效提升工作效率，而且减轻了档案管理工作者的工作压力，降低了劳动强度。

4. 服务方式的变化

数字档案馆的建立使人们的档案借阅方式发生显著变化，用户在家里或办公室里就能获得馆藏资源，这为用户提供了极大的借阅便利。另外，通过对数字档案馆的开发与建设，档案工作者不再仅仅负责重复简单的查阅、调卷工作，而是将更多的精力与时间放在对档案信息数据的整合与管理上，使更多有利用价值的档案信息被充分挖掘出来，在为用户提供丰富的档案资源的同时，促进了数字档案馆的良性发展。

5. 保管方式的变化

在数字档案馆的管理工作中，馆藏资源和档案载体的特殊性决定了档案保管方式的复杂性，在档案管理中，需要对电子档案信息进行定期保存与维护，在保证档案信息可读性与可用性的同时，确保档案信息安全。数字档案保管方式发生变化，应加强对档案载体的安全保护，避免因突发状况导致信息丢失或泄露，应对档案信息进行定期检测与转存，维护数字档案的物理环境。同时，应注重对电子档案形成所需的相关信息及软硬件设备的维护，在保证档案信息可读性的同时，正确处理资源共享与保密工作之间的矛盾。

二、智慧档案馆的建设与应用

（一）智慧档案馆的概念

在智慧城市、智慧校园等智慧生态快速发展的环境下，档案馆正在从当前重视馆藏档案资源数字化管理向档案馆全面信息化管理的智慧模式转变，智慧档案馆逐渐代替传统的数字档案馆，成为档案界最前端的理念。数字档案馆将传统纸质档案进行数字化处理并保存，通过计算机、网络向用户提供查询和利用服务，是一次档案信息脱离载体的解放；智慧档案馆作为档案馆发展的新形态，通过云计算、大数据、物联网等新技术实现对档案信息及其载体的智慧管理，以及对档案利用者的智慧服务，从而构建档案馆管理与运行的新形态、新模式。这种转变不仅出自档案管理理论和实践本身的发展需求，更有来自社会变革、服务演进的深层次需求。

（二）智慧档案馆建设的具体内容

1. 库存档案的数字化

（1）库存档案数字化建设的重要意义

目前来讲，纸质档案数字化工作的实施，能够在对档案馆实际运行情况进行充分分析的基础上，科学制订具体的工作计划，对档案扫描范围进一步明确，对于利用价值高、利用面广、使用频率高且需要加强保护的纸质档案进行优先保存与利用，强化档案数字化建设实效，促进资源共享的进一步实现，并为社会、学校各项工作提供有价值的信息资源。从以上分析来看，档案数字化建设具有非常重要的现实价值。但在实际操作过程中，仍然存在诸多问题，影响档案数字化建设，如数字化档案的科学鉴定、数据库的建立以及数字化文件的存储格式等，这些问题并不是短时间内能完全解决的，需要档案工作人员的精心策划与科学组织，保证档案数字化建设工作按照预期计划进行。

（2）库存档案数字化的具体实践

①科学选择库存档案，明确界定数字化加工范围。

首先，优先选择价值高、年代久远、保护急迫性强的档案。对于年代久远、珍藏价值高或出现破损、字迹模糊的珍贵档案，进行优先扫描，将其输入档案管理系统，通过数字化的实施，减少此类档案的利用频率，有效化解珍贵档案保管与反复利用之间的矛盾，进而实现对珍贵纸质档案最大限度的保护。例如，南京师范大学档案馆在档案管理工作中，因金陵女子大学档案的年代较为久远，且已出现档案破损、字迹退化的现象，优先对其实行全文数字化，在发挥其信息利用作用的同时，使这批珍贵档案得到有效保护。

其次，尽量选择利用率高的档案。以日常借阅登记与利用情况为依据，明确利用率高的档案，并将其列入数字化范畴。例如，对于高校录取新生名册档案来说，学生的基本面貌、教育经历、高考成绩、考生类别、所选院校与专业等各种重要信息均包含在新生名册档案里。学生进入社会后，高校录取新生名册档案成为证明学生资历情况的"名片"，在教学评估、学生求职等方面发挥着重要的参考作用，这也在很大程度上提高了这类档案的利用率。对于此类档案，应将其列入数字化的考量范畴内。

最后，坚持适宜性原则。在档案数字化建设中，并非所有档案均适合数字化，许多档案受技术因素的影响，难以达到理想的数字化转换效果，或者部分档案信息容量过于庞大，再加上转换速度慢，利用起来存在诸多不便，这类档案就不需要强行实施数字化，待数字化技术更新至能轻易解决以上问题时，再实施数字化转换。除此之外，在传统纸质档案管理中，许多档案已经装订成册，如果强行拆开就会损毁档案，不拆开就达不到良好的扫描质量要求；还有许多年代久远的珍贵档案，在常年储存过程中，或发生霉变，或被虫蛀，或纸张脆弱不堪反复翻阅，在扫描过程中容易导致其损坏。对于以上种类的档案，可利用数码相机进行拍摄，不仅能获得良好的图像采集效果，而且能在很大程度上保护珍贵档案，提升工作效率。

②明确制订档案数字化扫描计划。

在档案数字化建设中，必须首先明确档案扫描工作计划，科学分工，强化部门合作，保证扫描工作的顺利进行。例如，许多高校档案馆在数字化进程中，一般采取扫描外包的工作方式，将扫描工作交由专门的数字化加工企业，并通过签署协议的方式明确扫描质量要求。但是，因高校档案信息资料具有保密性与重要性，在实施扫描工作前，需要派专人负责档案的出入库登记工作，同时确定扫描加工地点，避免纸质档案在扫描过程中出现信息丢失、泄露或档案损毁的问题。从以上分析可知，要想在数字化扫描加工过程中保证信息安全，就必须首先对各种影响因素进行充分考虑，并制订详细的扫描计划，对可能出现的问题预先做出解决方案，保证数字化加工过程的顺利进行。

③合理创建档案目录数据库，保证信息质量。

在档案数字化建设过程中，目录数据库的创建是重中之重。创建目录数据库，即通过构建档案主题、类别及代码，与相关的档案内容形成链接，保证信息查找的精确性，提高检索效率。可以说档案目录数据库的创建是保证档案全文得以充分利用的重要基础，不仅能将档案信息全面反映出来，而且能为用户提供完整、动态的档案信息服务。因此，在创建档案目录数据库时，应遵循档案著录的相关规则，将档案目录与扫描图像进行精确对接，保证目录与图像的相互对应，提升网络信息检索的精确性，为用户提供良好的检索体验与服务。

④保证数字化加工文件存储格式的正确性。

现如今，科学技术迅速发展，在为档案数字化建设带来发展契机的同时，也为电子档案的管理工作带来诸多难题。在档案数字化建设过程中，应选择一种适用性强的档案存储格式，使数字档案摆脱传统数据库的束缚，减少因软件或设备不断更新导致的不良影响，保证数字档案的长期保存。例如，当前许多数字方案是以 PDF 的格式来存储的，这种格式的通用性非常强，不易篡改，不仅具有原版显示效果，而且传输速度非常快，能为用户带来良好的信息使用体验。

2. 增量档案的电子化

在高校档案数字化建设中，可制定电子文件管理联席会议制度，明确电子档案管理规则，强化电子档案数字化管理，并对电子档案归档工作进行严格管理，运用三级协同办公系统实现电子档案管理与保存一体化，完善电子档案收集、归档与移交工作流程。另外，在档案数字化处理与电子档案的归档工作中，要加强数字化成品质量管理，保障档案信息安全，避免数字化处理手段对档案原件造成损坏。

3. 加强一体化系统管理

将高校办公自动化系统与档案信息系统进行对接。现阶段，大多数高校的办公自动化（OA）系统与档案信息系统并未实现对接，而是相互独立运行与使用的，OA 系统运行中产生的数据是无法直接与档案信息系统相统一的，需要对其进行重新录入。通过对高校 OA 系统与档案信息系统的对接，实行一体化系统管理，能有效降低劳动强度，避免重复工作，提升工作效率。

（1）实行一体化系统管理的建设目标

①实现数据交换与存储一体化。

将高校 OA 系统在运行中产生的数据信息按照特定格式存入档案信息数据库，实现实时归档、定时归档。这一操作可使电子档案标题、文号、发文单位及日期等信息自动归档，与档案信息系统数据库相关字段进行自动对接，同时将包括图像在内的电子档案全文存储于服务器特定文件夹内。

所谓实时归档，即发文在文件发布时归档，收文在文件办结时归档。定时归档，即系统运行中产生的新数据信息在预先设定好的时间自动归档。

②提高数据信息的利用率。

对高校 OA 系统内的已有数据进行重新组合，按照预先制定的规则形成新的数据信息，以此降低劳动重复率，提高数据利用率，在提升档案管理质量的同时，充分发挥高校档案数字化建设效益，促进高校档案工作的科学发展与稳定运行。

③维护系统稳定，保障信息安全。

在数据信息的传输中，要充分保障 OA 系统与档案信息系统的运行稳定性与信息安全性。保障信息安全性主要指保障两套系统中的原有信息以及传输信息的安全性，在保证信息传输对数据库的正常运行不产生影响的前提下，确保电子档案信息的真实性，确保档案凭证功能的发挥。

（2）实行一体化系统管理的建设方案

当前阶段，加强高校 OA 系统与档案信息管理系统的一体化系统管理与建设，主要采用以下两种方式：

①联机传输归档。改变高校 OA 系统与档案信息系统的相互独立现状，加强对两套系统的整合利用，在网络技术的支持下将电子数据信息直接录入档案信息系统，实现两者的无缝对接。要想实现这一归档效果，需要采用通用数据接口，以此为介质实现数据信息的跨平台传输。

②数据库中心传输归档。受多种因素的影响，高校在档案信息系统的建设过程中，因数据源及信息系统的差异，导致数据信息类型及信息访问途径存在较大差别。这些差别的存在使得高校各信息系统与数据源之间无法实现信息共享与数据传输，进而形成"信息孤岛"现象。要想将"信息孤岛"问题彻底解决，就需要从以下两种途径着手：第一种途径，将原有信息系统撤销，以数字化方式对信息系统进行重建，形成全校范围内支持信息共享的数据库中心，整个数字化校园系统内涵盖了教务管理、档案信息管理、办公自动化管理及人事管理等各种功能模块，只需对每一项功能模块赋予权限，就能实现信息共享与数据传输。第二种途径，运用系统集成手段对高校各部门信息系统进行整合，实现各部门系统之间的无缝对接，形成数据集成系统。就目前阶段而言，高校应以自身运行情况为依据，选择处理方案。如果原有系统能正常运行，则可选择系统整合方案，将原有数据信息纳入数字化信息系统中。如果高校原有系统较为落后需要新建系统，对于新建系统，则需要统一标准，保证其正常运行。总而言之，不管是整合系统，还是重建系统，建立数据库中心是实现信息共享与数据传输的根本途径，同时也是核心工作。通过对数据库中心的建立，档案信息系统要想获取 OA 系统中的数据信息，无须再进行联机或脱机，直接从共享数据中心即可获得。

综合对比以上两种归档模式可得出以下结论：联机传输归档模式借助校园网络，能有效解决高校电子公文数据的归档问题，不仅操作方便，技术成熟，而且资金投入相对较少，在短时间内即可投入使用。数据库中心传输归档模式则主要适用于统一规划的数字化校园信息系统解决方案，在这一模式下，高校 OA 系统、档案信息系统、人事管理系统及教务管理系统等形成统一的整体，在有效解决电子公文数据归档问题的同时，还能有效解决其他电子数据的归档问题。可以说，此模式是一种理想化模式。在高校的管理工作中，这种模式的应用相对较为罕见，究其原因，在于该模式技术难度大、资金投入多、建设周期长，且对系统协调性与统一性要求高。我们通过对两种归档模式的对比分析得出，数据库中心的建立是信息传输模式的未来发展趋势，而联机传输归档模式是解决高校电子数据归档问题的主要途径。

4. 档案管理网站的规范建设

（1）档案管理网站建设的必要性

高校档案管理网站的建设，首先应明确目标定位，以高校馆藏档案资源的具体情况为依据，明确检索出具有高校发展特色且有社会影响力的信息、高校内部发展所需信息、社会公众期望获得且可公开的信息。通过逐项整理与盘点，将其分门别类地发布至高校档案管理网站，为社会与高校的发展提供信息服务。要加强档案管理网站的规范建设，应首先明确档案管理网站建设的必要性，具体分析如下：

①满足高校内部管理需求。高校档案管理工作的主要职能为管理职能与服务职能，其中管理职能包括档案工作的法规制度宣传、业务规范指导、档案源头信息整理等，服务职能包括向社会公众及档案馆以外的机构提供信息检索与访问服务，满足其信息需求。在高校的档案管理实践中，可借助档案管理网站将业务规范及操作要求传达给相关人员，在提升工作实效的同时，降低人员工作强度。同时，档案馆应定期将其所掌握的机构内部管理规范信息向公众传达，为高校相关部门的信息使用与查找工作提供便利，提升办学透明度，充分体现高校管理的公正性与公开性。

②满足海内外校友的信息需求。各大高校为社会培养了大量专业人才，满足了社会在发展进程中的人才需求，并为国家建设奠定了人才基础。对于校友而言，与生活了数年的母校感情深厚，对母校今后的建设与发展较为关注。在对校友的服务工作中，校友办发挥了重要的作用。从当前情况来看，档案馆与校友之间也存在着密切的关联，许多校友在毕业离校后，需要母校档案馆为其提供学籍证明材料，满足其工作、求职需求。而高校在建立了档案管理网站后，能为校友提供更大的便利，可使其在短时间内获得所需材料或信息。

③满足公众的档案信息需求。现如今，我国高等教育正向大众化方向发展，高校信息资源建设也受到了社会公众的广泛关注。而作为高校信息资源建设的重中之重，档案管理工作也顺应社会的发展趋势，不再局限于服务于高校内部建设，逐渐承担起向社会公众传递信息的责任，体现了信息化社会的发展形势。当前，各大高校均建立了现代大学管理体制，为满足高校的信息化建设需求，必须建立档案管理网站，为信息化社会提供更多有价值的档案信息。

④满足高校文化传播需求。高校档案资源中包含大量有价值的史料，通过档案工作人员的整理将其发布在档案管理网站上，供高校师生与社会公众进行查阅与传播，可在传承优秀文化的同时，促进社会的文明进步。高校培养出来的人才、大师或名人，是现代社会的财富，对其奋斗历程与社会贡献进行宣传，能在一定程度上对社会公众起到鼓舞作用，形成积极向上的社会氛围。

（2）档案管理网站的建设思路

要想提升高校档案管理网站的建设实效，扩大信息覆盖面，提升信息查询利用效率，改善社会公众的信息服务体验，需要从以下五个方面着手：

①将首页设置为信息目录导航模式。对于网站建设而言，首页作为门面担当，是提升用户体验的重要因素。因此，在建设高校档案管理网站时，需要加强首页管理，明确导航目录，使用户能迅速获取想要的信息。在首页元素的选择上，应充分体现高校风貌，适当选用仿古色调与具有厚重感的历史元素，增加标志性较强的高校特色标志或建筑。

②建立网站后台信息发布平台。一般而言，高校档案管理网站包含多种类型的信息栏目，如静态栏目（政策法规、机构设置、业务指南、信息查询及下载专区等），动态栏目（公告通知、工作快报、活动动态等）与专业栏目（学术交流、科研项目进展、学科建设讲堂及优秀论文发布）等。通过建立网站后台信息发布平台，利用动态网页技术保证前台信息展示与后台数据库管理功能的充分发挥，对目录信息进行规范管理，为用户提供更加便利的信息服务。通过后台目录数据库的建立，对档案信息进行编辑并将其上传至网站，而前台则在固定栏目及版面中将后台发布的各类信息进行动态显示。前台版面结构是相对固定的，根据数据库信息更新情况来更换信息内容，不仅能提升信息发布效率，还能保证信息规范性。

③综合运用多媒体展示方式。在高校档案管理网站的管理与维护中，适当增加图片、视频等多媒体展示方式，使网站更具特色，信息更加生动形象，使用户能更加直观地获取信息，提升用户的使用满意度。对图片形式的运用，可通过虚拟展厅、网上展览的方式传播馆藏资源，使用户对高校的发展历史、人物活动等内容产生直观感悟，达到文字所无法达到的传播效果。对视频形式的运用，则可以对历史原貌进行完整还原，使网站信息更加丰富，并为档案的编研与史料考证工作提供充分的资料。

④增加馆藏目录配套发布端口。现如今，档案信息传播正向着数字化方向发展，使传统档案管理模式下用户被动接收档案信息的情况发生巨大改变。在档案管理网站中设置档案目录信息发布功能，提升了信息的利用度，提高了档

案服务质量，同时还确保了档案信息的安全性。就高校馆藏资源而言，信息种类庞杂，将信息录入数据库的工作强度非常大，因此，在档案管理网站增加馆藏目录配套发布端口，能实现档案信息在网站上的同步更新，既降低了档案信息录入工作强度，又为用户提供了一站式信息服务。

⑤增设"人机"交互平台。要想促进档案馆服务职能的充分发挥，需要了解被服务对象的信息服务需求，以提供更具针对性的信息服务。在档案管理网站增设"人机"交互平台，既能打破时间、地域的限制，实现与用户的实时交流，拓展互动空间，获得档案史料的征集建议，又能充分体现网站的服务特色。但是，"人机"交互平台作为档案管理网站的子系统，具有一定的独立性，其建立对专业技术要求非常高，不仅需要实现用户的统一认证功能，确保资料上传与下载效果，而且需要具备坚实的安全保障。这对网站技术人员的专业水平提出了更高的要求。

（3）档案管理网站的功能拓展和维护模式

根据高校档案馆目前的工作实际与运作情况，研究选择、采用合适的研发和维护模式，对档案管理网站建设具有相当关键的作用。

①档案管理网站的建立与设计需要多方力量的支持。在档案管理网站的建立中，涉及不同领域、不同方向的工作，包括整体框架设计、模块信息采集、系统软件编制、硬件系统配置与维护、网站安全保障等。具体而言，需要文字信息编辑与撰写、网站前台的平面设计、动画与视频制作、网站后台的程序开发与数据库应用等。随着互联网技术的不断改进，网站设计功能也在不断更新，涉及管理学、档案学与计算机信息科学等领域，这更离不开各方技术人才的支持与配合。

②档案管理网站的建设离不开经费支持。在高校档案管理网站的运行中，多人同时在线是非常常见的状态，这就对网站的稳定性与浏览速度提出了一定的要求。而要想维护网站的稳定运行，就需要不断改进硬件配置，更新软件系统，以此改善网站运行环境，改进硬件性能，维护系统稳定。在档案管理网站的建设中，在对硬件设备及软件系统进行更新时，需要耗费大量的物力与财力，这就依赖于高校组织机构的经费支持。

③档案管理网站运营模式的科学选择。在高校档案管理网站的建设中，可采用以下运营模式：在网站建设初期，注重对网站软件系统与硬件设备的投入，科学制定网站建设目标，明确功能需求，并积极引进专业技术人才，加强人才技术支持，保证网站的专业性，维护网站的安全运行，能在很大程度上缩短网站建设周期。在网站建设工作完成后，由高校档案管理人员负责网站的信息发

布与运营维护等工作，提升网站运行的稳定性与便捷性。需要注意的是，在网站的日常管理与维护工作中，除了需要规范科学的管理制度外，更离不开技术与资金的双向支持，在维护网站安全运行的同时，确保网站内容的新颖度与规范性。

5. 智慧档案馆的数字化信息利用

（1）数字化信息利用的特点

就智慧档案馆而言，其显著特征就是网络化与数字化手段的应用，这就使得其信息服务方式相较于传统档案馆发生显著变化。在信息化时代背景下，智慧档案馆的信息利用与服务主要呈现出以下特点：

第一，坚持以满足用户需求为工作中心。智慧档案馆的运行为用户创建了良好的档案资源环境，以用户为中心，以满足用户的需求、为用户提供便利为智慧档案馆的工作出发点。用户在使用过程中，不再处于被动状态，而是通过智慧档案馆充分了解资源环境，与档案信息资源进行自主互动，能够主动、快速、准确地获取所需信息，并获得良好的信息服务体验。

第二，信息资源更加丰富，载体类型不断更新。在传统档案馆的使用中，信息资源是非常有限的，而且以纸质载体呈现档案信息。信息时代背景下的智慧档案馆的信息资源更加丰富，信息载体类型多种多样，如光盘、磁盘、远程网络提供以及缩微品等，这类信息载体不仅容量大，而且使用便捷，只需用户通过简单处理就可以使用，大大提升了信息资源的传播速度与使用效率。

第三，智能化信息服务模式不断规范。在信息化时代背景下，通过计算机对档案信息实施智能检索与管理，并以文件类型为依据建立文件与文件之间的链接，在不同信息节点之间建立起网络结构，能够实现从不同角度展示信息资源时的规范有序。用户在检索信息时，只需输入一个检索要求，所有相关信息文件就能一次性呈现出来，查全率显著提升。同时，在先进的技术支持下，能够满足用户不断细化的信息需求，对信息形态进行转换，进而对档案资源进行充分利用。

第四，信息服务打破时间与空间的局限。在传统档案馆的使用中，用户要想获得想要的档案信息，需要亲自到档案馆进行查询，有时一个档案馆无法满足用户的信息需求，还需跑多个档案馆查询信息，甚至为了获得某一信息需要到外地查找档案。在信息时代下，上述现象将不再出现。智慧档案馆的利用，打破了时间与空间的局限，用户可以利用计算机或其他上网工具在任何时间与地点获取所需信息，大大提高了信息获取效率，带来了极大的便利。

第五，馆藏资源容量无限扩大。信息时代的智慧档案馆的显著特征就是开放与共享，其在保持馆藏实体档案功能的同时，利用网络实现信息资源共享，构建其容量无限大的虚拟信息资源。对于每一个智慧档案馆而言，其作为档案信息资源网络的重要节点，资源容量是可以无限扩大的。特别是在当前的信息时代背景下，两个档案馆的资源共享与互借所产生的效果必然是 1+1 ＞ 2 的，而将多个智慧档案馆进行互联，所产生的信息量更是无限的，其服务功能也是更加强大的。

（2）智慧档案馆的信息服务方式

第一，网上主页服务。网上主页服务即智慧档案馆借助网络技术，将信息产品展示在主页上，为用户提供方便、快捷的信息服务。在主页界面设计上，要遵循简洁、明了的原则，将档案馆基本概况、馆藏信息目录、网上资源、光盘资料及主要服务项目等基本信息进行展示，同时还要向用户提供资源使用及网络导航服务，将国内外网络档案馆、热门站点等与网页之间建立起链接，完善学科导航，进而为用户获取信息资源提供便利。

第二，信息检索服务。建立数字档案信息检索系统，提升信息检索服务工作的自动化水平，使信息检索网络更加系统、科学，对数字档案信息内容进行全面揭示，使用户能够在大量信息资源中快速获取所需信息，进而为其提供高质量、全方位的信息检索与查询服务。

6. 档案馆的智能化管理

①自动扫描取卷，传送带传输案卷，档案管理人员不必进入库房。

②自动调节温湿度，恒温恒湿系统的安装，管理人员不必开关空调和抽湿。

③自动杀菌消毒。

④自动感应灭火装置、防盗装置等。

第四节　信息化时代下高校档案信息管理的创新研究

一、制定完善的档案信息管理制度

（一）建立健全库房安全管理制度

建立健全库房安全管理制度，加强防治结合，消除库房安全隐患，确保档案安全，是维护档案安全与完整的一项重要措施，具体包括以下内容。

1. 日常安全检查制度

日常安全检查制度指对库房内的档案及相关设备、设施进行日常安全检查，以便及时发现问题，将危及档案安全的因素消灭在萌芽状态之中的制度。主要检查档案有无霉变、虫蛀，有无被泄密、毁坏、遗失、盗窃，库房有无火灾、水灾等隐患，用电设备是否完好，消防器材是否齐全，门窗是否牢固等。

2. 进出库制度

进出库制度指为确保档案的安全与完整，对进出库房的人员、档案所做的专门性规定。主要包括在库房外悬挂非工作人员不得入内的警示标牌；库房管理人员在库房内不允许从事与库房管理无关的其他活动，非工作时间一般不允许进入库房；档案入库前要进行必要的消毒处理；档案进出库要登记；对典藏的档案要进行定期检查清点。

3. 库房指南

库房指南指库房档案及库房相关设备、设施的存放位置的索引，便于平日库房管理人员切实掌握库房档案的存放情况及取放档案，更有利于在突发情况下迅速抢救并转移档案。

4. 库房安全责任制

将库房安全责任落实到人，量化到岗，落实具体个人岗位责任制，层层负责，确保库房安全。

5. 保证计算机系统有良好的工作环境

档案管理制度需要确保计算机系统有一个良好的电磁兼容工作环境，主要指存储档案信息的库房、计算机机房的周围环境应符合管理要求和具备抵抗自然灾害的能力，应当按照国家标准规定进行建造，在确保恒温、恒湿的条件下，既能防水、防火，又能防雷、防磁、防静电，使得各种硬件设施远离强震动源、强噪声源，保证档案管理系统有一个安全的运行环境。

（二）建立档案管理系统的安全管理制度

1. 制定档案信息系统安全设计与建设规范

制定有关档案信息系统的安全建设规范，可以按照信息安全等级保护 3 级、2 级的要求，设计配置必要的安全软硬件设备，通过安全软硬件系统建设，保障信息系统稳定、可靠、安全地运行。信息系统安全设计与建设的总体策略包括分域防护、访问控制、权限管理、多层防御、集中监控等内容，根据档案信息系统的专业特点与档案信息安全要求，明确规定了档案信息系统按照区域划分原则应划分核心域、管理域、应用域、终端接入域四个不同安全区域以及各区域的访问控制与管理权限，分区域梳理了物理层、网络层到数据层按照不同等级保护的技术要求以及安全控制措施，有针对性地提出了档案网络安全建设与应用系统安全建设的要求，为新建项目单位在系统规划、设计与实施、运行管理以及数据备份等方面的安全技术保障建设提供规范指导。

2. 制定档案信息系统安全保障工作操作指南

制定档案信息系统安全保障工作操作指南，规定档案信息系统安全保障工作中的人员安全管理，机房和设备安全管理，网络安全管理，应用系统安全管理，在线监测监控网络和数据安全管理，访问控制安全管理，文档、数据与密码应用安全管理，安全事故、故障和应急管理技术操作规范。

3. 制定档案信息系统安全监督检查工作规范

在档案信息系统安全体系建设与运行管理全过程中引入档案信息系统风险评估、风险管理的概念，明确信息安全自我检查、监督检查环节的工作流程，以及安全检查工作的内容、程序、方式与要求，提出档案信息系统安全工作监督检查工作量化的指标体系。

二、强化档案信息管理队伍建设

（一）培育管理人员的新思维

观念虽然无形，但是对提高档案信息化人才的决策能力和执行能力具有决定性的作用，为此，需要培育档案工作人员以下七种新思维。

1. 开拓思维

树立追求理想、崇尚科技、奋力改革、不断开放、不畏艰险、不甘落后、奋勇拼搏、图存图强的开拓意识，消除守旧、畏难、不作为的落后意识。

2. 战略思维

战略是对事业发展全局性、长远性的谋划，战略眼光是大视野，战略目标是大手笔。为此，要将档案信息化和社会发展的大趋势，如改革开放、经济繁荣、知识管理、文化传播等紧密联系起来，将社会需求作为档案信息化的目标，形成科学的"顶层设计"，自上而下、积极稳步地组织和推进档案信息化工作，改变过去各自为政、分头重复建设的粗放型发展格局。

3. 策略思维

策略是又快又好地实现战略目标的最佳路径。针对档案信息化的薄弱环节，应当实行"内合外联"的策略，即对内实行档案技术和信息资源的整合，以整合的实力提升外联的能力；对外实行与外部信息系统的外联，将优质档案信息资源接收进来，辐射出去，使档案信息系统成为社会信息的集散枢纽。

4. 人本思维

档案信息系统要真正做到"以用户为中心"，即将档案利用者和档案工作者的应用度、满意度作为信息系统建设的出发点和落脚点。为此，信息系统要尽可能满足用户，特别是社会大众的需求，并做到操作简便，界面友好，高度人性化。

5 开放思维

只有开放，才能充分发挥网络化的优势。因此，档案信息系统要积极致力于与各种社会信息系统互连互通，无缝对接，在互连中获取更多的数字档案资源，在网络化服务中提升档案工作的社会影响力和认可度。

6. 忧患思维

电子档案的存储密集性、传播快捷性、技术依赖性和表现虚拟性，使其失真、失效、失密的风险日益增大，而且数字化带来的灾难往往具有瞬间毁灭性的特点。由此，开展档案信息化建设要居安思危、未雨绸缪，一手抓技防，一手抓人防，两手都要过硬。

7. 辩证思维

档案信息化会遇到许多矛盾的对立面和统一体，如资金的投入与产出、数据的存入与取出、配置的集中与分散、信息的共享与保密、文件的有纸与无纸、资源的增量与存量等，需要人们用联系的方式和发展的眼光去认识，处理好对立统一的关系，避免非此即彼或顾此失彼的僵化思维方式。

（二）重构管理人员的知识结构

按照档案信息化的需要，现代档案工作者的知识结构需要进行以下知识的补充。

1. 信息鉴定知识

信息时代的档案信息在规模上是海量的，在门类上是多维的，在价值上是多元的。档案工作者只有具备电子档案信息内容价值和技术状况的鉴定知识，才能及时、准确地捕捉和收集具有价值的档案信息，并根据其重要程度划定保管期限。

2. 科学决策知识

档案信息化迫切需要科学规划，档案工作者只有具备开展调查研究、制定科学战略规划和规划实施方案的能力，才能把握大局，把握方向，运筹帷幄，避免信息化走弯路，受损失。

3. 宏观管理知识

档案行政是档案信息化的直接动力，档案工作者应当具备组织、指挥档案信息化工作的业务能力，掌握有关档案信息化法规、制度、标准、规范的专业知识，具备档案业务和信息技术结合上的依法行政的执行力。

4. 需求分析知识

档案信息系统建设须以用户为中心，以需求为导向。因此，档案工作者应能对档案信息的显在用户和潜在用户、当前需求和未来需求、本校内部需求和社会大众需求等，进行全面的、前瞻的分析，并对档案信息系统的信息需求、功能需求和性能需求进行准确的描述和规范的表达。

5. 系统开发知识

为了实现档案业务和信息技术的完美结合，档案工作者必须全程、深度参与档案信息系统开发。因此，档案工作者需要学习软件工程的理论和软件开发的技术，学会用信息技术的专业语言与信息技术人员进行沟通，准确表达自己对信息系统建设的需求。

6. 系统评价知识

档案工作者要具备评价档案信息系统质量的能力，能从档案管理和计算机技术的专业角度，评价档案信息系统的间接效益和直接效益，评价系统管理指标、经济指标和性能指标，并能对系统存在的问题提出改进的意见和建议。

（三）提升管理人员的操作技术

1. 信息输入技术

档案工作者应能够采用传统的键盘输入技术，先进的语音、文字、图像识别输入技术，数据导入、导出转储技术，数码摄影、摄像技术，快速、准确地输入文字、图像、声音、视频等信息。

2. 信息加工技术

档案工作者应能够利用信息检索工具，从指定的网页、服务器、脱机载体中采集档案信息；按照档案的形式和内容特征对其进行分类；按照档案的内在联系进行组件、组卷或组盘；采用自动或手工方式对档案进行著录和标引，对档案元数据进行采集、封装和管理。

3. 信息保护技术

档案工作者应熟悉或掌握数据库管理、数据组织、数据迁移、数据加密、数字签名、脱机存储、网络访问控制、数据容灾以及维护电子档案真实性、完整性、有效性和安全性等技术。

4. 信息处理技术

档案工作者应熟悉或掌握文本编辑、图像处理、视频编辑、文件格式转换、数据下载或上传等技术，了解或掌握档案多媒体编研技术，能围绕特定主题，将编研素材编辑制作出档案编研成果。

5. 信息查询技术

档案工作者应能够按照用户查档要求正确选择检索项、关键词、主题词、分类号，并正确组织检索表达式，对在线或离线保存的文本、超文本全文信息进行检索，并对检索结果进行打印、下载、排序、转发等处理。

6. 信息传输技术

档案工作者应能够采用电子邮件、短信、微博、微信等手段接收和传播文本型、图像型、声音型、视频等各类档案信息。

（四）优化队伍结构

档案信息化建设的人才队伍至少需要以下四种类型的专业人才，特别需要兼备两种以上特质的复合型人才。

1. 研究型人才

档案信息化需要科学的理论指导，没有理论指导的实践是盲目的，脱离实践的理论是空洞的。研究型人才是理论的探索者和实践的导向者，其主要责任是研究档案信息系统建设的理论；探索电子文件归档管理和电子档案科学保管、远程利用的方法；研究新技术、新方法在档案领域的应用；研究、开发先进、适用的档案信息管理软件；提出电子文件和数字档案管理的标准规范；主持或参与档案信息化科研工作；从理论和实践的结合上指导档案信息化工作的开展；

培养档案信息化建设人才。目前，档案信息化研究者主要由档案信息化工作者和高校师生构成，他们有各自的优势，又各自存在理论与实践方面的不足，最好是两方面的研究者强强联合、优势互补，促进理论和实践的紧密结合和良性互动。

2. 管理型人才

档案信息化是复杂的系统工程，需要实行严格的目标管理和精细的过程控制。管理型人才的主要责任是掌握国内外档案信息化建设的现状、经验教训、发展趋势；制定切实可行的档案信息化战略规划和实施方案；制定相关的管理办法和标准；组织、指挥、督促、指导本校的档案信息化工作；协调档案信息化建设和其他外部信息系统建设之间的关系；培养和使用档案信息化人才资源；有效筹集和合理使用档案信息化建设资金等。目前，各机构的档案信息化管理职务多由档案管理人员担任，他们具有传统档案管理的理论知识和实践经验，但是往往缺乏信息化知识和技能，又由于公务繁忙，缺乏接受信息技术继续教育的机会，可能造成档案信息化管理上的缺位或错位。因此，亟待通过各种途径提高现有档案行政干部的信息化素养。

3. 操作型人才

档案信息化涉及的环节多、操作性强，需要一大批既懂档案管理业务，又熟悉计算机操作技能的操作型人才。这类人才的主要责任是应用计算机网络技术，进行档案文件积累、归档、组卷（组件）、分类、编目、扫描、保管、鉴定、检索、数据备份等操作，他们的工作责任心和操作能力，直接关系到档案信息资源的安全、质量和价值，因此，要求他们具备强烈的信息安全意识、高度的工作责任心和熟练的操作技能。

4. 其他类型人才

（1）法律人才

档案信息化建设，特别是网站建设，可能涉及保密、隐私保护、知识产权、合同管理、网络安全等法律问题，需要具有相关法律知识的人才提供法律支持。

（2）数据库管理人才

数据库定义、日常维护、资源配置、权限设置、数据迁移等都需要数据库管理的专业知识，此类工作往往由本校信息技术人员承担，如果数据库服务器设在档案部门，档案部门也需要配备这样的专业人才。

（3）多媒体编研人才

高校档案馆需要配备必要的多媒体档案编研人才，以便从事对多媒体档案的收集、整理和编辑工作。

值得指出的是，以上人才结构的落实，关键在于档案部门的岗位设置。由于各高校受人力资源编制的限制，以上人才岗位的设置，既可以是专职，也可以是兼职，但兼职不宜过多，以免影响其专业能力的发挥。

三、制定档案信息安全法

目前，我国高校档案信息安全的保障主要依靠技术上的不断升级，在实践过程中大多强调用户的自我保护，要求设立复杂密码和防火墙。但是，网络安全作为一个综合性课题，涉及面广，包含内容多，无论采用何种加密技术或其他方面的预防措施，都只能给实施网络犯罪增加一些困难，不能彻底解决问题。而且，防范技术的升级可能会激发某些具有猎奇心理的人在网络犯罪方面的兴趣。因此，从根本上对网络犯罪进行防范与干预，还是要依靠法律的威严与震慑力。

（一）档案信息安全法的特点

由于时代和技术的局限，目前我国还没有一部网络环境下关于高校档案馆信息安全的法律法规，笔者认为有必要制定这样一部法律，而且要注意信息安全法应具备的一般特点。

1. 体系性

进入网络时代，人们获取知识的方式等发生了重大改变，也见识了网络病毒、黑客、网络犯罪等新事物，传统的法律体系变得越来越难以适应网络技术发展的需要，在保障信息网络安全方面也显得力不从心。因此，制定一套有效、相对自成一体、结构严谨、内在和谐统一的新的关于高校档案馆信息安全的法律法规就十分必要。

2. 开放性

网络技术在不断发展，信息安全问题层出不穷，高校档案馆信息安全的法律法规应当具有开放性，全面体现和把握信息网络的基本特点及其法律问题，适用于不断发展的信息网络技术问题和不断涌现的网络安全问题。

3. 兼容性

网络环境虽然是一个虚拟的数字世界，但发生在网络环境中的事情是现实社会和生活中的诸多问题在虚拟世界中的重新展开。因此，关于高校档案信息安全的法律法规不能脱离传统的法律原则和法律规范，大多数传统的基本法律原则和规范对信息网络安全仍然适用。同时，从维护法律体系的统一性、完整性和相对稳定性来看，安全法律也应当与传统的法律体系保持良好的兼容性。

4. 可操作性

网络中的许多概念规则难以被常人准确把握。因此，信息安全法律应当对一些专业术语、难以确定的问题、容易引起争议的问题等做出解释，使其更具可操作性。

（二）档案信息安全法的制定原则

法律原则是立法活动的准绳，是立法精神的内在体现。高校档案信息安全立法活动必须在立法原则的指导下进行，才能把握信息安全发展的客观规律，更好地发挥法律调控功能。高校档案信息安全立法应当遵循以下原则：保障安全原则，鼓励、引导与促进原则，开放、中立原则，协调性原则，重点保护原则，谁主管、谁负责与协同原则。

1. 保障安全原则

所谓保障安全原则，是指高校档案信息安全立法应充分考虑信息网络安全的问题，安全是信息网络健康发展的生命所在，没有安全，就没有信息网络的存在与健康发展。安全原则要求信息在网络传输、存储、交换等过程中不被丢失、泄露、窃听、拦截、改变等，要求网络和信息应保持可靠性、可用性、保密性、完整性、可控性和不可抵赖性。与传统安全一样，信息安全风险具有"不可逆"的特点，网络的开放性、虚拟性和技术性使得网络中的信息和信息系统极易受到攻击，信息安全是社会公众决定选择利用网络的重要因素。因此，信息网络立法应坚持安全原则。从国外立法的有关规定来看，无论是国际立法，还是各国国内立法，无不以安全为信息网络立法的基本原则，从发现威胁、降低风险、控制风险的一切环节构建信息安全法律保障能力，通过规定电子签名、电子认证、电子支付等具体制度来保证网络信息的安全。因此，保证信息网络安全是各国信息网络立法的重要使命和应当遵循的基本原则。

2. 鼓励、引导与促进原则

所谓鼓励、引导与促进原则，是指高校档案信息安全立法应鼓励和引导社会公众利用信息网络进行信息交流和电子商务活动，从而促进电子商务的发展。21世纪是网络与电子商务时代，信息网络将在经济发展中起到举足轻重的作用。但目前信息网络的发展还很不成熟，需要通过法律加以鼓励、引导和促进。因此，通过立法鼓励、引导和促进信息网络的发展是各国信息网络立法的基本原则。

目前各国信息网络的发展水平和社会公众对信息网络的认同程度较低，政府应担负起引导职责，从政策、法律上为信息网络创造良好的发展环境，努力引导企业和社会公众积极利用信息网络。

3. 开放、中立原则

所谓开放、中立原则，是指高校档案信息安全立法对所涉及的有关范畴应保持开放、中立的立场，而不应将其局限于某一特定的技术形态，以适应技术快速发展、变化的实际需要。信息网络的技术性特征和信息网络快速发展的特点要求信息网络立法保持开放、中立的立场，并具备一定的灵活性，以适应信息技术和信息网络快速发展的客观需要。信息网络的发展离不开有关技术的支持，如保障信息网络安全的电子认证、电子签名、电子支付制度等都是以密码技术、信息通信技术和其他相关技术的支持为基础的。可以预见，在网络和信息技术飞速发展的时代，信息网络的发展也将日新月异。随着信息网络的快速发展，一些建立在某一特定技术基础之上的诸如电子签名、电子认证、数据电文、对称密钥加密、非对称密钥加密等技术也将过时。如果立法将有关范畴依附于某一特定的技术形态，相关技术的不断发展将使得建立在先前某一特定技术基础之上的法律范畴不能适应新技术条件下网络发展的需要。因此，信息网络的技术性和快速发展的特点要求立法对信息网络所涉及的相关技术和范畴必须采取开放、中立的原则，保持适当的灵活性，以使信息网络立法能够适应信息网络技术和信息网络自身不断发展的客观需要，防止因立法对特定技术和范畴的规定而阻碍信息网络的发展。

4. 协调性原则

协调性原则是指高校档案信息安全立法既要与现行的国内法律相协调，又要与国际法律相协调，同时应协调好信息网络中出现的各种新的利益关系，如版权保护与合理使用之间的关系、商标权与域名权之间的冲突、国家对信息网络的管辖权之间的利益冲突、电子商家和消费者之间的利益平衡关系等。

虽然网络在一定程度上改变了人们的行为方式，但并没有彻底改变现行法律所赖以存在的基础。因此，网络立法应与现行有关法律相协调。网络的全球性和技术性特征说明信息网络立法具有客观统一性，这就要求各国进行信息网络立法时应充分考虑其国际普遍性，尽量与国际法律相协调，避免阻碍信息网络的发展。另外，没有社会公众的广泛参与，就没有信息网络的健康发展，因此，信息网络立法也应协调好电子商家与消费者之间的利益平衡关系，使网络消费者获得不低于其他交易形式的保护水平。

5. 重点保护原则

如前所述，信息和网络空间安全涉及的范围比较广，确定高校信息和网络空间安全的关键环节，强化对关键环节的保护，是实现高校档案馆信息安全立法目标的根本保证。近年来，世界各国都在加强对关键基础设施的保护，并制定了较详尽的法律。

6. 谁主管、谁负责与协同原则

"谁主管、谁负责"体现了高校档案馆信息网络空间需要合理分配网络信息安全风险的特点，要求互联网的建设、使用单位对由本系统造成的信息网络基础设施灾难，或者严重影响社会公共安全、秩序的事件承担责任。欧盟关于建立欧洲网络信息安全文化的决议要求每一个参与者都是保证安全的重要角色。倡导参与者根据其职责，了解相关安全风险、预防性措施，并承担相应责任，采取措施保证信息系统与网络的安全。"协同原则"是应对网络信息安全复杂性和艰难性挑战的必然选择。网络安全问题的深度和广度不断拓展，传统现实社会的行政管理和执法部门需要做重大甚至颠覆性的革新。依靠一个职能部门的单一力量不能有效地防范和应对信息安全的挑战，必须坚持"既有分工又有协作，共同防范和应对网络信息安全风险"的原则。网络信息安全立法必须将"谁主管、谁负责"原则与"协同"原则有机结合起来，既有分工又有合作。应当明确相关部门的职责，也应当明确部门之间协同治理网络空间的法律机制，以保障国家能够及时、有效地维护网络信息安全。

当前，互联网已逐渐成为境内外敌对势力、邪教组织等控制、指挥、煽动、渗透和勾连的工具；网络犯罪数量呈快速上升趋势，网络已成为违法犯罪分子攻击、破坏的目标。针对这一现状，仅对原有法律进行解释、修订或增补，难以把握好安全与发展之间的关系，更不用说实现国家整体战略目标。因此，建议国家颁布综合性信息安全法律，确立信息安全的法律原则和基本制度，明确社会各方面保障信息安全的责任和义务，排除国内外敌对势力的干扰、破坏和攻击，确保国家关键基础设施的安全，维护国家安全、民族独立、社会稳定、经济安全，为全面建设和谐社会提供强大的信息安全法律保障能力。

此外，立法应遵循的一般原则有科学性原则，民主性原则，稳定性、连续性和适时性相结合原则，合宪性和法制统一原则等，高校档案馆信息安全立法活动也应严格遵守。

（三）档案信息安全法的制定依据

宪法和相关的信息安全法律、法规以及其他规范性文件都属于高校档案信息安全立法的依据。

自 2000 年以来，我国相继制定了《互联网信息服务管理办法》《中华人民共和国电信条例》《全国人民代表大会常务委员会关于维护互联网安全的决定》《互联网新闻信息服务管理规定》等一系列针对互联网管理和维护的办法和规定。《中华人民共和国未成年人保护法》《中华人民共和国侵权责任法》等法律的相关条款也涉及或适用于互联网管理。此外，还有《最高人民法院、最高人民检察院关于办理利用互联网、移动通讯终端、声讯台制作、复制、出版、贩卖、传播淫秽电子信息刑事案件具体应用法律若干问题的解释》等司法解释。总体来看，我国有关网络信息保护的法律规范还比较薄弱，与我国信息化发展和维护广大人民群众在网络活动中的合法权益的要求不相适应。

（四）档案信息安全法的制定思路

1. 档案信息安全的规划与建设

任何一个信息系统，只要与外界交流，就不会孤立存在于一个单位或部门乃至一个地域或国家。因此，对这样的系统，如果不通过立法来规范其建设，任由各单位、各部门各行其是，势必造成信息网络杂乱无章，无法有效地互联互通，从而失去网络建设的意义。用法律来规范档案信息系统网络的规划与建设，在立法时应考虑的问题有：建立统一的组织领导机构，统筹规划、处理如专用网与公用网之间的关系，全国各地方网络发展的协调问题；克服重硬轻软的倾向，加强对网络信息资源的开发与利用，开放公共信息资源，国家对网络软硬件设施建设给予财政支持；网络的标准化与开放性原则；网络建设与应用专业人才的培养和全民性普及教育。

2. 档案信息安全的管理与经营

档案信息系统管理问题就是如何在网络上最大限度地实现资源共享，同时最大限度地限制不良信息的传播和泛滥的问题。目前，档案信息系统的管理还很不成熟，实际上是非常松散，已经引发了很多社会问题。因此，有必要建立健全信息系统管理与经营的法律机制，明确信息系统网络管理机构和经营机构的权利、义务与责任，做到有章可循、有法可依，同时引入竞争机制，提高信息系统的管理水平和服务质量。

3. 档案信息系统的安全

信息系统中存储和流通着大量的重要信息，有些还是关乎国家安全的重要机密。因此，它提供的信息是极其宝贵和重要的无形资产，但也存在严重的安全隐患。信息系统网络中的重要信息如果被非法篡改或窃用，将对国家、集体或个人造成严重损失。现代社会的运转越来越依赖信息系统，信息系统一旦发生故障或遭受破坏，将会给国家和单位造成无法弥补的重大损失。

因此，有必要通过行政立法强制性地贯彻实施档案馆信息系统安全技术与安全管理等措施，保障档案馆信息系统特别是档案馆信息系统网络的安全。

4. 档案个人数据保护

随着信息网络的普及，对个人数据的保护或所谓隐私权问题受到越来越广泛的关注。许多国家陆续颁布了数据保护法，规定数据用户必须履行登记手续，明确数据来源、使用目的，并保证数据的安全可靠与正当使用；为保护个人隐私不被侵犯，数据主体依法享有知悉权、修改权，因不准确或不当使用数据主体的数据给其造成损失时，数据主体有要求赔偿的权利等。在我国，这个问题如何处理，也是一个需要尽快解决的问题。

四、加强档案信息管理资源共享

（一）加大高校档案馆参与信息公开的力度

无论是对高校信息公开背景下档案馆参与的可行性分析，还是对其外部环境的剖析与建构，都是为了找出更加切实可行的具体参与措施，唯有如此，才能将前述部分的分析化作更加可行的实践行为，才能体现本书研究的实践价值与现实意义。

1. 确定高校档案馆参与信息公开的内容

高校信息公开的内容一般分为两大部分，一是高校应该主动公开的信息，二是公民、法人和社会组织申请公开的信息。《高等学校信息公开办法》规定的高校公开信息基本包括上述两类，在第七条中对高校应当主动公开的 12 类信息进行了详细说明，在第九条中对需要申请公开信息的情况进行了规范说明。对高校公开信息以条目式方式进行罗列，是《高等学校信息公开办法》的一大进步，相对于笼统说明式的条文，条目式方式指向性更强且更具操作性。

（1）开放档案

《高等学校信息公开办法》中规定的 12 类公开信息侧重于从内容角度来

规定应公开的信息内容，全面涉及学校基本情况、规章制度、财务、招生、采购等重要领域，可以说除了涉及国家安全、商业秘密及个人隐私之外的所有信息内容都是高校信息公开应该覆盖的范围。从时态的角度考察，信息公开的范围应该包含信息运行的全过程，既包括具有现实时效的信息内容，也应包括由其沉淀而成的档案信息，不能偏废一方或者认为信息公开只是公开具有现实时效的信息。从信息公开的基本精神和信息需求的现实状况分析，高校信息公开的内容也需要包含现时信息和历史档案。而《高等学校信息公开办法》"已经移交档案工作机构的高等学校信息的公开，依照有关档案管理的法律、法规和规章执行"的规定也再次证明了这一观点。

各种档案信息资源是高校档案馆的立馆之本，也是展现高校人文底蕴的生动素材。高校档案馆参与信息公开，馆藏各种档案信息资源成为其最大资本，是高校历史信息公开的主要来源。伴随着高校漫长的发展历程，会产生各种各样的信息记录来留存这一历史过程，而经过时间的洗礼，只有高校档案馆保存的信息资源会相对完整、系统，这也从另一个方面体现出高校档案馆参与高校信息公开的意义。但是，并不是高校档案馆的所有馆藏资源都是可以公开的，需要依照《中华人民共和国档案法》和《普通高等学校档案管理办法》中的相应规定来执行。具体而言，所有开放档案都应该包含在高校信息公开的范围内，而关于开放档案的认定成为信息公开的关键。为了确保开放档案的准确和信息安全，高校档案馆可以成立档案密级鉴定小组，本着"以公开为原则，以不公开为例外"的基本精神，排除涉及国家秘密、商业机密和个人隐私的信息，严格划定归档信息的密级范围，对所有馆藏档案应该明确标注其密级状况，凡密级标明为"公开"的档案信息都应该允许对外公开。只有如此，档案部门才能不受"档案一般应当自形成之日起满30年向社会开放"的思维惯性约束，将档案信息密级划定的意义落到实际行动之中。特别需要明确的是，凡是在"文件"阶段就被"公之于众"的信息，在归档成为"档案"后应该沿袭其密级状态，直接成为开放档案中的一部分。

（2）现行文件

现行文件的提法源于文件生命周期理论对文件运行阶段的划分，根据文件运行阶段和价值作用的不同，可以将文件运行分为现行阶段、半现行阶段以及历史保存阶段。高校档案馆的现行文件资源主要包括高校档案馆专门收集的各种现行文件信息，现实的情况以校内各部门的发文为主；另一部分是虽经过归档，但仍具有现时效用的档案信息。这一方面与某些档案信息自身的时效价值特点有关，另一方面与高校档案的归档及时性相关。从《高等学校信息公开办法》

规定的各类公开信息可以发现，现行文件信息是其不可缺少的组成部分。

（3）委托公开的其他信息

《高等学校信息公开办法》规定，高等学校应当将学校基本的规章制度汇编成册，置于学校有关内部组织机构的办公地点、档案馆、图书馆等场所，提供免费查阅。从中我们不仅可以明确高校档案馆作为高校信息公开场所的法定地位，也可以发现"学校基本的规章制度汇编成册"的成果也可以由高校档案馆来公开。因此，高校档案馆不仅要负责开放档案与现行文件的公开工作，也要完善自身条件，为高校信息公开打造一个良好的平台，接收学校委托公开的其他信息内容。

2. 运用多种方式加强高校档案馆信息公开

在明确了高校档案馆可以公开的信息范围的基础上，必须对高校档案馆参与信息公开的方式进行探索，以便更加全面地开展高校信息公开工作。

（1）网络平台

随着网络技术的不断发展和广泛普及，网络成为社会各个行业都必须关注的重要传播途径之一，而且相较于传统传输方式，网络传输的及时性和快捷性更加符合信息公开的精神实质，《高等学校信息公开办法》也明确要求高校要在自己的门户网站开设"信息公开专栏"，因此笔者在这里将网络平台作为高校档案馆参与信息公开的首选方式。高校档案馆可以为高校信息公开建立自己的专门网站，或者将信息公开作为一个重要部分嵌入高校档案网站中。高校档案馆大都具有自己的档案管理系统和信息发布网站，因此，高校档案馆可以在对馆藏档案进行密级鉴定的基础上发布开放档案的有关信息，也可以将高校现行文件及其他需要发布的信息一同在档案网站上发布，将高校档案馆网站由单一的部门网站发展为学校信息公开的统一平台。这不仅有利于高校信息公开工作的开展，而且对校内外了解高校档案馆及各类档案信息大有裨益。

（2）官方出版物

通过网络平台发布公开信息，虽然具有快捷及时的优势，但是电子文件证据力的缺失和对网络传播安全性的质疑都使网络平台传播的信息缺乏法律效力。所以，在网络平台公开信息应该成为信息公开的主要途径而不是唯一途径。参考政府信息公开的做法，编辑官方出版物是解决这一问题的有效途径。所谓编辑官方出版物，是指由高等学校或者相应的信息公开主管部门以学校名义将对外发布的信息公开出版。官方信息出版物大都着力于公开学校发展中各种重要活动的制度性信息，旨在从宏观上公开学校发展的相关信息。作为高校信息公开的积极参与者，高校档案馆应该主动参与到学校信息公开出版物的编撰之中，甚至可以选择合适的选题进行信息出版物的主动编写。

（3）固定查阅场所

现场查阅的方式虽然最为原始，效率也没有网络平台高，但是设置固定信息查阅场所是不可忽视的信息公开方式之一。现场查阅对于那些信息需求不够明确、检索能力有限的查阅者来说显得十分必要。高校档案馆在开设信息查阅场所方面有天然的优势，完全可以借助开办档案阅览室的经验，甚至可以直接利用档案阅览室来进行信息公开查阅场所的建设。

（4）明确高校档案馆参与信息公开的受众客体

高校档案馆参与信息公开的受众客体指的是高校信息公开的对象。从信息公开的立法精神和《高等学校信息公开办法》的具体条文规定中可以发现，信息公开的对象是整个社会中的公民、法人和其他社会组织，需要力争实现信息公开范围的最大化。当然，这是从宏观层面的一般性理解，具体的信息公开个案需要具体问题具体分析，尊重个体情况的差异性。从公开对象的性质而言，受众客体可以是法人与自然人，而在现实中很容易理解为单纯的自然人客体，实际上法人也是信息公开的重要客体之一。以高等学校自身为划分标准，高校信息公开的受众可以分为校内与校外，或者称为校内公开与全社会公开。如果说校务公开是"针对学校内部的一些管理"，是"为了实现教职员工对学校事务的参与和管理"而"公开对象是学校内部的教职员工"的话，那么高校信息公开的精神则是要实现可公开高校信息在最大范围内的传播，是社会民众知情权最高程度的体现。

因此，高校信息公开的受众应是普通的社会民众，而不仅仅是校内教职员工。但是，我们也应该看到高等学校作为一个独立的法人实体，相对于整个社会而言，具有自身的个性特质和发展自主权，《高等学校信息公开办法》在尊重这一事实的基础上也将高校信息公开的受众范围划分权力赋予了高校，也就是说高校信息公开范围有校内外之别成为一种合法存在。但是高校也不能将这种权力无限扩大，将其演变为高校信息公开的一种阻碍因素，而应该在一份信息生成或者归档之时对其公开与否及其公开范围进行明确标注。

3. 加强内部基础建设

参与高校信息公开是高校档案馆功能拓展和形象重塑的一个重要契机。要做好高校信息公开工作，高校档案馆不仅需要改善外部环境，还需要加强自身基础设施建设。

（1）建立高校现行文件中心

虽然高校档案馆不是高校现行文件产生的主要部门，但是高校档案馆在开展现行文件公开业务方面有着自身的优势。从理论角度来看，高校档案馆建立现行文件中心是对文件生命周期理论中文件运行整体性特征的关注，是对文件第一价值和第二价值的重新认识。从硬件角度来看，高校档案馆可以积极借用现有的馆舍及开办档案阅览室的经验。在软环境方面，档案与文件具有天然亲缘关系，所以档案工作者对文件是决然不会陌生和不知所措的，档案工作者完全能够成为现行文件管理和提供利用服务的市场专家。

在具体的操作上，在现行文件的采集方面可以采取部门主动报送和档案馆收集相结合的采集机制，并以部门主动报送为主，同时要注意采集信息的数字化和系统化。部门报送可以采取定时报送与随时报送相结合的方式，根据信息内容的不同，向高校档案馆及时报送相关信息。在采集信息的载体形式上，要注意对增量文件电子文件的收集利用，避免不必要的重复数字化劳动，为信息的网络化利用打下基础。在现行文件的整理组织方面，高校档案馆应该根据信息的产生部门和内容，编制相应的现行文件公开目录和指南，做到有序化、系统化地采集信息，实现采集信息的有效加工。在现行文件的发布方面，高校档案馆可以通过利用学校官方出版物、编制现行文件发布资料、建立专门网站等方式来实现，特别是要注意对网络平台的使用，以提高信息发布的及时性和利用的便捷性，但也要对现行文件信息进行充分的密级鉴定，以避免信息泄密和公开范围不当等问题的出现。

（2）加强档案密级鉴定

鉴定一词在档案领域中使用较为频繁，意为对档案真伪及价值大小的判断。档案鉴定是对一份档案材料能否成为档案以及档案价值大小的判定过程，在档案工作中具有十分重要的意义，也引起了档案理论与实践各界的高度重视。但是，档案密级的鉴定工作十分落后，甚至很少引起大家的注意，而在信息公开的背景下，档案密级鉴定是无法回避的问题。档案密级鉴定主要是指按照特定的原则、标准和方法，对档案文件保密等级的鉴别、确定与标识，以便明确每份档案的具体使用范围，妥善处理好利用与保密的关系，促使档案提供利用工作顺利进行和健康发展。

从前面的分析中可以发现，文件与档案密级的鉴定直接决定了文件与档案信息资源能否公开及公开范围的大小。而现实情况是，在"保密安全、开放危险"的传统观念的束缚下，档案人员一般比较保守，甚至有"被异化的谨慎"，普遍存在保密过度而开放不足的现象。

造成这种情况的原因主要有：第一，定密方面的法规不完善。我国目前并没有协调统一的定密法规，甚至出现了涉及定密工作的部门虽然较多但谁都不负具体责任的状况。第二，密级划分不统一，标识不规范。例如，高校信息中哪些信息应该向全社会公开，哪些信息应该限制在学校范围内公开，都缺乏统一明确且易于操作的规则。第三，缺乏动态的档案密级鉴定机制。随着时间的推移，档案信息密级应该随之发生变化，而实际情况是一份档案信息经过一次鉴定定密以后，就很少再对其密级进行调整，出现"有人定密，无人解密""一次定终身"的现象，绝大多数涉密文件一定至终身，缺乏动态化管理，这与信息公开的要求是截然相反的。

因此，高校档案馆要参与信息公开工作就必须加强相应的档案密级鉴定工作。档案密级鉴定是高校档案馆参与信息公开工作的关键环节，只有做好档案信息的密级鉴定工作，高校信息公开才能落到实处。首先，高校要制定专门的密级鉴定制度。在国家还缺乏统一密级鉴定法规的背景下，高校应根据本校的实际情况，在不违背现有相关法律法规的基础上制定易于操作的密级鉴定制度，明确规定各种密级等级的划分标准及其标识。虽然这是一项知易行难的工作，但是如果没有相关的制度规范，高校信息公开的密级鉴定工作也很难深入开展。其次，高校档案馆要善于与相关部门组成联合鉴定机构来进行档案密级的鉴定。虽然高校档案馆对文档信息管理有较为丰富的经验，但是鉴于多数文档信息是由校内其他部门产生的，所以要做好档案信息的密级鉴定工作，就必须善于协调相关部门，组成联合鉴定机构来进行密级的鉴定工作。最后，要真正落实动态的档案密级鉴定机制。在进行档案密级鉴定时就应该对有密级的档案做出明确的规定，可以在档案管理系统或档案实体上对档案信息密级、解密时间以及进行再次密级鉴定的时间进行明确标记，从而杜绝"一次定终身"的情况。

（3）将信息公开纳入数字档案馆建设体系

数字档案馆建设不仅需要运用现代信息技术，更加需要更新管理理念。在高校信息公开背景下，高校档案馆参与信息公开成为必然，而作为传统档案馆的发展和升级，数字档案馆建设也需要将信息公开的理念纳入其建设之中。

要将高校信息公开纳入数字档案馆的建设体系之中，首先，需要将信息公开理念融入其中。数字档案馆不能只是对传统档案馆进行技术革新，更重要的是引入先进管理理念，而信息公开理念正是其中的重要内容之一。其次，要在高校数字档案馆建设中直接体现信息公开的内容。例如，在档案管理系统中嵌入信息密级鉴定的内容，为档案信息的公开打下基础；为学校文档管理系统建构数据接口，实现文档管理系统的无缝链接；档案管理系统在数字档案馆门户网站中糅合档案信息公开、现行文件公开等内容，为高校信息公开搭建发布平台。

（二）构建基于信息资源共享的高校档案管理模式

当前，高校档案信息资源的社会需求不断增加，构建基于信息资源共享的高校档案管理模式势在必行。

1. 强化意识，顶层设计

高校档案信息资源共享建设是一个系统工程，该工程建设中需要的技术在信息技术快速发展的今天已经完全成熟，技术问题已不再是信息资源共享的难题。由于涉及众多高校，而各高校之间的相对独立性很强，所以，计划、协调、领导和管理变得更为重要。这就需要上级政府或者教育主管部门来主导档案信息资源共享的建设工作，统一协调。建设的方式为自上而下，顶层设计，逐步向下推行。自下而上的建设方式将导致各自为政和重复建设，只有自上而下的全局规划才有可能做到总体结构合理和全局网络优化。顶层设计和总体规划不仅要求强化高校领导者的档案管理意识，更需要政府和教育主管部门的领导层具有强烈的档案信息资源共享的意识。信息资源管理主要在国家级的宏观层面、网络级的中观层面和组织级的微观层面开展。目前我国高校的档案管理工作仅局限于组织级的微观层面。构建基于信息共享的高校档案管理模式需要突破微观层面，从微观、中观和宏观三个层面来构建高校档案信息资源管理模式。因此，高校档案信息资源共享能否顺利建设以及建设的快慢和效果，与领导层的意识和重视程度密切相关。

2. 加大档案管理的投入

《高等学校档案管理办法》规定，高等学校应当设立专项经费，为档案机构配置档案管理现代化、档案信息化所需的设备设施，加快数字档案馆（室）建设，保障档案信息化建设与学校数字化校园建设同步进行。由于校园网的建设以及各电信运营商加强了在大学校园内的竞争，数字化校园建设进展迅速。而档案信息化和数字档案馆的建设由于被重视程度不够和经费投入不足则滞后很多。为加快档案信息化建设的步伐，必须加大资金投入，加强基础设施建设，购置现代化的设备，并及时进行设备的更新换代。充足的经费投入是档案信息化建设的必要保证。在经费投入总额上，一个可行的办法是将一定比例的办学经费纳入档案信息化建设的专项经费中，且该比例每年递增，在高校办学经费日益增加的情况下，可以保证该专项经费以更快的速度增加。

3. 构建高校档案信息服务中心和高校档案信息共享集成系统

高校档案信息服务中心不仅面向高校的教学、科研和管理，还向社会提供服务，也是一个具有全局观念、开放型的服务机构。档案信息服务中心由档案保管、档案整理和档案查询及服务三个职能部门组成，是兼具档案保管、整理和提供档案查询服务等功能的管理机构。

图 8-1 为高校档案信息服务中心工作流程图。档案资源由高校各职能部门产生，具有开发利用价值的部分进入档案整理服务环节，进行综合开发，实现档案信息资源的增值。经过增值的档案信息进入档案查询服务部门，提供信息咨询服务。最后环节为信息的反馈，反馈的内容包括用户的意见或建议以及高校档案利用效果。反馈的信息作为进一步开发档案资源的依据，完善档案信息服务中心的功能。

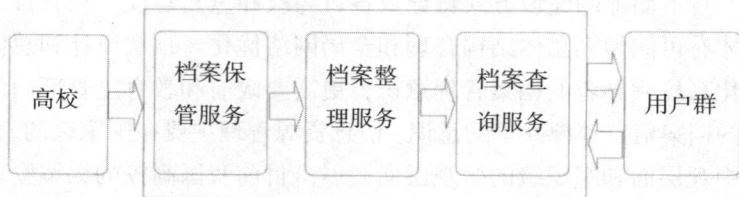

图 8-1　高校档案信息服务中心工作流程图

如果仅是各高校建立自己的档案信息服务中心，而没有一个将各高校档案信息服务中心协调和联合起来的信息共享集成系统，则各高校的档案信息服务中心将变成"信息孤岛"，信息资源共享的壁垒也无法被打破。因此，为实现高校间档案信息资源的整合和共享，档案信息共享集成系统的建设必不可少。

高校档案信息共享集成系统可在各高校档案信息服务中心的基础上，通过各种关联和链接的建立，打破原来各高校之间的分离，构成优势互补的档案信息资源库。可见，高校档案信息共享集成系统有别于传统的高校档案馆，服务内容更丰富，服务方式更人性化，服务层次更高端，是一个高校档案信息资源共享的平台。

第九章　机关单位档案工作实务

第一节　机关档案工作的内容和任务

一、机关档案工作的内容和特点

机关档案工作的基本内容包括两个方面：一方面，对本机关档案进行管理的档案业务工作，其具体内容有文件的归档，档案的整理、鉴定、保管、统计、检索、提供利用和编研工作等；另一方面，对本机关所属机构档案工作的管理，即某些专业主管机关的档案部门，对本系统和直属单位的档案工作负责监督和指导。

这里所指的机关档案工作，大致可分为两种范围：一般是指党、政、军机关，社会团体，企业事业单位和其他组织的档案工作；有时是指党、政机关和人民团体等单位的档案工作。

档案工作是一项系统工程。从广义上说，它指整个国家的宏观档案事业，包括档案室工作、档案馆工作、档案行政管理工作、档案科学研究工作和档案教育工作等。从通常的意义上说，档案工作指机关档案室和档案馆对档案的管理工作。随着档案事业的发展和档案法制的逐步健全，既要开展档案工作，又要组织档案工作的管理，所以把档案事业分为机关档案工作、档案馆工作、档案行政管理工作等几个大的方面。同时，它们又是互相联系的矛盾统一体，具有共性，而机关档案工作又有自身的特点。

档案由各种文件转化而来，文件和档案有其形成的规律性。我国档案学历来认为，文件从产生到"最后处理"有一个过程。从文件总体上说，这个过程大致可以分为三个阶段：第一个阶段是文件的现行阶段，即形成和办理阶段；

第二个阶段是暂时保存阶段，在中国称为现行机关档案，一般是档案室保存阶段，在国外也称为文件的"休眠阶段"或"档案馆前阶段"；第三个阶段是档案馆保存阶段，国外有的也称为"非现行阶段"或"最后处理阶段"。其中第二个阶段有以下三个特点：第一，它在文件、档案的整个运行过程中，处于全部流程的中间阶段，机关档案室起着承前启后的作用。它不仅集中机关内各方面的文件，构成本单位的档案信息中心，而且架起了文书处理部门与档案馆之间的桥梁。文书、档案工作者常说"文书立卷归档是文书工作和档案工作的结合部"，这一概括相当中肯。把这一说法再引申一下，可以看出，档案室工作是文书工作和档案馆工作的"结合部"。通过档案室这个"中介"，既实现了文件向档案的转化，又形成了档案馆信息资源不断补充的源泉。第二，档案室保存阶段，档案的价值形态，档案发挥作用的规律性，档案的日常管理、检索和提供利用的方式方法等方面，都有与档案馆阶段不尽相同的特点。第三，在这一阶段里，机关档案工作集档案业务和档案工作行政管理于一身，使有关档案工作的方针、政策和原则得以落实；又保证各行各业在工作、生产和科研活动中直接形成的原始记录，受到有效的保护和开发利用，并为档案馆阶段的工作创造了良好的条件。所以，在整个档案工作体系中，把机关档案工作划为一种类型，对于研究和掌握它的特点，进行机关档案工作的宏观管理，以及开展具体的业务工作，都有现实意义。

二、机关档案工作的任务

机关档案工作的基本任务：统一管理本机关的全部档案，为本单位的各项工作服务，为党和国家积累档案史料。具体来说主要包括以下四个方面：

（一）对本单位文书部门和业务部门文件材料的形成、积累和归档工作进行指导，并对本机关文书处理工作提出建议

这是档案室阶段工作的超前控制和指导。首先，要帮助和督促文书部门和业务部门按照规定齐全完整地形成文件，防止出现有活动无记载或记载不完整等情况，要建立和健全各种必要的制度。其次，协助和指导文书、业务部门的立卷归档工作。如协商选择好立卷环节（立卷单位）；划定机关内单位与单位之间分工立卷的范围，避免若干单位交叉保存的文件在立卷归档时重复或遗漏；协助有关单位编制立卷类目，督促做好日常归卷工作。同时，在机关办公自动化过程中，协调文件和档案的计算机管理。

（二）集中管理本机关档案

接收和保管机关内各单位交来的档案材料，进行必要的整理、鉴定和统计，编制必备的检索工具、文件汇编和参考资料，积极开展利用服务工作。同时，收藏和管理一些有关的内部资料和书刊，配合档案提供利用。

（三）定期把具有长远保存价值的档案向档案馆移交

按照《机关档案工作条例》和《档案馆通则》的规定，省以上机关须将永久保存的档案，在本机关保存二十年左右，省辖市（州、盟）和县级以下机关，须将永久和长期保存的档案在本机关保存十年左右，然后向有关档案馆移交。某些特殊性质的档案，经与有关档案馆协商，可以适当延长在本机关的保存时间。

向档案馆移交的档案，应按照进馆标准认真做好准备，经档案馆检查验收之后正式移交。一般应符合如下要求：

第一，保持全宗的完整性，即一个机关应进馆的档案，要作为一个能够系统反映本机关工作的整体，统一归入一个档案馆，不能随意分散。

第二，规定移交的档案，要收集齐全，整理好，编好目，把需要考证的问题弄清楚，必要时写好专门的文字说明后再移交。

第三，与移交的档案有关的资料、立档单位的组织沿革、全宗介绍及其他有关的检索工具，随同档案和案卷目录一并移交。

中央机关移交档案的具体要求，见《中央档案馆接收档案的标准》。

（四）对机关所属单位的档案工作进行监督和指导

有些专业主管机关，在档案行政管理部门统筹规划、统一监督和指导之下，根据专业系统的管理体制和档案管理的特殊要求，对本系统、本行业、本专业的档案工作进行必要的监督和指导。根据有关文件规定，其主要任务如下：

第一，某些行业管理性较强或专业档案较特殊的中央、国家机关档案机构，可以根据《中华人民共和国档案法》，制定本系统、本行业、本专业或某些专业档案的管理办法、规章以及档案业务标准、技术规范等文件。

第二，制定本系统、本行业、本专业档案工作的发展规划，召开上述范围内档案工作会议，组织经验交流。

第三，组织并指导本系统、本行业、本专业档案工作的学术研究与交流。

第四，对本系统、本行业、本专业档案干部进行专业培训。

三、机关档案室的地位和作用

机关档案工作中最基本的任务是由档案室来承担的，机关档案室是管理本机关档案的实体机构。因此，明确机关档案室在本机关乃至整个国家档案事业中的地位和作用是十分必要的。

机关档案室是统一保存和管理本机关档案的内部机构，它属于信息服务性质的专门机构，是整个机关的组成部分。党、政、军、群等机关的档案室，又具有机要部门性质，也属于机关的机要部门之一。从全国档案工作来说，档案室又是国家档案事业体系中最普遍、最大量的基层实体。

档案室的地位和作用，主要表现在两方面。一方面，档案室工作是机关工作的重要组成部分，是维护机关历史面貌，保护党和国家机密，提高机关工作效率的必要条件。它为机关领导工作和机关内各部门的业务工作提供档案依据和参考，对机关工作具有参谋和助手作用。另一方面，档案室是档案馆工作的基础。这主要表现在：第一，机关档案室是国家全部档案不断补充的源泉，整个国家档案的完整程度和连续积累，首先取决于档案室；第二，在全国档案工作组织体系中，档案室是档案形成后首先提供利用、大量发挥档案现时作用的单位；第三，档案室是先期保管具有长远价值档案的过渡性机构，它为档案馆工作创造了必不可少的条件，档案室管理的档案，对档案馆的档案质量具有决定性的影响。

第二节　机关档案工作的性质

一、机关档案工作的管理性和专业性

机关档案工作的管理性和专业性，主要表现在以下三个方面。

（一）从宏观的机关档案工作来说，它是管理档案材料的一项专门业务

各行各业各个单位都在日常工作中不断地形成大量的档案，机关单位内的各个部门也要经常利用本部门和机关内有关部门的档案。而业务部门和业务人员，如果都采用从档案的形成、管理到利用各成"一条龙"的办法，则是相当困难的。这种多流型的档案信息系统的结构，也是很不科学的。

因此，从档案的形成到利用之间，需要单独建立一个中间环节专门进行管理，形成单流型的档案信息系统。

机关档案工作就是负责管理机关单位内各部门形成的各种档案材料的一种专门的业务工作，在全国已形成了包括各级机关档案工作的体系，并有专门的法规。

（二）从特定的机关、企业事业单位档案工作来说，它是该机关单位管理工作的组成部分

党政机关和事业单位的档案，是处理日常事务、行使机关职能的工具。如审计机关审计档案的管理工作、人民检察院诉讼档案的管理工作，分别属于审计工作和检察工作的组成部分。因此，各个机关的档案管理，应纳入本机关的职能任务之中。在企业单位，科技档案管理则是生产管理、技术管理和科研管理的组成部分，应纳入企业的管理体制、活动程序和工作制度之中。

（三）不同行业不同机关单位的档案工作有不同的管理对象

各个专业系统、各个机关单位，都以其反映机关职能的档案为主要成分，按照不同档案形成的规律进行专门的和综合的管理。适合这种专业实践的需要，形成了机关档案工作一系列的法规和规范，并有一套专用的概念和概念体系，以及比较系统的专业知识。例如，《机关档案工作条例》《关于机关档案保管期限的规定》和《工业企业档案分类试行规则》等，既是专业活动的法规性文件，又含有机关档案管理的许多专业知识。经过不断的理论升华，不仅在档案管理学和科技档案管理学等学科中都含有机关档案管理方面的系统知识，而且《机关档案管理》《公安档案管理学》《企业档案管理》等专门著作也陆续问世。

认识机关档案工作的管理性和专业性是有实际意义的。第一，启发人们自觉地采取措施把机关单位的档案工作，纳入机关工作、生产、技术和科研管理工作之中，使它落到实处。第二，有助于机关档案工作者深入了解其管理对象——档案的特点，掌握其专门的管理原则和技术方法。第三，要求机关档案工作者学习和具备必要的科学知识：首先，必须学习和掌握档案学知识，特别是要具备档案管理的理论与技能，这是档案专业人员必不可少的业务基本功。其次，机关档案工作人员还要学习和掌握部门工作专业知识，以及与所管档案有关的历史知识。例如，政法、商业机关，化工企业单位的档案工作者，必须了解政法、商业或化工方面必要的知识。只有掌握了本系统本单位的专业知识及其历史沿革，才能真正懂得反映各单位专业活动的原始记录，从而实行档案的科学管理。

二、机关档案工作的服务性

在各机关单位，档案工作都是一项服务性的工作。机关档案工作的服务性，主要表现在以下两方面。

（一）从机关档案工作与其他工作的关系来说，它为机关领导和各项业务活动提供档案信息服务

机关内的档案不是主要由档案部门产生的，也不是主要由档案部门来研究利用的。档案部门虽然也对档案进行必要的研究，甚至从事一些档案材料的编纂工作，但都是为了满足各部门利用档案的需要。机关档案工作的目的，就是通过管理和提供档案资料，为各项工作准备条件，当好机关领导、行政业务、生产和科研工作的参谋和助手。机关档案管理属于机关单位活动中信息保障和技术条件性的工作，所以它的工作成果和效益往往不能直接地单独展现出来，而是融合在其他工作成果中。

（二）机关档案工作的存在和发展体现着服务性

档案工作的服务性是档案工作赖以存在和发展的基础。社会上各行各业在其自身发展中都需要将档案作为凭证和参考，从而产生了对专门管理档案这项工作的需要。档案工作只有为这种需要服务，才能生存和发展。国内外档案工作发展的历史都证明了一条规律：在社会发展的各个阶段，档案工作总是为一定的政治、经济、科学、文化等工作服务的。哪个机关的档案工作为机关提供的服务质量好，成效高，哪个机关的档案工作就会得到重视和发展。

三、机关档案工作的政治性和机要性

机关档案工作，既是一项管理性、服务性的工作，又是一项政治性、机要性的工作。

（一）机关档案工作的政治性

理解档案工作的管理性和服务性，要和档案工作的政治性联系起来。机关单位的档案管理，不同于一般的物品管理和生活服务性的工作。在档案的形成、日常管理和利用服务中，往往涉及党和国家的整体利益，以及公民的政治权益，关系到党和国家的方针政策，因此，机关档案工作具有明显的政治性。

机关档案工作的政治性主要表现在两方面：一方面，机关档案工作的服务方向是档案工作政治性的集中表现。在档案的管理和利用工作中，要坚持四项

基本原则，严格按照党和国家的各项方针政策处理档案事务。当前，为有中国特色的社会主义现代化建设服务，是档案工作一项突出的政治任务。机关档案工作，必须为本机关完成社会主义物质文明和精神文明建设的各项任务，为本机关的中心工作，积极提供档案信息保障。另一方面，机关档案工作的机要性，也是其政治性的表现之一。

（二）机关档案工作的机要性

从党政军机关、团体、企业事业单位档案工作的总体来说，它具有一定的机要性。有些单位的档案工作机要性很强，有些单位情况有所不同。机关档案工作的机要性是由不同的机关单位及其档案本身的特点和社会因素所决定的。从档案形成机关和档案客体因素来说，机关档案中记载着领导活动、组织管理、专门业务以及有关的成果等方面的内容，其中有些内容在一定的时间和范围内需要保密。从社会主体因素来说，档案必须保密，主要出于三方面的原因：第一，维护国家和民族的政治利益；第二，保证党和国家、单位和个人合法的经济利益；第三，保护有关单位、公民其他方面的正当权益，如个人的隐私权等，在机关档案工作中都应予以保护。

认识机关档案工作的政治性和机要性，对于实际工作具有指导意义：要求机关档案工作人员坚持正确的服务方向，树立明确的保密观念，保护档案的真迹和维护历史事实的真实性。

第三节　机关档案工作的基本原则

一、统一领导、分级管理

统一领导、分级管理，是档案工作的组织原则和管理体制，它是档案和档案工作"集中统一管理"原则的继续和发展。其基本内容可以概括为以下三个方面：

第一，加强党和政府对档案工作的统一领导，集中统一地管理国家全部档案，以及党政档案工作统一管理的原则，至今仍然适合我国的情况。同时，由于全国各级各类档案工作空前发展，现代国家规模的档案工作，更加需要强化政府对档案工作的统一领导，许多重要的档案工作法规要由政府来颁发和组织实施。

为了领导全国档案工作和发展档案事业，从中央到地方都设立了相应的档案行政管理部门，统一领导，分级管理档案事业。各级档案管理机构，在性质上既是党的机构，又是政府机构。各级人民政府均将档案事业建设纳入国民经济和社会发展计划。各级档案行政管理部门必须在各级党和政府的领导下进行工作，按照《中华人民共和国档案法》以及党和国家的有关规定办事。

一切机关、团体、企业事业单位以及其他组织和个人，在处理档案事务时，也必须按照《中华人民共和国档案法》以及党和政府的有关规定办事，不得各自为政。

第二，全国档案工作由档案行政管理部门统一地、分级负责地进行监督和指导。全国的档案工作，必须在党和国家的领导下实行统一的管理。一方面，全国各机关、团体、企业事业单位的档案工作，以及各级各类档案馆的工作，均由各级档案行政管理部门进行统一的指导、监督和检查；另一方面，全国档案工作统一方针、政策，统一制度，各机关档案工作机构和各个档案馆，必须按照《中华人民共和国档案法》以及统一规定的基本规章制度开展档案工作，不得各行其是。

我国幅员辽阔，档案工作的范围相当广，因此，在统一领导、统一制度的前提下，实行分级、分类、分专业管理。在中央一级，由国家档案行政管理部门主管全国档案事业，对全国的档案事业实行统筹规划，组织协调，监督和指导。地方各级档案行政管理部门，在国家档案行政管理部门和上一级档案行政管理部门的统一指导下，负责主管本地区的档案事务，对本地区的档案工作实行监督和指导。

为了保持某些不同门类和不同专业的档案的特点，遵循档案形成的客观规律，使档案工作更紧密地与生产建设、专业技术相结合，一些专业主管机关，在国家档案行政管理部门的统一管理和地方各级档案行政管理部门的协助下，对本专业系统的档案工作，进行协调、监督和指导。多年的实践证明，这种条块结合的管理体制，有利于发挥有关方面的积极性，加强专业系统档案工作的宏观管理，促进全国档案事业的发展。

第三，国家所有的档案由各级各类档案管理机构集中管理。国务院关于集中统一管理国家全部档案的原则，在《中华人民共和国档案法》中有了进一步的体现。所以，分级管理不仅是指对档案事业，也指对档案实行分层负责的集中统一管理。

二、维护档案的完整与安全

维护档案的完整与安全，是对档案工作最基本的要求。也就是说，管理档案最起码的要求是，必须保证档案的完整与安全，才能为档案工作提供必要的物质基础。

（一）维护档案的完整

维护档案的完整有两层含义：一是从数量的意义上，要求保证档案的齐全，每个机关、档案馆以至整个档案系统，保证应该集中和实际保存的档案没有遗漏残缺；二是从质量的意义上，要求保证档案的系统性，保持档案的有机联系，不能把固有联系的档案材料人为地割裂分散，或者零乱地堆砌。

维护档案的齐全和系统性，这两个方面彼此联系，相互作用。只有档案的数量齐全，才能保证档案的系统性，从而真正体现档案从每个微观单元到宏观系统的完整；只有切实地维护档案的系统性，才能为检查和实现档案数量的齐全提供科学依据，从而促使维护档案数量的完整。

（二）维护档案的安全

维护档案的安全也有两层含义：一是保证档案的物质安全，即维护档案物理载体的完好，力求档案本身不遭受损毁，尽量防止自然的和人为的损坏，最大限度地延长档案的寿命；二是保证档案的政治安全，即维护档案的历史真迹和机密安全，确保档案免遭破坏，档案稿本和内容不被涂抹和篡改，档案机密不被盗窃、不泄露。

维护档案的完整与安全，既关系到本机关乃至全党和国家的现实利益，又是为子孙万代留存历史文化宝藏。《中华人民共和国档案法》中专门指出："一切国家机关、武装力量、政党、团体、企业事业单位和公民都有保护档案的义务。"因此，维护档案的完整与安全是档案工作者肩负的直接责任，也是所有档案工作者、一切利用者和接触档案的人员必须遵守的一项法律规定。

三、便于机关和社会各方面的利用

《中华人民共和国档案法》中便于社会各方面对档案的利用的规定，体现了档案工作的根本目的，也是检验和评价档案工作的主要标准。对于机关档案工作来说，应该使档案的管理既便于机关各项工作的利用，又便于社会各方面的、长远的利用。

便于利用的思想，在机关档案工作中突出地表现在以下两方面。

（一）便于利用是机关档案工作的出发点，并贯穿档案管理的全过程

档案管理的制度如何确定，业务工作怎样进行，如哪些材料归档、怎样分类和确定保管期限、如何建立检索体系以及如何开展利用工作，都必须着眼于方便利用这一目标。同时，也将是否便于利用而充分发挥档案的作用，作为检查和衡量机关档案工作优劣的主要尺度。机关档案工作的好坏可以表现在许多方面，但集中而具体地体现在它对机关领导、各业务部门需求满足的程度上。满足利用需求的程度越高，表明档案工作的水平和成效越高。

（二）机关档案的管理不仅要便于机关的利用，而且要便于社会各方面的、长远的利用

《中华人民共和国档案法》不仅在管理原则中指出了"便于社会各方面的利用"，而且以专门条款规定："机关、团体、企业事业单位和其他组织以及公民根据经济建设、国防建设、教学科研和其他工作的需要，可以按照国家有关规定，利用档案馆未开放的档案以及有关机关、团体、企业事业单位和其他组织保存的档案。"这向机关档案工作提出了一个新的要求，在主要为本机关服务的同时，还要按照规定，向可以利用本机关档案的有关方面提供所需要的档案。因此，机关档案的管理，不能只考虑本机关利用方便，也要顾及便于社会各方面的利用。同时，机关档案中有长远利用价值的档案，几十年后一般均移交档案馆保管，大都更广泛地向社会开放。所以，机关档案的管理，不能只考虑机关当前利用的方便，也要为日后进馆的长远利用创造便利条件。这在机关档案的管理方法等方面均有所体现。档案室必须遵守国家及其档案行政管理部门的规定，使管理的档案符合未来进馆的要求。

我国档案工作基本原则的三个组成部分是辩证统一的。实行统一领导、分级管理，才能切实地维护档案的完整与安全，从而便于社会各方面的利用，否则，维护档案的完整与安全，便于社会利用，将失去其组织保证；维护了档案的完整与安全，才能落实和体现统一领导、分级管理的要求，达到便于社会各方面利用的目的，否则，统一领导、分级管理，便于社会利用，将失去其物质基础；以便于机关和社会各方面对档案的利用为目标，才能使统一领导、分级管理，维护档案的完整与安全，具有明确的意义。

第四节　档案室的类型和机关档案工作的新形式

一、档案室的类型及其发展趋势

在我国，档案室一般可分为六种类型。

（一）普通档案室

普通档案室通常也称为机关档案室，或称为文书档案室，它主要管理除科技档案、人事档案等专门档案以外的普通档案。党政机关、团体、学校等单位，一般都建有这种档案室，负责统一管理本机关党、政、工、团组织的档案。多年来，这种档案室在全国最普遍，数量最多，仅县直以上机关档案室就有 20 多万个。近年来由于档案综合管理的发展，普通档案室相应地有所减少。

（二）科技档案室

它是负责管理本机关形成的科学技术档案（通常也管理科技资料）的专门档案室。在工厂、矿山、设计院、科学技术研究院等科技部门，以及工业、交通等专业主管机关，一般都设有这种档案室。

（三）音像档案室

它负责管理本机关形成的电影片、电视片、录音带、录像带、唱片、照片等特种载体的档案。电影公司或制片厂、电视制作中心、新闻摄影部门、广播事业部门等单位，设有这种专门的档案室，有的也叫资料室。一般机关也会形成一些音像档案，由于数量有限，大都不专门设立音像档案室，由机关档案室统一管理，适当地分别存放。

（四）人事档案室

它是机关在人事部门设立的专门管理人事档案的档案室，有的也称为干部档案室（科）。人事档案室在全国比较普遍，因为它的管理方法具有特殊性，所以各机关一般都设有这种机构，或有专人管理。

（五）综合档案室

它是统一管理本机关全部档案的档案室，负责对普通档案、各种专门档案、特种载体的档案、专业档案等进行统一管理。随着机关档案综合管理的发展，综合档案室近年来迅速增加，并在不断地普及和提高。

（六）联合档案室

它是在同一市、镇内的若干机关联合起来共同设立的一个档案室，负责分门别类地统一保存和管理这些机关的档案。近十来年，这种类型的档案室在某些地区有一定的发展。有的地方还建立了介于县级机关和档案馆之间的过渡性的档案管理机构——"文件中心"。

二、机关档案工作的新形式

近些年来，随着国家经济体制、政治体制的改革和机关管理水平的提高，在全国档案事业协调、完善和改革的过程中，机关档案工作也摸索和创造了一些新的工作形式和工作方法，其中比较突出的有以下几方面。

（一）机关全部档案的综合管理

档案的综合管理，就是把本机关形成的各种门类、各种载体的档案，由统一的档案机构进行管理。

长期以来，我国许多机关把普通档案（或叫文书档案）集中于机关档案室，而把一些专门业务档案和特种载体的档案，如会计档案、科技档案、音像档案等，分散于各业务部门管理，或分散于不同类型的档案室，如文书档案室、科技档案室等，各自进行管理。多年的实践证明，这种管理办法有些明显的缺点。一方面，不利于档案的科学管理。机关内有限的档案业务人员和费用相对地分散，甚至有的业务部门无专人管理档案或无专门设施。缺乏全机关统一的档案管理制度和办法，不同档案室之间在档案材料的归档、分类等方面常常出现条块分割或扯皮现象，机关领导和档案行政管理机关的检查指导也有所不便。另一方面，原本是本机关活动中形成的完整系统的档案资源被相对地分散了，给某些利用造成不便，影响了档案作用的充分发挥。

鉴于此，在机关管理和档案工作的改革过程中，许多机关开始推行档案的综合管理。一般是在机关内设立综合档案室，或采取相应的形式，把全机关各种门类的档案统管起来。这样既集中了人力、物力，又便于加强领导，使机关内的档案信息资源进一步集中和系统化，更能充分地显示档案信息的整体优势，在档案管理和提供利用服务方面都取得了较好的效果。

各机关、单位内档案的综合管理，现已采用的形式，概括起来主要有以下两种类型：

1. 全面地集中统一管理

将机关的文书档案、会计档案、科技档案等全部档案，都集中在综合档案室，统一分类、统一编目，并由一个档案室分门别类地统一保管。大部分行政机关、社会团体、事业单位、驻地集中的中小型企业和一些有条件的大型企业适合采用这种形式。

2. 统一管理，分室保存

在全机关建立统一的档案管理制度，统一掌握档案目录、数据等档案信息，而档案则有集中有分散地保存。其具体做法是在综合档案室的指导下，按照有关规定统一管理，统一编目，而有些档案可以分别保存在综合档案室的分室或有关职能部门中，由专人管理，综合档案室掌握全部档案目录。设有附属单位，某些档案的情况比较特殊，驻地较分散，或档案库房和人员问题尚未妥善解决的机关、企业事业单位可酌情采取这种形式。

对机关档案实行综合管理，必须从本单位及其所有档案的实际出发，运用档案学的基本原理，制定合理可行的管理办法。对于不同门类的档案，应该掌握它们的特点，遵循它们自然形成的规律。经验已经证明，不能无视档案的特点和档案学原理。例如，不可简单地把管理文书档案的一些办法，套用在科技档案、会计档案等专门档案的归档、分类、编目等方面；也不能完全套用管理科技档案的模式，机械地把文书档案及其他门类的档案硬性地"统一起来"。否则，将给实际工作造成操作上的困难，在理论上也会造成某些混乱。总之，综合管理是机关档案工作深化改革的科学性措施，必须以科学的态度积极而慎重地处理综合管理中一些重要的业务。

（二）机关文书、档案工作的一体化管理

文书工作和档案工作管理一体化，就是把文书工作和档案工作密切联系起来，将其作为一个整体系统，协调地进行统一管理。文书工作和档案工作本是异中有同、同中有异的两项工作，文书、档案工作的一体化管理不是混淆彼此之间的界限，而是在更高层次上将二者视为一个有机整体，组织和协调两方面的工作。

在我国历史上，早期的文书工作和档案工作基本上是没有区分的。古代有的史官既负责记事写文书和管理文书，又负责管理档案，甚至利用档案修史。随着社会的分工和机关工作的开展，文书工作和档案工作逐步分离开来，特别是近现代档案工作分化出来形成一项独立的工作，这是一种历史性的进步。但是，在现代机关管理和科技发展的条件下，文书工作和档案工作的各自单独进

行，又暴露出一些新的矛盾。由于在机关内分属两个不同的业务部门，二者往往在某些环节上彼此脱节，或相互重复，缺乏必要的协调管理。为了适应机关工作和档案工作科学化、机关办公自动化、计算机管理档案等新的要求，实行文书、档案工作一体化管理，并不是对文书和档案工作合二为一的复归，而是螺旋式上升的一个新阶段。它已经表现出发展的趋势，这种一体化管理也将是文书、档案工作的一种发展方向。

机关文书、档案工作一体化管理的优越性主要表现在以下两方面。

1. 有利于提高文件和档案的质量

档案是由文件转化而来的，档案和文件虽然在作用上有所区别，但是它们在内部特征和外部特征、管理方法上有许多相同之处，在流程上又有密切的关系。

而有些机关的文书人员往往局限于文件的现行效用，对日后转化档案的质量重视不够；有些机关的档案人员往往对文件的来龙去脉缺乏了解。实行文书、档案一体化管理，可以同时从文件现行效用和档案长久保存的双重要求出发，统一把关，使文件和档案的质量同步提高，更有利于对现行文件和档案的科学管理和提供利用。

2. 为进一步推进文书工作和档案工作标准化和自动化管理创造条件

实行一体化管理，可对机关文书工作和档案工作的程序统一安排，减少重复环节，避免遗漏，在规章制度、业务操作方面统一标准，将有助于提高文书、档案工作标准化和自动化管理水平，并为实行档案的计算机管理奠定必要的基础。

现在我国实行文书、档案工作一体化管理的机关，有的是以现有的手工管理为基础；有的是在机关已实行办公自动化的条件下，设计出文件和档案一体化管理的模式；有的则为了准备应用电子计算机辅助管理档案，开始将文件和档案进行一体化管理。总的看来，一般都处于试行阶段，许多方面还需要进一步实践和研究。

从我国现有的经验来看，机关文书、档案工作一体化管理的主要措施包括以下几个方面：

第一，统一领导，组织协调。在机关内建立以办公厅（室）为领导中心的文书、档案工作系统，由一位负责人具体领导，对一体化管理工作统一指导和监督，使两项工作在统一组织之下协调起来。

第二，工作程序统筹衔接。将文件的收发、登记、编号、立卷、编目、归档等环节，与档案工作中从收集、整理、鉴定、统计、编目到利用服务等环节，在程序上做统一安排。如有的地方试行文书、档案工作"一条龙"管理或文件登记、著录、立卷"三位一体"等办法，对于减少环节、提高工作效率具有明显的效果。在实行计算机对文件、档案进行辅助管理的地方，把几个子系统融为一体，使文书和档案管理的有关项目，形成流水操作程序，相互衔接。

第三，有关项目统一标准。为使文书工作和档案工作的各环节统一组织和协调运行，必须在彼此相关的项目方面，建立统一的标准。如文书立卷、归档，文件与档案实体分类和目录信息分类等，均须在兼顾文书工作、档案工作特点和需要的基础上，实行统一的标准。

（三）机关文件、档案、图书、资料管理一体化

这种形式就是对机关内的各种文件、档案、图书和资料实行统一管理，通过一定的形式，从组织上、制度上以及技术方法等方面，使各种信息管理互相配合，组成一个整体的机关信息管理和服务系统。

机关文件、档案、图书、资料管理的一体化，具有一定的优越性。这种一体化管理，比起文书、档案工作的一体化管理涉及的范围更广，可以说是更高程度上的一体化管理。所以在我国现代机关管理和科学技术进步的发展中，一些机关对其多种信息的一体化管理进行了一定的探索和尝试。现有的经验证明，它可以使机关工作人员在较大的范围和程度上，实现对信息的多种类、高质量的占有，多途径、高速度地调阅和使用，有助于改变机关内部信息管理的分散状态，促进机关信息流的畅通，更有利于机关内部信息资源的共享。

机关文件、档案、图书、资料管理的一体化，也有一定的可行性。机关档案工作是机关信息管理系统的一个组成部分，文件、档案、图书、资料之间存在许多共性。一方面，从它们自身的属性来说，同是社会信息的存在形式，同是以物化信息载体通过大致相同的方式服务于机关工作。另一方面，从这些类型的信息管理来说，基本上都是信息的输入—加工—存储—输出的过程，在技术方法上有许多共同或相似之处。这些共性，使它们有可能在为机关提供信息服务的同一目标下统一起来，在保持各自特点的同时，共同配合，互相协调，更充分地发挥机关全部信息资源的整体优势。

机关信息管理一体化的方法，目前尚无比较定型的模式。根据现有的经验，大致有以下几种做法：第一，建立统一的机构或专设人员，统管各类信息资料。有些小机关适用这种做法。第二，在机关内建立一定规模的信息管理中心，统

一地、分工负责地管理全机关的文件、档案、图书、资料，由专管或兼管该机构的负责人协调信息管理中心内各部分之间的关系。第三，机关内一位负责人统一领导各种信息管理工作，协调其间的关系，或在文件、档案、图书、资料等信息管理部门之间建立固定的横向联系，在管理方法和采用新技术、新设备等方面互相协作。以上这些做法，都取得了一定的成效，但都处于探索阶段。应该特别指出的是，无论以何种方式对机关各种信息进行一体化管理，档案管理部门必须尊重档案的特点、档案形成的规律，遵守党和国家关于档案工作的规定，不能忽视档案业务、技术的标准化。

（四）机关档案工作的横向、纵向联合

机关档案工作的横向联合或纵向联合，就是同一市区内若干性质相近或同系统的机关联合组成一个档案管理机构，有的叫联合档案室，有的叫文件中心。这是近十来年，我国若干地区探索试行的一种机关档案工作组织形式。

这种联合机构的组织，基本上分为两种类型：一种是按机关类型，将相近性质的若干同级机关，如同属地委或行署驻地集中的若干机关共同组成一个联合档案室，配备专职人员负责这些单位档案的收集、保管和提供利用等工作，这种属于横向联合；另一种是按机关系统，如 X X 县 X X 局，把局机关和驻地集中的下属若干基层单位组织起来，建立一个联合档案室，配备专职人员管理这些单位的档案。这种联合档案室，属于纵向联合形式。此外，也有些是根据机关的业务系统、机关性质的相近、机关驻地以及其他条件等多种因素而组建的联合机构。

机关档案工作横向或纵向的联合，都属于较高层次的机关档案管理组织形式，是对机关档案管理体制的一种改革。长期以来，我国基本上采取以机关为单位设立档案室，管理本机关档案的形式。一般来说这种形式是方便本机关利用档案的，因为档案形成后相当一段时间是本单位使用最多，而放在距离利用者越近的地方，利用就越方便。但是，有些机关由于档案数量不多等不便设专职档案人员，有的兼职过多，甚至档案工作被挤掉；或者虽然档案数量不少，也有专职人员，而受限于资金、库房不足。为了改善这种状况，从 21 世纪 80 年代初以来，有些地方试行了组建联合档案室的办法，一般都收到了良好的效果。与此同时，对于联合档案室、文件中心也开展了一定的理论探讨。从现有的经验和研究成果来看，这种形式具有一定的优越性：第一，符合精简高效的原则；第二，有利于提高档案管理水平；第三，可以为档案馆提供较高质量基础的档案。

　　机关档案联合机构的管理体制和业务方法，因各地各单位诸多情况的差异而不尽相同。有的以某一机关牵头，共同组织并协商解决有关事宜，而在组织上仍依附于机关；有的则由有关领导机关或档案行政管理机关统辖管理，建成独立的档案管理实体，而在档案的收集、鉴定和提供利用等方面遵从档案所属单位的意见。有的在档案联合机构的协助和指导下，由各机关内的有关部门负责立卷，然后交由联合管理机构保存和管理；有的则将各机关办完后需要归档的文件送交联合管理机构，由该管理机构负责立卷以及其后的日常管理。如此等等可以说还都处于探索阶段。

　　类似我国联合档案管理机构的形式，在有些国家比较普遍，而且历史较久。不同国家这种类型机构的名称不尽相同，例如，在一些国家多称之为"文件中心"，英国称为"过渡性档案馆"，马来西亚称为"文件服务中心"，还有的国家称之为"机关联合档案馆"等。它们各自的管理体制和办法也不尽一致。总的来说，档案产生和运动的规律，在很多国家往往都以某些形式表现出一些共性，因而国外机关档案管理形式的经验，有些可供我们借鉴。

参考文献

[1] 张端，刘璐璐，杨阳.新编档案管理实务 [M].成都：电子科技大学出版社，2017.

[2] 潘连根.文件与档案管理教程 [M].芜湖：安徽师范大学出版社，2017.

[3] 李东红.新时代背景下的档案管理与创新 [M].北京：经济日报出版社，2017.

[4] 贾玮娜.档案管理系统的设计与实现 [M].长春：吉林文史出版社，2017.

[5] 吴良勤，付琼芝.信息工作与档案管理 [M].2 版.武汉：华中科技大学出版社，2017.

[6] 郑利达.新时期企业档案管理与创新初探 [M].长春：吉林人民出版社，2017.

[7] 刘祎.档案管理 [M].长春：吉林人民出版社，2018.

[8] 毛雯.档案管理工作研究 [M].北京：中国原子能出版社，2018.

[9] 张林静.房地产档案管理实务 [M].延吉：延边大学出版社，2018.

[10] 杨学锋.现代化档案管理与服务研究 [M].北京：中国商务出版社，2018.

[11] 莫求，杨佐志.档案管理工作的实践、探索与研究 [M].长春：东北师范大学出版社，2018.

[12] 金虹.干部人事档案管理实务 [M].杭州：浙江工商大学出版社，2019.

[13] 许秀.高校档案管理与信息化建设研究 [M].哈尔滨：哈尔滨工业大学出版社，2020.

[14] 杨阳.高校档案管理信息化建设 [M].长春：吉林文史出版社，2019.